bodenlos
durch die luft und **unter wasser**

Herausgeber: Eberhard Frey und Norbert Lenz

mit Beiträgen von Eberhard Frey, Eva Gebauer, Samuel Giersch, Fabian Haas, Norbert Lenz, Stefanie Monninger, Werner Nachtigall, Tina Roth, Helmut Tischlinger und Ilka Weidig

Staatliches Museum für Naturkunde Karlsruhe

Impressum

„Bodenlos – durch die Luft und unter Wasser"

Band 5 aus der Reihe „Karlsruher Naturhefte"

© 2013, 1. Auflage

Verlagsort: Karlsruhe

Herausgeber:
Staatl. Museum für Naturkunde Karlsruhe
Erbprinzenstr. 13, 76133 Karlsruhe
Tel.: (0721) 175-2111, Fax: 175-2110
E-Mail: museum@naturkundeka-bw.de
www.naturkundemuseum-karlsruhe.de

Redaktion:
Prof. Dr. Eberhard Frey, Prof. Dr. Norbert Lenz

Lektorat:
Monika Braun, Dr. Eduard Harms,
StD Tina Roth

Gestaltung, Layout:
www.wirk-raum.de

Entwurf Schwarmmotiv und
Ausstellungsgestaltung:
zwo/elf

Druck und Verarbeitung:
E&B engelhardt und bauer
Druck und Verlag GmbH

Alle Rechte vorbehalten. Kein Teil dieses Bandes darf ohne schriftliche Genehmigung der Autoren und des Herausgebers vervielfältigt oder verbreitet werden. Unter dieses Verbot fallen auch die Aufnahme in elektronische Datenbanken und die Vervielfältigung auf CD-Rom.

ISSN: 1864-8827
ISBN: 978-3-925631-15-3

Baden-Württemberg

Der Riesenflugsaurier *Quetzalcoatlus northropi* vor dem Naturkundemuseum Karlsruhe. (Foto: Volker Griener)

Inhalt

6   **Geleitwort** (Winfried Kretschmann, Ministerpräsident des Landes Baden-Württemberg)

8   **Vorwort** (Ulrike Greenway, Landesakademie für Fortbildung und Personalentwicklung an Schulen)

10   **Vorwort** (Peter Gilbert, Direktor des Bismarck-Gymnasiums Karlsruhe)

12   **Einführung** (Eberhard Frey & Norbert Lenz, Naturkundemuseum Karlsruhe)

14   **1. Fortbewegung im Bodenlosen – durch die Luft und unter Wasser** (Eberhard Frey)

15   Schweben – Auftrieb gegen Schwerkraft

16   Ohne Auftrieb geht nichts im Bodenlosen

20   Gebremster Fall – das Fallschirmprinzip

22   Gleiten – auf dem Luftkissen unterwegs

24   Segeln – die schönste Art des Fliegens

26   Motorflug – Antrieb vom Auftrieb getrennt

28   Schlag- und Kreisflug – Antrieb und Auftrieb in einem

30   Rudern und Paddeln – Vorwärts durch Verdrängen

32   Wellenantrieb – Wirbelwalzen als Motoren

34   Rückstoß – Vorwärts auf dem schnellen Strahl

36   **2. Wasser und Luft – bodenlose Lebensräume** (Werner Nachtigall)

64   **3. Evolution ins Bodenlose: Tierische Schwimmer und Flieger**

65   3.1   Fische – die unendliche Vielfalt des Schwimmens (Samuel Giersch)

94	3.2	Wasserlebende Säugetiere – vom festen Land ins Bodenlose (Ilka Weidig & Eva Gebauer)
108	3.3	Vom Raubsaurier zum Federvieh – die Evolution der Vögel (Eberhard Frey, Tina Roth & Helmut Tischlinger)
146	3.4	Pterosaurier – die Welt der fliegenden Drachen (Stefanie Monninger)
172	3.5	Der Ursprung der Fledermäuse – ein Buch mit sieben Siegeln? (Norbert Lenz)
188	3.6	Hauchdünn und transparent: wie Insekten zum Erfolg fliegen (Fabian Haas)

202 4. Bionik und die Fortbewegung im Bodenlosen nach dem Abbild der Natur

| 203 | 4.1 | Werkzeugkiste Natur – Bionik und ihre Grenzen (Eberhard Frey) |
| 216 | 4.2 | Der Traum vom Fliegen (Eberhard Frey) |

| 241 | Autoren |
| 244 | Widmung / Dank |

Geleitwort

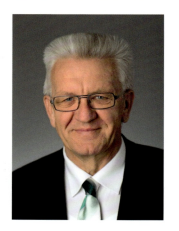

„Bodenlos – durch die Luft und unter Wasser", schon das Thema macht gespannt auf das, was sich dahinter verbirgt. Diese Große Landesausstellung ist die erste im Staatlichen Museum für Naturkunde Karlsruhe und greift aktuelle und landesbezogene Themen rund um Fortbewegung in der Luft und unter Wasser auf. So kennt jeder die tragische Gestalt des Ulmer Schneiders ALBRECHT LUDWIG BERBLINGER, der mit seinem selbst konstruierten Hängegleiter seiner Zeit weit voraus war. Der Schwabe flog lange vor OTTO LILIENTHAL und kann trotz seines missglückten öffentlichen Flugversuchs im Jahr 1811 durchaus als Pionier der baden-württembergischen Segelflugzeugbauer betrachtet werden, die heute zu den Weltmarktführern gehören.

Ein Ausstellungsstück der besonderen Art bildet den Auftakt der Schau: das größte Flugsauriermodell der Welt mit zwölf Metern Spannweite, gebaut nach den neuesten Erkenntnissen der Forschung. Gruppiert nach Fortbewegungsmethoden erschließen sich den Besucherinnen und Besuchern auf Schritt und Tritt verschiedene Möglichkeiten, der Schwerkraft zu trotzen. Die physikalischen Prinzipien der Fortbewegung im Bodenlosen eröffnen sich nicht nur an spektakulären Modellen aus Natur und Technik sowie einzigartigen Fossilien, sondern auch an Experimentalstationen und der Möglichkeit, lebende Tiere bei der Fortbewegung im Raum zu beobachten.

Sowohl die Fortbewegung im Bodenlosen wird in der Großen Landesausstellung präsentiert als auch die Evolution der Vögel, die Welt der fliegenden Saurier und die Geschichte des Menschenfluges. Diese Aspekte werden im vorliegenden Begleitbuch zur Ausstellung besonders hervorgehoben. Hier finden sich zahlreiche Ergebnisse aus der Forschungsarbeit von Wissenschaftlerinnen und Wissenschaftlern des Museums, anschaulich aufgearbeitet für die Nutzung durch die interessierte Öffentlichkeit sowie durch Schulen. Als außerschulischer Lernort fühlt sich das Museum gerade ihnen besonders verpflichtet.

Ohne die Forschung am Museum wäre diese Ausstellung nicht möglich. Die Große Landesausstellung „Bodenlos – durch die Luft und unter Wasser" belegt eindrucksvoll, wie anschaulich und hochaktuell Forschung im Lande für die Öffentlichkeit umgesetzt und überzeugend nach außen getragen werden kann. Mit dieser Ausstellung geht das Staatliche Museum für Naturkunde weit über das hinaus, was allgemein von einem Naturkundemuseum erwartet wird.

Diese Ausstellung zeigt, wie sich Natur und Technik gegenseitig bereichern können. Das wird nur gelingen, wenn man die Erwartungen an die Natur nicht zu hoch schraubt und sich mit Gefühl und Feinsinn an die Lösungen herantastet. Dafür ist das Vertrauen auf den unkonventionellen Erfindergeist, für den unser Land Baden-Württemberg weltweit geachtet wird, eine Grundvoraussetzung.

Mein Dank und meine Anerkennung gelten allen, die zur Realisierung und Durchführung der Großen Landesausstellung „Bodenlos – durch die Luft und unter Wasser" beigetragen haben. Der Schau wünsche ich den verdienten Erfolg bei der Fachwelt und den Besucherinnen und Besuchern.

Winfried Kretschmann

Ministerpräsident des Landes Baden-Württemberg

Vorwort

Es ist ein uralter Traum des Menschen, das Diktat der Schwerkraft zu durchbrechen, sich der Kompromisslosigkeit von Naturgesetzen zu entziehen, die Begrenzungen durch Zeit und Raum zu erforschen, wenn nicht gar zu überwinden.

Und so weckt das Motto „Bodenlos – durch die Luft und unter Wasser" der ersten Großen Landesausstellung im Staatlichen Museum für Naturkunde Karlsruhe die schönsten Assoziationen: bodenlos, frei sein, sich hinweg träumen, neue Lebenswelten erkunden, schweben, eintauchen, Metamorphosen erfühlen.

All dies eröffnet neue Räume in den Köpfen des Betrachters und ist eine der zukunftsweisenden Aufgaben einer großen staatlichen Einrichtung wie des Museums für Naturkunde in Karlsruhe. Es ist ein Ort des Bewahrens, aber auch der Forschung und Wissenschaft, ein Ort, an dem sich immer neue Puzzlesteinchen zu einem großen Ganzen zusammenfügen. So wird Bewusstsein geweckt und gestärkt, dass wir Menschen in einer in alle Richtungen offenen Ahnenreihe stehen, ganz verbunden mit Natur, Umwelt und den Elementen. Erkennen, wie es war und welche Vielfalt es gibt, lässt erahnen, wohin es gehen könnte.

Eine Ausstellung an einem so bedeutenden Ort hat weniger musealen Charakter, sondern ist eher ein Labor voll pulsierender Aktivitäten, ein Ganglion, das im Nervennetz der Metropole und des Landes wichtige Signale sendet, verarbeitet und sich vernetzt.

Vernetzung hat bereits stattgefunden durch die Kooperation mit einer weiteren Landeseinrichtung, der Landesakademie für Fortbildung und Personalentwicklung an Schulen. Im Rahmen des Akademieprojekts ‚Wissenschaft in die Schulen!' wurden zahlreiche Fortbildungen zu aktuellen wissenschaftlichen Themen für Lehrerinnen und Lehrer aller Schularten der allgemein bildenden und beruflichen Schulen angeboten. Jugendliche für Naturwissenschaften zu interessieren funktioniert nur dann, wenn sie wissen, warum es sich lohnt, sich mit komplexen und oftmals abstrakten Inhalten zu beschäftigen; wenn sie einen Bezug zu ihrer Alltags- und Lebenswelt erkennen. Was ist da naheliegender, als aktuelle Themen aus Forschung und Wissenschaft im Unterricht einzubringen? Aber dazu brauchen Lehrkräfte Unterstützung, und genau das ist der Ansatzpunkt sowohl des Projekts ‚Wissenschaft in die Schulen' als auch der Kooperation der beiden Landeseinrichtungen.

Es ist für alle Beteiligten ein Anlass zur Freude, dass es gelungen ist, ein Stück des Weges gemeinsam zu gehen. Wissenschaftliche Themen, die sich heute in der Ausstellung wiederfinden, wurden bereits an der Landesakademie multipliziert und können so Einzug in Schule, Aus- und Weiterbildung finden. Vernetzt sind wir also schon. Nun geht es darum, die

Impulse weiterzuleiten und für das Überspringen des synaptischen Funkens zu sorgen.

Die Ausstellung und das vorliegende Fachbuch mit herausragenden begleitenden wissenschaftlichen Materialien haben sich große Ziele gesteckt: sich vom „Boden lösen", Bekanntes und Bewährtes aufgeben, sich erheben und eintauchen in ungewohnte Lebensräume.
In diesem Sinne wünschen wir der ersten Großen Landesausstellung des Staatlichen Museums für Naturkunde Karlsruhe und auch diesem Begleitband, dass sie ihre Strahlkraft über Begrenzungen hinweg entfalten und auf diese Weise nachhaltig auf Bildung einwirken können.

Die Kooperation der beiden Landeseinrichtungen beflügelt schon jetzt, so viel steht fest.

Dr. Ulrike Greenway
Akademiereferentin an der Landesakademie für Fortbildung
und Personalentwicklung an Schulen
Standort Bad Wildbad

Vorwort

Einmal schweben zu können, sich vom eigenen Gewicht zu befreien, sich vom Boden lösen zu können, das ist ein Gefühl, das nicht nur Segelflieger oder Taucher zum Schwärmen bringt. Seit alters fasziniert es die Menschen, wie ungeheuer elegant und leicht der Gleitflug des Adlers anzusehen ist; wie präzise der Kolibri oder der mit gleicher Technik fliegende Nachtfalter „Taubenschwanz" vor einer Blüte schwebt, um Nektar zu saugen; wie wunderbar geschickt sich die Wespe zu bewegen vermag, wenn sie das Krabbeln auf dem Boden hinter sich gelassen hat; wie leicht der Wind den Löwenzahnsamen fasst und mit sich trägt. Ein Taucher mit seiner schwerfälligen Ausrüstung bestaunt die Qualle oder den Nautilus, denn sie halten sich ohne Anstrengung schwebend in genau der Tiefe auf, die sie möchten. Besonders dem Taucher wird beim staunenden Beobachten sofort bewusst, dass er dank der Technik zwar auch schweben kann, die Fortbewegung in vertikaler wie horizontaler Richtung nun aber eine weitere Herausforderung darstellt. Vielen Organismen gelingt es, die Schwerkraft in der Luft oder im Wasser zu überwinden und sich scheinbar mühelos fortzubewegen. Und so stellen sich nicht nur diejenigen, die vom Fliegen und Schweben träumen, sondern auch viele Neugierige – Kinder wie Erwachsene – Fragen, die nicht leicht zu beantworten sind: Wie funktioniert Fliegen, Schweben und Fortbewegung ohne Kontakt zu festem Boden? Wie sind die Organismen gebaut, die das so mühelos können? Wie kann man dies physikalisch erklären? Wie haben denn die Vögel fliegen und der Nautilus schweben „gelernt", wie kann sich denn so etwas Schwieriges im Laufe der Evolution entwickelt haben? Kann der Mensch mit seinen technischen Möglichkeiten Vergleichbares, kann er von der Natur lernen? Und so weiter.

Viele Eltern und viele Lehrer – nicht nur die Biologen – kennen diese Fragen, die schon im Grundschulalter und auch noch von Abiturienten gestellt werden. Und sie fürchten sie ein wenig, denn sie wissen um die Problematik, bei diesem viele Fachbereiche berührenden Thema gute und erschöpfende Antworten zu finden.

Als immer Neugieriger und als Biologielehrer bin ich daher froh und dankbar, dass wir in Karlsruhe das Naturkundemuseum haben und dass es sich wieder einmal einem so komplexen Thema angenommen hat. Denn nur eine solche Einrichtung, die wissenschaftliche Expertise mit der Kompetenz verknüpft, Naturphänomene nicht nur zu zeigen, sondern verständlich und über die Grenzen der wissenschaftlichen Disziplinen hinweg zu beleuchten, kann interessierten Kindern wie Erwachsenen die Faszination der Natur vor Augen führen und Antworten auf immer wieder gestellte Fragen geben. Die aktuelle und sehr gelungene Ausstellung fasziniert wunderbar für die Welt des „Bodenlosen", sie wirft Fragen auf, die sich die Besucher vielleicht nie gestellt hätten, sie gibt viele Antworten und Denkanstöße.

Das hier vorliegende und die Ausstellung begleitende Buch gibt dem Interessierten in verständlicher Form darüber hinaus die Möglichkeit, sich intensiv mit der Thematik zu beschäftigen und den Dingen weiter auf den Grund zu gehen. Dem Naturkundemuseum ist es gelungen, in diesem Buch die eigenen Beiträge mit Artikeln namhafter Experten zu ergänzen, sodass es möglich war, den weiten Bogen von den physikalischen Aspekten des Fliegens und Schwimmens bis hin zur Evolutionsbiologie und Bionik zu spannen. Eine Bereicherung für jeden, für Kinder, Familien, Schulklassen, Erwachsene – kurz, für alle Neugierigen.

Oberstudiendirektor Dr. Peter Gilbert
Direktor des Bismarck-Gymnasiums Karlsruhe
Vorstand der Schülerakademie Karlsruhe

Einführung

Für das Staatliche Museum für Naturkunde Karlsruhe ist es die erste Große Landesausstellung. Ihr Thema „Bodenlos – durch die Luft und unter Wasser" war für alle Beteiligten eine Herausforderung. Niemals zuvor wurde Bewegung durch die Dritte Dimension in einer solchen Bandbreite vermittelt. Der erste Eindruck mag verwirren. Da hängen Flugzeuge neben Vögeln und Fischen. Zwischen Luftschiffen, Fallschirmen und Ballonen hängt ein Knäuel aus Fäden, das sich in Richtung Cartesischer Taucher zu einem Fadenbündel verdichtet, das an den Spinnwarzen einer Zwergspinne endet, die auf einem geschwungenen blauen Möbel steht – 1000-fach vergrößert. Fliegende Frösche sind genauso zu bestaunen wie eine fliegende Schildkröte, die anmutig unter Wasser ihre Bahnen zieht. Über der Ahnengalerie der Vögel und der Lebensgeschichte der Pterosaurier, jener fliegenden Reptilien des Erdmittelalters, schwebt ein Star der Ausstellung: das größte Pterosauriermodell der Welt, mit 12 Metern Spannweite. Dagegen wirkt der Scheinzahnvogel *Dasornis* an der Südwand des Lichthofes mit seinen gut dreieinhalb Metern Flügelspannweite – ohne die Schwungfedern versteht sich – geradezu zierlich.

Sonderausstellungen sind eher Episoden in der Geschichte eines Museums, vergängliche Elemente in einer Zeit, in der vor allem Abwechslung gefragt ist. Das Stakkato von Neuem macht die Menschen neugierig, hebt die Besucherzahlen und sorgt so für den Besucherstrom, an dem die Museen heute oft gemessen werden. Viele Sonderausstellungen warten mit einem Katalog auf. Solche Kataloge werden gerne mit nach Hause genommen. Mit dem Ende der Ausstellung schwindet ihre Aktualität meistens dahin, es sei denn, sie vermitteln mehr als die Ausstellung zeigt, ergänzen sie gleichsam. Solche nachhaltigen Werke sind Begleitbücher, die immer wieder zum Schmökern einladen. Daher haben wir uns entschieden, ein Begleitbuch, ja fast ein kleines Lehrbuch zu präsentieren, in dem auch – in allgemeinverständlicher Form – die Wissenschaftler zum Zuge kommen.

Das einführende Kapitel ist ein kurzweiliger Bilderbogen über die Fortbewegungsmöglichkeiten durch die Luft und unter Wasser. Gezeigt werden biologische und technische Lösungen, gruppiert nach dem Fortbewegungsprinzip, das über eine einfache Grafik und einen kurzen erklärenden Text vermittelt wird. In Kapitel 2 werden die physikalischen Grundlagen der Fortbewegung durch die Medien Wasser und Luft vertieft. Geschrieben wurde diese populärphysikalische Abhandlung von der Bionik-Ikone Prof. Dr. WERNER NACHTIGALL. Kapitel 3 ist der Fortbewegung von Tieren auch unter Aspekten der Evolution gewidmet. Hier finden sich auch aktuelle, noch unveröffentlichte Ergebnisse der Forschung im Karlsruher Naturkundemuseum und seiner Partnerinstitutionen. Einige dieser Forschungsergebnisse sind bereits für den Schulunterricht aufbereitet. Hier wird das Naturkundemuseum zum Portal für die Forschung im Lande. Fische, schwimmende und fliegende Säugetiere, Pterosaurier, Vögel und Insekten werden hier unter die Lupe genommen. Die Evolution der Vögel und die Lebensgeschichte der Pterosaurier sollen Bestandteile der Dauerausstellung des Naturkundemuseums Karlsruhe werden, die Fische und Insekten sind es schon. Die Fortbewegung der Fische ist im Vivarium live zu beobachten, und die Insektenausstellung präsentiert sich in neuem Licht. Der Bionik und der Geschichte des Menschenfluges ist das Kapitel 4 gewidmet. Hier erfährt der geneigte Leser, dass es gar nicht so einfach ist, die Natur nachzuahmen, besonders wenn es um die Fortbewegung durch die Luft geht.

Ziel war die Gestaltung eines Buches, das anschaulich geschrieben, reich bebildert, aber dennoch gehaltvoll ist. Es ist sicherlich kein Buch für Kinder, aber wer sich in die Welt des Bodenlosen vorwagen will, mehr über die Fortbewegung durch die Luft und unter Wasser erfahren will, ist herzlich zum Schmökern eingeladen, auch wenn die Ausstellung zum Buch schon längst Geschichte ist.

Karlsruhe, den 24. April 2013

Eberhard Frey und Norbert Lenz

1 FORTBEWEGUNG IM BODENLOSEN

durch die Luft und unter Wasser

von Eberhard Frey

Willkommen in der Dritten Dimension! Die Fortbewegung durch die Dritte Dimension wirkt elegant, sieht leicht aus und fasziniert uns Menschen seit jeher. Erst vor etwa hundert Jahren hat der Mensch mithilfe von Maschinen sicher fliegen und tauchen gelernt. Viele Tiere und Pflanzen aber haben ihre Fortbewegungsmethoden durch die Luft und unter Wasser über Jahrmillionen optimiert. Die Fortbewegung durch das Luft- und Wassermeer ist eng an die physikalischen Gesetze gebunden, die für Wasser und Luft gleichermaßen gelten. Ein wesentlicher Unterschied zwischen den beiden Welten ist ihre Dichte: Wasser ist rund 1000-mal dichter als Luft! Wasser trägt also besser als Luft, bietet dafür aber mehr Widerstand. Die Vielgestaltigkeit der Fortbewegung in der Dritten Dimension ist das Hauptthema dieses Begleitbandes zur Großen Landesausstellung 2013 mit dem Titel „Bodenlos – durch die Luft und unter Wasser". Im folgenden Kapitel werden verschiedene Möglichkeiten aufgezeigt, sich durch die Luft und unter Wasser fortzubewegen und mit Beispielen aus Natur und Technik belegt.

SCHWEBEN – AUFTRIEB GEGEN SCHWERKRAFT

Jeder Gegenstand wird von der Erde angezogen. Die Auftriebskraft des Wassers und der Luft wirkt dieser Anziehungs- oder Schwerkraft entgegen. Ein Körper schwebt, wenn die Auftriebskraft seiner Gewichtskraft entspricht. Man spricht dann vom Statischen Auftrieb oder dem Archimedischen Prinzip, das in der Luft und unter Wasser gleich funktioniert. Da Wasser eine höhere Dichte als Luft hat, also mehr Gewicht tragen kann, ist Schweben unter Wasser auch für große Objekte möglich, sofern sie genügend Auftrieb mit Gas- oder Ölbehältern erzeugen. Durch die Luft können nur kleine Spinnen an ihrem Fadenfloß oder Pflanzensamen mit Schwebehaaren schweben. Technische Geräte wie Ballons und Luftschiffe schweben, weil sie große Mengen an Gasen enthalten, die leichter als Luft sind.

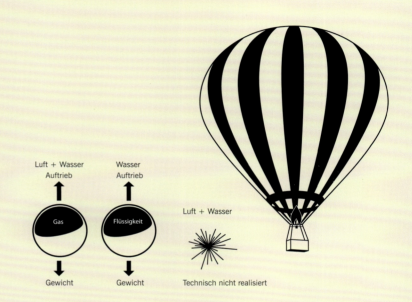

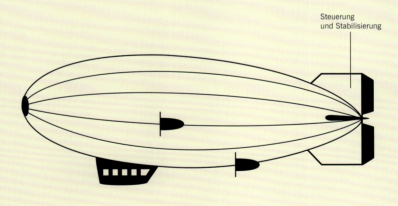

Leichter als Luft
Das Ballonprinzip:
Schweben ohne Eigenantrieb (oben)
Das Zeppelinprinzip:
Schweben mit Antrieb (unten)
(Grafik: zwo/elf)

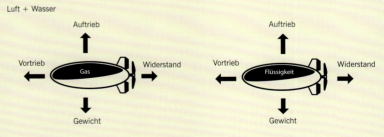

OHNE AUFTRIEB GEHT NICHTS IM BODENLOSEN

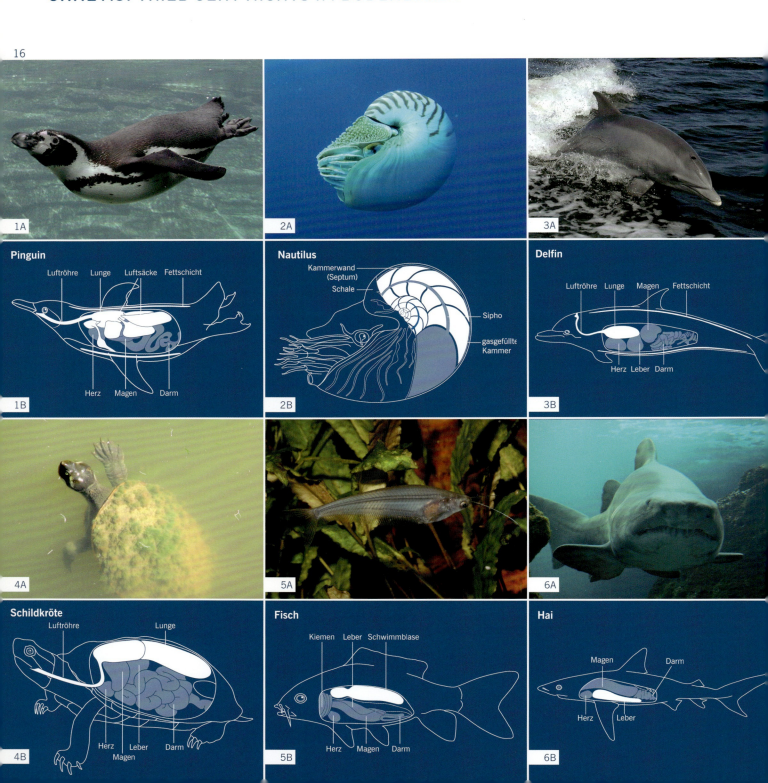

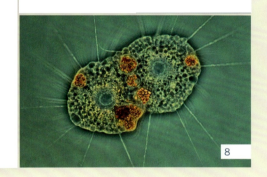

1A/B Tauchvögel erzeugen Auftrieb mit Hilfe ihres Luftsacksystems (siehe Kapitel 3.3; A: Tauchender Humboldtpinguin (*Spheniscus humboldti*; Foto: Wilfried Wittkowsky, Wikimedia); B: Schematische Darstellung der Luftsäcke (Grafik: Michaela Boschert).

2A/B Perlboote (*Nautilus pompilius*, Foto: Andy Dunstan) haben eine aufgewundene, gekammerte Schale (A). Sie können mit Hilfe ihres Siphos in den Kammern Gas anreichern und dessen Druck regulieren (B). Damit können sie im Wasser schweben, aufsteigen und niedersinken. Die ausgestorbenen Ammoniten schwebten nach dem gleichen Prinzip (Grafik: Michaela Boschert).

3A/B Die Lunge der Säugetiere ist ein hervorragender Auftriebskörper. Kein Wunder, dass es so viele Säugergruppen gibt, die ausgezeichnet tauchen können (Siehe Kapitel 3.2). Wale, wie dieser Große Tümmler (*Tursiops truncatus*, A; Foto: NASA, Wikimedia) und andere tieftauchende Meersäuger atmen vor dem Tauchen aus und werden dann von ihrer Fettschicht getragen (B; Grafik: Michaela Boschert).

4A/B Diese Spitzkopfschildkröte (*Emydura macquarii krefftii*) treibt schwerelos im Wasser (A; Foto: Vicki Nunn, Wikimedia). Die Lunge sitzt bei Schildkröten unter dem Dach der Panzerkuppel. Die Tiere können also auch unter Wasser nicht umkippen (B; Grafik: Michaela Boschert).

5A/B Die meisten Knochenfische besitzen eine Schwimmblase. Sie ist bei diesem Glaswels (*Kryptopterus minor*; A) als glänzende Blase hinter dem Auge erkennbar (Foto: Johann Kirchhauser). Karpfenfische (Cyprinidae) besitzen eine zweikammerige Schwimmblase (B). Sie können das Gas darin so verschieben, dass die Fische stabil auf dem Kopf stehen (Grafik: Michaela Boschert).

6A/B Haie, wie dieser Sandhai (*Carcharias taurus*; A) haben keine Schwimmblase (Foto: Eberhard Frey). Haie, die im offenen Meer schwimmen, tarieren sich mit ihrer ölhaltigen Leber aus (Grafik: Michaela Boschert).

7A/B Manche Staatsquallen, wie diese *Marrus orthocanna* (A) treiben durch die Tiefsee (Foto: Kevin Raskoff, Wikimedia). Eine kleine Gasblase hält den mehrere Meter langen Tierstock senkrecht. Auf der Grafik (Michaela Boschert) ist die wenige Zentimeter lange Staatsqualle *Physophora hydrostatica* zu sehen (B).

8 Viele Lebewesen des Planktons halten sich mit langen Fortsätzen in der Schwebe, wie z. B. diese beiden Sonnentierchen (Heliozoa). (Foto: Frank Fox)

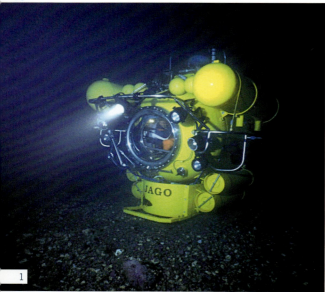

1 Das hier ist die „Jago", das bemannte Tauchboot des deutschen Forschungsinstitutes „GEOMAR". Wie alle Tauchboote wird es mit Lufttanks in der Schwebe gehalten. (Foto: GEOMAR)

2 Der Rumpf eines Luftschiffs ist mit einem Traggas (Helium) gefüllt, das leichter als Luft ist und so für Auftrieb sorgt. Der hier abgebildete Zeppelin NT aus Friedrichshafen ist 75 Meter lang und damit das größte moderne Luftschiff der Welt. (Foto: AngMoKio, Wikimedia)

3 Alle Wassertiere mit Lungen, Schwimmblase, Ölleber, Fettpanzer oder sonstigen Auftriebsmechanismen, die sich tauchend fortbewegen, funktionieren nach dem Zeppelinprinzip (siehe Seiten 16, 17). Diese beiden Pottwale (Physeter catodon) sind also technisch gesehen große Meereszeppeline. (Foto: Gabriel Barathieu, Wikimedia)

4 Heiße Luft dehnt sich aus, verliert dabei an Dichte, wird also leichter. Deshalb kann heiße Luft für Ballone als Traggas benutzt werden, sofern man immer wieder nachheizt. (Foto: Eberhard Frey)

5 Manche Ballone werden mit Gas befüllt, das leichter als Luft ist. Aus Sicherheitsgründen benutzt man für menschtragende Gasballone Helium, für gerätetragende, wie diesen Wetterballon, auch Wasserstoff. (Foto: Duale Hochschule Karlsruhe)

6 Luftgefüllte Netzschwimmer (Flotter) sind nichts anderes als Unterwasserballone. Sie halten die großen Fangnetze offen. (Foto: Ingolfson, Wikimedia)

7 Einige Fische, wie zum Beispiel die Felchen (*Coregonus*) legen ölhaltige Eier. Diese Eier schweben schwerelos in einer bestimmten Wassertiefe. (Foto: Kils, Wikimedia)

8 Zwergspinnen (z. B. *Erigone*) und die Jungtiere mancher Spinnenarten produzieren ein sogenanntes „Fadenfloß". Der Bausch am Ende des Floßes erzeugt so viel Auftrieb, dass das Spinnchen schon mit aufsteigender Warmluft abhebt. Spinnen sind die einzigen Ballonluftfahrer der Tierwelt. (Foto: Volker Griener)

9 Die Samen des Indianischen Hanfs (*Apocynum cannabinum*) tragen lange Schwebehaare, mit denen sie kilometerweit durch die Lüfte reisen können. (Foto: Siddharth Mallya, Wikimedia)

GEBREMSTER FALL – DAS FALLSCHIRMPRINZIP

Körper, die schwerer sind als Luft oder Wasser, bewegen sich im freien Fall in Richtung Boden. Er wird gebremst durch vergrößerte Oberflächen, wie z. B. Hautlappen bzw. Haare bei Tieren und Pflanzen oder mit einem Schirm. Solche vergrößerten Oberflächen erhöhen die Reibung und damit den Luftwiderstand, bewegen sich jedoch nicht vorwärts. Ohne Wind oder Strömung geht die Reise also lotrecht nach unten. Je größer die Oberfläche ist, desto langsamer sinkt ein Körper zu Boden. Dieses Prinzip funktioniert in Luft und unter Wasser, dort aber nur mit Schwebefortsätzen.
(Grafik: zwo/elf)

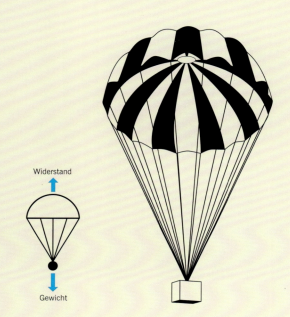

1 Manche Baumvogelspinnen, wie diese *Avicularia metallica*, lassen sich bei Gefahr aus dem Baum fallen, strecken ihre haarigen Beine aus und bremsen damit den Sturz ab.
(Foto: Patrick Edwin Moran, Wikimedia)

2 Der Samen des Löwenzahns (*Taraxacum officinale*) hängt mit seinem Stil am einem Schirmchen aus Kelchhaaren (Pappus). Bei Windstille wird der Fall des Samens durch dieses Schirmchen gebremst.
(Foto: Jose Luis Cernadas Iglesias, Wikimedia)

3 Der Java-Flugfrosch (*Rhacophorus reinwardtii*) springt bei Gefahr einfach aus dem Geäst, streckt alle Viere von sich und spreizt die langen Zehen mit den enormen Spannhäuten: vier Fallschirme an einem Tier!
(Tafel aus dem Werk „Erpetologie Generale" von Gabriel Bibron; Quelle: Wikimedia)

4 Löwenzahnsamen: die Ähnlichkeit mit einem Fallschirm ist nicht zu verkennen!
(Foto: Louise Docker, Wikimedia)

5 An den drei Fallschirmen hängt eine Orionkapsel. Diese Testkapseln waren genauso groß und schwer wie eine Apollokapsel.
(Foto: NASA, Wikimedia)

GLEITEN – AUF DEM LUFTKISSEN UNTERWEGS

Beim Gleiten bewirkt die Neigung einer Fläche, der sogenannte Anstellwinkel, eine gerichtete Umströmung der Luft. Ähnlich wie beim Fallschirmprinzip entsteht Auftrieb, weil auf der Unterseite der Fläche die Luft zusammengedrückt wird und daher dort ein höherer Druck herrscht als auf ihrer Oberseite. Diese geneigte Fläche gleitet gewissermaßen auf einem Luftkissen entgegen der Neigungsrichtung antriebslos zu Boden. Dabei entsteht eine gerichtete Kraft, der Vortrieb. In der Natur bewegen sich nach diesem Prinzip einige Pflanzensamen, Reptilien und Säugetiere durch die Luft. Technische Geräte, die nach dem Prinzip der schrägen Fläche gleiten, sind Papierflieger und die Flugdrachen der ersten Generation. Unter Wasser gibt es keine Gleiter ohne Antrieb.
(Grafik: zwo/elf)

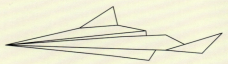

1 Faltengeckos (*Ptychozoon kuhli*) springen oft aus luftiger Höhe. Dabei strecken sie die Beine und den abgeplatteten Schwanz und spannen die Haut zwischen den Zehen und Fingern. Zusätzlich entfalten sich zu beiden Seiten des Bauches Hautlappen, die in Ruhe eingerollt über Brust und Bauch liegen.
(Foto: Manuel Werner, Wikimedia)

2 Schmuckbaumnattern, hier eine Paradiesschmuckbaumnatter (*Chrysopelea paradisi*), schnellen sich aus dem Geäst und spreizen ihre Rippen. Der Schlangenkörper wird zur Tragfläche.
(Foto: Alan Couch, Wikimedia)

3 Ein Gleithörnchen (*Glaucomys volans*) auf seiner Luftreise. Deutlich ist die enorm vergrößerte Flankenhaut zu erkennen, die durch Abspreizen der Arme und Beine aufgespannt wird. Gleitbeutler fliegen nach dem gleichen Prinzip.
(Foto: Pratikppf, Wikimedia)

4 Das älteste bekannte gleitflugfähige Wirbeltier ist die Echse *Coelurosauravus* aus dem Oberperm (255 Millionen Jahre). Seine Flughäute waren von Hautknochenstäben gestützt. Tests ergaben, dass das Reptil knapp 100 Meter weit gleiten konnte.
(Foto: Volker Griener)

5 Die 15 Zentimeter lange Echse *Sharovipteryx mirabilis* lebte vor etwa 225 Millionen Jahren (Obertrias) im heutigen Kirgisistan. Die Flughäute zwischen Armen und Rumpf sind nicht sicher nachgewiesen, aber diejenigen zwischen Hinterbeinen und Schwanz – eine einzigartige Konstruktion.
(Foto: Volker Griener)

6 Die Flugdrachen der Echsengattung *Draco* haben stark verlängerte Rippen, mit denen die Tiere ihre riesigen Flankenhäute abspreizen können. Über 60 Meter weit können die knapp 50 Zentimeter langen Echsen damit gleiten.
(*Draco timorensis*; Foto: Heinrich Kaiser; Quelle: ZooKeys, 109: 19-86)

7 Flugsamen von *Alsomitra macrocarpa*, einem rankenden Kürbisgewächs aus Südostasien, sind großflächige, aber sehr filigrane Flugapparate. Der Samen war Vorbild für die Nurflüglerflugzeuge.
(Foto: Eberhard Frey)

8 Gleitschirme bestehen aus eine Serie von Kammern aus reißfestem Nylongewebe. Die Öffnungen auf der Rückseite dieser Kammern sind wesentlich kleiner als diejenigen auf ihrer Vorderseite. Die Gleiter werden also allein durch den Staudruck der Luft in den Kammern stabilisiert. Moderne Gleitschirme sind sogar zum Segeln geeignet.
(Foto: Johann Kirchhauser)

9 Der von dem Ulmer Abrecht Ludwig Berblinger entwickelte Flugdrachen aus den Jahren um 1811 hatte zwar nur mäßige Gleiteigenschaften, aber er flog.
(Foto: Hazetti, Wikimedia)

10 Der Schulgleiter SG 38 wurde wegen seiner stabilen Flugeigenschaften in den 1940er-Jahren zur Alleinflugausbildung benutzt; sein Spitzname: Drahtverhau.
(Foto: Matthias Kabel, Wikimedia)

11 Papierflieger sind Gleiter, die sich jeder selbst bauen kann.
(Foto: Eberhard Frey)

SEGELN – DIE SCHÖNSTE ART DES FLIEGENS

Segelflugzeuge sind antriebslose Flugmaschinen und gehören zu den elegantesten Konstruktionen, die von Menschen je erfunden wurden. Segelflugzeuge sind schwerer als Luft, gleiten also trotz ihrer langen Flügel langsam, aber stetig zu Boden. Um Höhe zu gewinnen, nutzen Segelflieger daher Aufwinde, wie z. B. Hangaufwinde, aufsteigende Warmluft oder Küstenaufwinde.

In der heutigen Tierwelt finden sich unter den Vögeln Meister des Segelfluges, wie z. B. Albatrosse, Störche und viele Greifvögel. Bei günstigen konstanten Winden können Vögel wie die Albatrosse tagelang ohne einen Flügelschlag über dem Wasser segeln. Die Meistersegler des Erdmittelalters waren die heute ausgestorbenen Flugsaurier. Segeln funktioniert nur in der Luft.
(Grafik: zwo/elf)

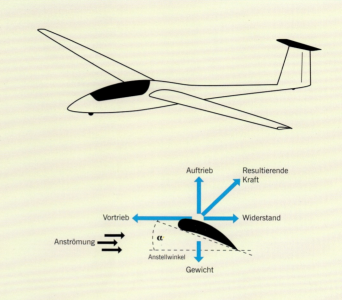

1. Eine DG 600 mit 18 Metern Flügelspannweite zeigt über den französischen Alpen, was sie kann. Die Firma DG (Glaser und Dirks) hat ihren Sitz in Bruchsal.
(Foto: Nico Walker, Wikimedia)

2. Albatrosse, wie der Wanderalbatros (*Diomedea exulans*) mit über drei Metern Spannweite, sind die besten und ausdauerndsten Segelflieger unter den Vögeln.
(Foto: J. J. Harrison, Wikimedia)

3. Unter den Vögeln finden sich zahlreiche hervorragende und energiesparende Segelflieger. Weißstörche (*Ciconia ciconia*) können stundenlang segeln und schaffen so auf ihrem Zug nach Afrika Strecken von über 15.000 Kilometern.
(Foto: Kai Schreiber, Wikimedia)

4. Dieses Modell des Riesenpterosauriers *Hatzegopteryx thambema* im Lichthof des Naturkundemuseums Karlsruhe hat die realistische Spannweite von zwölf Metern. Die Tiere konnten sicherlich tagelang segeln. Das Modell ist das größte Pterosauriermodell der Welt.
(Foto: Volker Griener)

5. Um beim Segelfliegen Höhe zu gewinnen, sind Aufwinde nötig. Diese entstehen entweder durch aufsteigende Warmluftblasen (A), vor einer Sturmfront (B), an Hängen und Bergen (C), über der Küste (D) oder aber über dem offenen Meer. Über dem offenen Meer können Seevögel die reibungsbedingten Unterschiede in der Windgeschwindigkeit zu einer Art Wellensegelflug nutzen, dem dynamischen Segelflug (E). Segelflugzeuge schaffen das wegen ihrer Größe nicht.
(Grafik: Michaela Boschert)

2

3

4

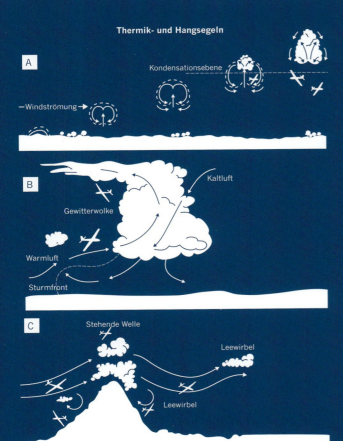

Thermik- und Hangsegeln

A — Windströmung — Kondensationsebene

B — Kaltluft, Gewitterwolke, Warmluft, Sturmfront

C — Stehende Welle, Leewirbel, Leewirbel

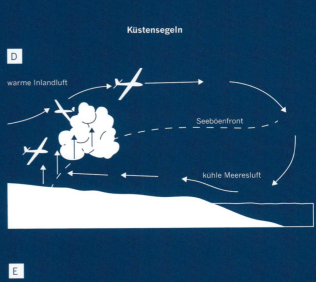

Küstensegeln

D — warme Inlandluft, Seeböenfront, kühle Meeresluft

E — zunehmende Windgeschwindigkeit

5

MOTORFLUG – ANTRIEB VOM AUFTRIEB GETRENNT

Generationen von Tüftlern und Wissenschaftlern arbeiteten daran, ein Fluggerät zu erfinden, das es dem Menschen ermöglichte, selbstständig zu fliegen. Viele machten jedoch den Fehler, den Flügelschlag der Vögel technisch nachahmen zu wollen – bis heute mit zweifelhaftem Erfolg. Das Geheimnis eines erfolgreichen Flugs unabhängig vom Wind war die Entdeckung, den Antrieb von der Auftriebsstruktur, den Tragflächen, zu trennen. Motoren oder Triebwerke sorgen allein für den Vortrieb und damit für die Umströmung der Tragflächen. Angetrieben durch Propeller oder Düsentriebwerke kann ein Flugzeug vom Boden abheben. Konstruktionen, bei denen der Antrieb vom Tragflügel getrennt ist, gibt es in der Natur nicht. (Grafik: zwo/elf)

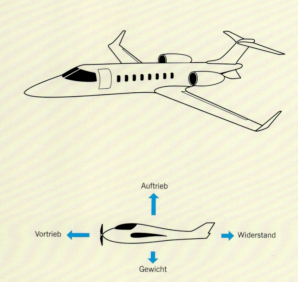

1 Solarantrieb: Die Helios hat eine Spannweite von 75,3 m und wiegt maximal 920 kg. Vierzehn Elektromotoren mit einer Leistung von je 1,5 kW bringen den Flieger auf eine Höchstgeschwindigkeit von 43 km/h. (Foto: NASA, Wikimedia)

2 Flugbenzin, einmotorig: Die Cessna 182t Skylane ist ein Kleinflugzeug fast für jeden Einsatzbereich. Die Spannweite beträgt 10,97 m, das maximale Startgewicht 1,4 t und die Höchstgeschwindigkeit 278 km/h. (Foto: Adrian Pingstone, Wikimedia)

3 Kerosin, viermotorig: Die legendäre Lockheed Super Constellation bediente in den 1950er-Jahren die Transatlantikroute via Grönland; Spannweite 34,60 m, Maximalgewicht 63,3 t, Höchstgeschwindigkeit etwa 500 km/h. (Foto: Mike Lehmann, Wikimedia)

4 Die Luftschraube des Daedalus Project Light Eagle wird über eine Tretkurbel angetrieben. Am 23. April 1988 schaffte der nur 42 kg schwere Flieger die 115,11 km lange Strecke von Heraklion auf Kreta zur Insel Santorini in 3 Stunden und 54 Minuten. (Foto: NASA, Wikimedia)

5 Autogyros oder Tragschrauber haben antriebslose rotierende Flügel. Der Vortrieb wird mit einem Propeller erzeugt; hier eine ELA Cougar in der Steilkurve. (Foto: Fgarganese, Wikimedia)

6 Kerosin, Strahltriebwerke: Die berühmte Boeing 747 war bis zu Fertigstellung des Airbus 380 als das größte Verkehrsflugzeug der Welt. Die Spannweite dieses Jumbo-Jets beträgt je nach Ausführung bis 76,30 m. Vier Strahltriebwerke mit einem Gesamtschub von 1184 kN wuchten die maximale Startmasse von 448 t in den Himmel. (Foto: Wikimedia)

7 Mehrere Tragflächen gibt es nur in der Technik: hier eine Bücker T-131 Jungmann beim Einleiten einer Rolle. Bei einer Spannweite von nur 7,4 m beträgt das Startgewicht maximal 680 kg. Die Höchstgeschwindigkeit liegt bei 350 km/h. (Foto: Robin Krakau, Wikimedia)

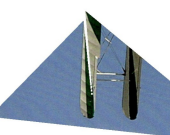

SCHLAG- UND KREISFLUG – ANTRIEB UND AUFTRIEB IN EINEM

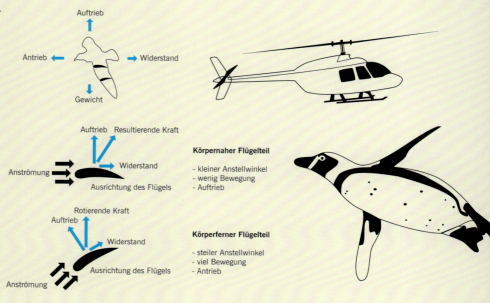

Vögel, Fledermäuse, Insekten und Flugsaurier erzeugen Antrieb durch Flügelschlag. Der äußere Flügelteil wird so stark gegen den inneren verdreht, dass seine Auftriebskraft in Flugrichtung wirkt. Schlagflug ist auch unter Wasser möglich. Meeresschildkröten, Ohrenrobben, Plesiosaurier, manche Vögel, Fische, Tintenfische und Meeresschnecken sind Unterwasserflieger.

Das Zusammenspiel von Gelenken, Sehnen und Muskeln ist Voraussetzung für den Schlagflug und technisch schwer nachzubauen. Bemannte Schlagflügler, die Ornithopter, sind nicht steuerbar. Eine technische Lösung, die Auftrieb und Vortrieb in einer Struktur vereint, ist der Kreisflügler oder Helikopter. Kreisflügler finden sich in der Natur nur bei Pflanzensamen. (Grafik: zwo/elf)

1. Adlerrochen, wie der Gefleckte Adlerrochen (*Aetobatus narinari*), „fliegen" mit ihren flügelähnlichen Brustflossen durchs Wasser. (Foto: Paul Asman & Jill Lenoble, Wikimedia)

2. Quastenflosser, wie *Latimeria chalumnae*, haben drei Paar Unterwasserflügel: die Brustflossen, die Bauchflossen und die zweite Rückenflosse zusammen mit der Afterflosse. Während Rücken- und Afterflosse gleichsinnig schlagen, arbeiten Brust- und Bauchflossen gegensinnig, sind also über Kreuz gekoppelt. (Foto: Flavio Bacchia)

3. Plesiosaurier, wie dieser mexikanische Langschnauzenplesiosaurier, bewegten sich vermutlich durch abwechselndes Schlagen ihrer beiden Flossenpaare fort. Diese Fortbewegungsform gibt es heute nicht mehr. (Modell: Tim Niggemeyer, Fotomontage: Eberhard Frey)

4. Insekten sind die Meister des Schlagfluges. Sie fliegen entweder mit einem oder zwei Flügelpaaren. Manche von ihnen, wie Hautflügler und Schmetterlinge koppeln ihre beiden Flügelpaare. An diesem Labkrautschwärmer (*Hyles gallii*) ist das gut zu erkennen. (Foto: Friedbert Laier, Walzbachtal)

5. Der etwa 1 m spannende Langschwanzpterosaurier *Dorygnathus banthensis* aus dem Unterjura Baden-Württembergs bewegte sich flügelschlagend fort. (Foto: Volker Griener)

6. Unter den Säugetieren sind die Fledertiere, hier eine Nektar-Fledermaus (*Lonchophylla robusta*), die einzigen Luftschlagflügler (siehe Kapitel 3.5). Die geschlossene Flughaut ermöglicht extreme Flugmanöver. (Foto: Hans Hillewaert, Wikimedia)

7. Pinguine (Spheniscidae) jagen mit schnellen Schlägen ihre Unterwasserflügel dahin. Die Tragflächen sind zum Luftflug viel zu klein; hier ein Humboldtpinguin (*Spheniscus humboldti*). (Foto: Wilfried Wittkowsky, Wikimedia)

8. Die Bell 429 ist ein zweimotoriger Hubschrauber mit Turbinenantrieb und vierblättrigem Hauptrotor (Foto: Avitya, Wikimedia). Kreisflügler gibt es in der Natur nur in der Pflanzenwelt, beispielsweise beim Ahorn (Foto: Annemarie Radkowitsch).

RUDERN UND PADDELN – VORWÄRTS DURCH VERDRÄNGEN

Beim Rudern oder Paddeln wird Vortrieb erzeugt, indem Wasser oder Luft mit einer möglichst großen Fläche nach hinten verdrängt wird. Bei diesem Antriebsschlag wird der Körper vorwärts getrieben. Der Rückstellschlag ist antriebslos und es wird so wenig Reibung wie möglich erzeugt. Paddeln führt zu einer kontinuierlichen, aber wellenförmigen Bewegung des Körpers, da der Paddelschlag rechts und links abwechselt. Ruder werden gleichsinnig bewegt. Deshalb ist die Fortbewegung stoßweise, dafür aber geradlinig. Verdrängungsschwimmer sind beispielweise Schwimmkäfer, Frösche oder auch Eisbären und Tauchenten. Rudern und Paddeln ist auch in der Luft möglich, allerdings nur für winzige Organismen, wie z. B. Brackwespen. Für solche Winzlinge ist die Luft zäh wie Wasser.
(Grafik: zwo/elf)

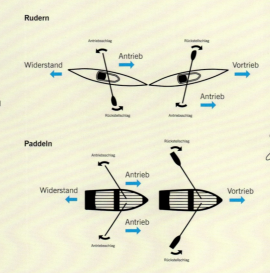

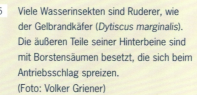

1. Es gibt viele Säugetierarten, die rudern oder paddeln (siehe Kapitel 3.2). Eisbären (*Ursus maritimus*) sind die größten unter ihnen. Sie paddeln ausschließlich mit den Vorderbeinen.
(Foto: Brian Snelson, Wikimedia)

2. Manche Einzeller sind Verdrängungsschwimmer, wie z. B. der Wimperling *Tetrahymena thermophila*. Jede Wimper ist ein Miniruder.
(Foto: Robinson R, PLoS Biology 4/9/2006, e304.)

3. Die meisten Sumpfschildkröten sind Paddler. Beide Beinpaare werden zum Antrieb genutzt, wie bei dieser Florida-Weichschildkröte oder Wilden Dreiklaue (*Apalone ferox*).
(Foto: Eberhard Frey)

4. Luftruderer sind winzig klein (siehe Kapitel 1). Die borstigen Flügel der Zwergwespe (*Camptopteroides verrucosa*) arbeiten als Luftruder.
(Foto: Stho002, Wikimedia)

5. Viele Wasserinsekten sind Ruderer, wie der Gelbrandkäfer (*Dytiscus marginalis*). Die äußeren Teile seiner Hinterbeine sind mit Borstensäumen besetzt, die sich beim Antriebsschlag spreizen.
(Foto: Volker Griener)

6. Die meisten Tauchvögel, wie z. B. diese Galapagosscharbe (*Phalacrocorax harrisi*), schwimmen mit Ruder- oder Paddelschlägen ihrer Hinterbeine. Schwimmhäute zwischen den Zehen vergrößern die Antriebsfläche.
(Foto: putneymark, Wikimedia)

7. Krokodile benutzen oft ihre Hinterbeine zum Paddeln, wie dieser junge Mississippi-Alligator (*Alligator mississippiensis*). Zwischen den vier Zehen befinden sich Schwimmhäute.
(Foto: Ianaré Sévi, Wikimedia)

8. Frösche bewegen sich mit Ruderschlägen ihrer Hinterbeine durch das Wasser. Die Arme werden angelegt. Zwergkrallenfrösche (*Hymenochirus*) benutzen die Hände zum Steuern.
(Foto: Mwatro, Wikimedia)

WELLENANTRIEB – WIRBELWALZEN ALS MOTOREN

Ein Körper, der sich durch das Wasser schlängelt, erzeugt entlang der Körperseiten rotierende Wirbelwalzen, die den Körper vorwärts treiben und dabei selbst schwanzwärts wandern. Schlängeln ist horizontal, wie bei Fischen, oder vertikal wie bei Walen möglich. Es gibt Tiere, die den gesamten Köper bewegen wie z. B. Aale oder solche, die nur die Schwanzflosse rasch hin und her schlagen wie Thunfische. Wellenantrieb kann auch mit Flossensäumen erfolgen, wobei der Rumpf steif bleibt. Z. B. Rochen, Seepferdchen, Messerfische bewegen sich mit einer wellenförmigen Bewegung der Brust- oder Rückenflossen fort. Ein bekannter technischer Wellenantrieb sind Taucherflossen. Der Wellenantrieb liefert keinen Auftrieb und ist daher nur im Wasser nutzbar.
(Grafik: zwo/elf)

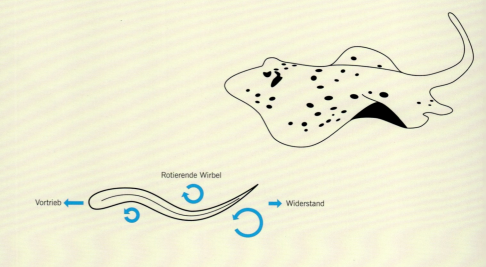

1. Den horizontalen Schlängelantrieb nutzen fast alle Haie, wie z. B. dieser Sandhai (*Carcharias taurus*) und sehr viele Fische (siehe Kapitel 1 und 3.1).
(Foto: Eberhard Frey)

2. Schlängelschwimmer können auch winzig sein. Manche Geißeltierchen (Flagellata) benutzen zum Schlängeln nicht nur den Körper, sondern auch eine geißelgetriebene Membran, wie die Trypanosomen. Die Tiere schwimmen mit dem spitzen Ende voran.
(Foto: Volker Griener)

3. Rochen (Batoidea), mit Ausnahme der Geigen- und Adlerrochen, erzeugen Antrieb durch wellenförmige Bewegungen der Brustflossen, wie dieser Pfauenaugen-Stechrochen (*Potamotrygon motoro*).
(Foto: Volker Griener)

4. Einige Knochenfische bewegen sich durch die Wellenbewegungen ihrer Flossen fort (siehe Kapitel 3.1). Bei Seepferdchen (*Hippocampus*) ist diese Wellenbewegung so schnell, dass man sie kaum sehen kann.
(Foto: Volker Griener)

5. Das horizontale Schlängeln der Seehunde (Phocinae, z. B. der Seehund *Phoca vitulina*) ist aus einer seitlichen Ruderbewegung der Hinterbeine entstanden (siehe Kapitel 3.2).
(Foto: Wordless symbol, Wikimedia)

6. Wie die meisten Reptilien schwimmen auch die Krokodile über lange Strecken durch horizontales Schlängeln des Körpers und besonders des Schwanzes, hier ein Nilkrokodil (*Crocodylus niloticus*).
(Foto: Eberhard Frey)

7. Mit Taucherflossen wird durch Beinschlag eine Antriebswelle erzeugt.
(Foto: Wikimedia)

8. Die meisten Würmer schlängeln sich in alle Richtungen durch das Wasser, die Egel (Hirudinidae) aber nur in der Vertikalebene.
(Foto: Volker Griener)

9. Wale, wie z. B. diese Großen Tümmler (*Tursiops truncatus*), schwimmen durch Beugen und Strecken des Rumpfes. Dieses vertikale Schlängeln leitet sich von der Rumpfbewegung beim Galopp ab. Die Schwanzfluke verstärkt den Antriebseffekt.
(Foto: Arnaud 25, Wikimedia)

RÜCKSTOSS – VORWÄRTS AUF DEM SCHNELLEN STRAHL

Beim Rückstoßantrieb wird Wasser oder ein Gas mit hoher Geschwindigkeit aus einer engen Öffnung, der Düse, gepresst. Der Antriebsimpuls ist ein Resultat der in einer Druckkammer beschleunigten Schubmassen. Sie werden aus der Düse ausgestoßen und treiben dabei den Körper voran – immer entgegengesetzt zur Richtung des Antriebimpulses. Das Rückstoßprinzip funktioniert in der Luft und unter Wasser, wobei es für die Fortbewegung in der Luft keine biologischen Beispiele gibt. Düsenjets und Raketen sind technische Rückstoßflieger. Unter Wasser nutzen überwiegend Weichtiere den Rückstoß zum Antrieb, wie z. B. Tintenfische oder Muscheln. Wasserstrahlturbinen als Antriebe für Tauchboote und andere Wasserfahrzeuge arbeiten ebenfalls nach dem Rückstoßprinzip.
(Grafik: zwo/elf)

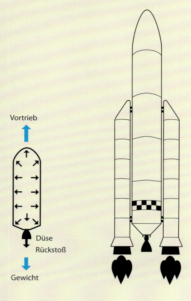

1 Rückstoßantrieb einer Großlibellenlarve (schematisch): In der Einsaugphase wird Wasser in die Kiementasche, die sogenannte Analpyramide, gesaugt. Durch Zusammenziehen der Kiementasche wird das Wasser schlagartig ausgepresst und die Larve schießt davon.
(Grafik: Michaela Boschert)

2 Die Larve des Plattbauchs (*Libellula depressa*) kann per Rückstoß vorwärts durchs Wasser schießen.
(Foto: Pudding4brains, Wikimedia)

3 Beim Zusammenziehen ihres Schirmes stoßen Quallen (Cnidaria) Wasser aus. Manche Arten erreichen so eine Geschwindigkeit von bis zu 10 km/h. Hier sieht man eine kleine Wurzelmundqualle am Ende der Ausstoßphase.
(Foto: Johann Kirchhauser)

4 Eine Kette aus Salpen schwebt durch das Wasser. Jedes der tonnenförmigen Tiere ist ein Triebwerk, das Wasser durch die Ausströmöffnung bläst und so Rückstoß erzeugt. Salpen sind entfernte Verwandte der Wirbeltiere.
(Foto: Lars Plougmann, Wikimedia)

5 Wenn ein Seestern anrückt, hat eine normale Muschel keine Chance, eine Jakobsmuschel (*Pecten*) aber schon. Ruckartig zieht sie ihre Klappen zusammen, presst das Wasser dazwischen aus und schießt davon – per Rückstoß.
(Foto: Wikimedia)

6 Funktionsprinzip eines Düsentriebwerks: Über ein Schaufelrad wird Luft über die Verdichterturbine stark verdichtet. In der Brennkammer sorgt sie für die explosionsartige Verbrennung des Treibstoffs. Das heiße Gas-Luftgemisch wird durch die Düse ausgestoßen und dreht dabei die Turbine an. Diese sitzt auf der Verdichterwelle und sorgt so für ständigen Luftnachschub.
(Grafik: Michaela Boschert)

7 Die „Saturn V" war mit über 100 Meter Höhe die größte Rückstoßmaschine, die je gebaut wurde. Ihre Haupttriebwerke lieferten einen Schub von mehr als 3000 t.
(Grafik: NASA, Wikimedia)

8 Wenn Tintenfische wie dieser Gemeine Krake (*Octopus vulgaris*) schnell reisen wollen, pressen sie Wasser aus ihrer Mantelhöhle durch eine Art Trichter nach außen und erzeugen so Rückstoß. Der Trichter ist unter dem Auge deutlich erkennbar.
(Foto: Johann Kirchhauser)

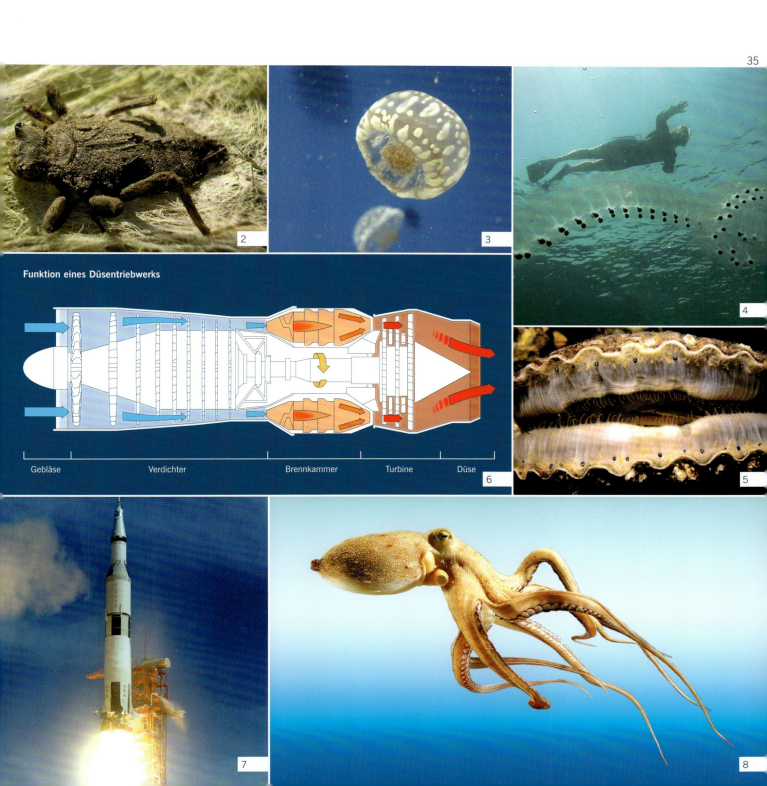

2 WASSER UND LUFT
bodenlose Lebensräume

von Werner Nachtigall

Wasser und Luft – bodenlose Lebensräume

Alle Lebewesen sind der Schwerkraft unterworfen. Landlebewesen besitzen Skelette, damit sie nicht unter ihrer Eigenlast zusammenbrechen oder bei der Fortbewegung durch auftretende Trägheitskräfte gestaucht werden. Besonders problematisch ist das bei sehr großen Formen. Die größten Dinosaurier wie der schätzungsweise 58 Meter lange und gut 100 Tonnen schwere Langhalsdinosaurier *Amphicoelias* waren wohl fast an die maximal mögliche Größe bzw. die größtmögliche Masse herangekommen. Skelette von Landbewohnern müssen zwar belastbar, dabei aber möglichst leicht sein. Um Landbewohner geht es bei den Lebewesen im Bodenlosen freilich nicht. Trotzdem sind Vergleiche zu den Landbewohnern nützlich, um manche Aspekte der Bewegung unter Wasser und durch die Luft besser verstehen zu können.

Wie Landtiere benötigen viele Wasserlebewesen Skelette oder skelettartige Elemente. Diese stützen den Körper jedoch nicht, sondern sind in erster Linie Ansatzstellen für die Bewegungsmuskulatur. Die Wirkung der Schwerkraft lässt sich unter Wasser durch die Möglichkeit der hydrostatischen Auftriebserzeugung verringern oder ganz kompensieren. Das Letztere zeigen zahlreiche Knochenfische, die wegen ihrer Schwimmblase bewegungslos im Wasser stehen können. Sie brauchen hierfür keine Energie, denn die Erzeugung des Auftriebs geschieht rein passiv auf Grund der physikalischen Gegebenheiten.

Lebewesen des Luftmeeres haben nicht wie manche Fische die Möglichkeit, passiven Auftrieb zu erzeugen. Genau betrachtet erzeugen Luftbewohner wegen der Luftverdrängung ihrer Körper freilich auch einen Auftrieb, den „aerostatischen" Auftrieb. Der fällt aber nicht ins Gewicht, weil die Luft sehr viel weniger dicht ist als das Wasser.

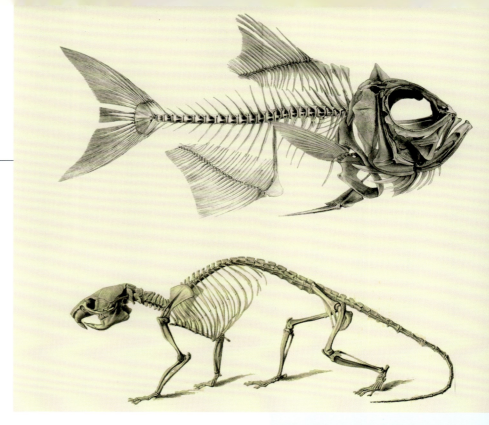

Das Skelett eines Nördlichen Schleimkopfes (Zeichnung: R. Mintern, Wikimedia) hat normalerweise kein Gewicht zu tragen, das Skelett einer Mähnenratte (Quelle: Muséum d'histoire Naturelle, Paris, Wikimedia) schon. Gliederfüßer haben ein Außenskelett. Sie funktionieren unter Wasser, an Land und sogar in der Luft gleich.

» PHYSIKALISCHE UNTERSCHIEDE ZWISCHEN WASSER UND LUFT

EIGENSCHAFT	WASSER	LUFT
Chemische Formel	H_2O	Gemisch aus: Stickstoff (N_2, 76%) Sauerstoff (O_2, 21%) und anderen Gasen
Dichte bei 20 °C	988 kg/m³	1,20 kg/m³
Dynamische Viskosität bei 20 °C	$9{,}81 \cdot 10^3$ Ns/m²	$1{,}18 \cdot 100$ Ns/m²
Kinematische Viskosität bei 20 °C	$1{,}01 \cdot 10^{-6}$ m²/s	$1{,}51 \cdot 10^{-5}$ m²/s

Mit der Körpergröße nimmt auch die Plumpheit zu: links das Skelett eines Rotfuchses (Foto: Kirill Tsukanov, Wikimedia), rechts das eines Indischen Elefanten (Foto: Skimsta, Wikimedia) auf die gleiche Rumpflänge gebracht. Die Plumpheitszunahme mit der Körpergröße ist besonders an den Extremitäten erkennbar.

Bei technischen Konstruktionen wie Ballonen oder Zeppelinen kann ein Trägergas, das leichter als Luft ist, genügend aerostatischen Auftrieb erzeugen, um Lasten zu heben (siehe auch Kapitel 4.2). Auftrieb brauchen Flugtiere und Flugmaschinen, die schwerer sind als Luft, aber auch beim Schlagflug, damit sie sich in der Höhe halten können. Sie müssen diesen aktiv erzeugen, nämlich durch den Einsatz von Muskelkraft, mit der sie ihre Flügel schwingen lassen, oder mit Hilfe von Antriebsaggregaten. Das ist energetisch sehr belastend, so elegant und schwerelos ein dahinfliegender Vogel auch wirken mag. Es verwundert nicht, dass fliegende Tiere die abenteuerlichsten Strukturen entwickelt haben, um ihre physikalische Flugleistung und damit letztlich ihre aktive Stoffwechselleistung möglichst klein zu halten.

Auch wenn es hier um Schwimmen und Fliegen geht, kann man auf den Vergleich mit Landlebewesen nicht verzichten, wie eingangs angedeutet. Ein paar physikalische Grundbegriffe sind nämlich für das Verständnis der Fortbewegungsmechanismen im Bodenlosen vonnöten, weil die Physik in geradezu dramatischer Weise alles beherrscht, was da kreucht und fleucht bzw. schwimmt und fliegt. Wohlweislich wird hier allerdings auf weiterführende mathematische Ansätze verzichtet.

Plumpheit ist der Preis für Größe

Bleiben wir eingangs ein wenig bei den Landlebewesen und betrachten wir einmal Größeneffekte. Grundlegende Überlegungen dieser Art gelten zwar auch für Wasser- und Luftbewohner, doch sind sie dort nicht so einfach zu formulieren wie bei Lebewesen, die sozusagen festen Boden unter den Füßen haben.

Je größer ein Tier oder eine Pflanze, desto stärker der Stützapparat. Allerdings verläuft dessen Ausbildung nicht linear zur Größe: Wenn ein zehn Meter hoher Baum einen Stammdurchmesser von vierzig Zentimetern hat, dann hat ein zwanzig Meter hoher Baum nicht etwa einen Stammdurchmesser von achtzig Zentimetern, sondern ist deutlich dicker. Größere Lebewesen müssen in den Proportionen generell plumper sein als kleinere. Das ist so etwas wie ein physikalisches Gesetz.

Galileo Galilei (1564 – 1642) stellte fest: „Es lässt sich leicht beweisen, dass nicht bloß die Menschen, sondern auch selbst die Natur die Größe ihrer Schöpfungen nicht über gewisse Grenzen hinaus ausdehnen kann, ohne ein festeres Material zu wählen und ohne sie monströs zu verdicken, sodass ein Tier von riesigen Dimensionen eine unmäßige Dicke haben müsste."

» EIN GEDANKENVERSUCH ZU BELASTUNG UND WIDERSTANDSFÄHIGKEIT

Betrachten wir einmal zwei Würfel, einen mit der Kantenlänge a = 1 cm, einen anderen mit der Kantenlänge a = 1 m und jeweils der Auflagefläche A = a^2 = 1 cm^2 bzw. 1 m^2. Jeder Teil der Würfelmasse belastet die Auflagefläche. Die Belastung B dieser Auflagefläche A wird also dem Volumen V der Würfel proportional sein. Das Volumen V errechnet sich aus der Multiplikation von drei Kantenlängen a · a · a oder a^3, also B ~ V ~ a^3. Die Widerstandsfähigkeit W gegen die jeweilige Belastung wächst aber nur proportional zur Auflagefläche A und damit zum Quadrat der Kantenlänge a: W ~ A ~ a^2. Die auf die Belastung B nominierte Widerstandskraft W des Materials gehorcht also der Beziehung W/B = A/V = a^2/a^3 = a^{-1}. Das bedeutet: Je größer der Würfel ist, desto weniger kann er seine mit dem Volumen massiv steigende Eigenlast aushalten. Je kleiner der Würfel, desto weniger Eigenbelastung ist er ausgesetzt. Die Widerstandskraft W hängt jedoch nicht nur von der Größe, sondern auch von den Materialeigenschaften unserer Würfel ab. Man kann sich leicht einen Geleewürfel von 1 cm^3 zuschneiden und vor sich hinstellen. Ein Geleewürfel von 1 m^3 aber würde durch seine Eigenlast wie ein Sofakissen auseinandergedrückt werden. Um zu verhindern, dass sich der Geleekoloss verformt, könnte man bei gegebenem Volumen die Grundfläche auf Kosten der Höhe vergrößern. Wenn man z. B. das Volumen von 1 m^3 auf einer Grundfläche von 4 m^2 aufbaut, wäre die Geleemasse nur noch 25 cm hoch. Der Quader würde sich kaum mehr unter seinem Eigengewicht verformen, macht aber nun einen plumperen Eindruck: Die Höhe des Quaders ist nicht mehr 100 %, sondern nur noch 12,5 % der Breite. Alternativ könnte man den Würfel aber auch aus einem stabileren Material, z. B. Stahl, bauen oder in ein dichteres Medium, wie z. B. Wasser, stellen. Letzteres würde die Ausbeulung dramatisch reduzieren, wenn das Gelee nicht wasserlöslich wäre. Schlichte Beziehungen dieser Art beherrschen sehr weitgehend das konstruktive Design von Lebewesen. Hierzu ein Beispiel: Bei großen Vögeln ist das Gewicht des gesamten Skeletts im Verhältnis zum Gesamtgewicht des Körpers kleiner als bei kleinen. Beim Zaunkönig beträgt der Skelettanteil 1 %, beim Haushuhn 11,7 % und bei der Gans 13,4 %.

Fortbewegung durch „Abstoßen" auf dem Land und unter Wasser

Wenn ein Mensch zu einem 100 m-Lauf startet, sind die Kräfteverhältnisse beim Absprung prinzipiell einfach zu verstehen. Die Sprungkraft F weist nach schräg hinten unten, sodass eine Reaktionskraft F' nach schräg oben entsteht. Diese zerlegt sich in eine hebende Komponente F_H und eine vorwärtstreibende Komponente F_V. Übersteigt die hebende Komponente das Körpergewicht, was beispielsweise durch einen kräftigen und nicht zu flach aufwärtsgerichteten Absprung bewerkstelligt werden kann, so hebt der Mensch kurz vom Boden ab und führt einen Sprung aus.

Für den Absprung muss der Läufer also eine Kraft entfalten. Diese Kraft entspricht, wie die Physik zeigt, einer zeitlichen Impulsänderung. Wenn die Masse eines Körpers konstant bleibt, was ja normalerweise der Fall ist, bedeutet das eine zeitliche Geschwindigkeitsänderung. Anders ausgedrückt kann ein System eine Kraft erzeugen, wenn es in der Lage ist, eine Impulsänderung auszuüben, beispielsweise einer Masse in einer Zeiteinheit eine größere Geschwindigkeit zu verleihen, sie also zu beschleunigen. Damit haben wir den Zusammenhang zwischen Kraft und Impulsänderung bzw. Impulstransport hergestellt. Wir können uns das am Beispiel eines 2-Kugel-Versuchs und eines schwimmenden Wasserkäfers vergegenwärtigen.

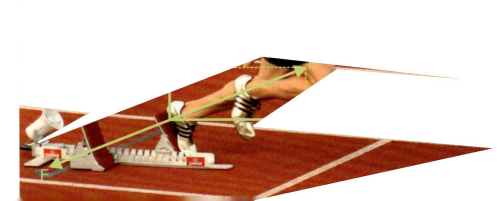

Der Sprinter Jeremy Wariner beim Start (London Grand Prix, Crystal Palace, August 2007). Die Kräfte, die beim Abdrücken vom Startblock wirken, sind eingezeichnet. F = Sprungkraft, F'= Reaktionskraft, F_h = Hubkraft, F_v = Vortriebskraft.
(Foto: Phil McElhinney, Wikimedia)

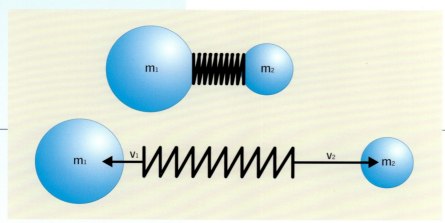

Impulsübertragung und Masse am Beispiel zweier unterschiedlich schwerer Kugeln, die von einer Feder auseinandergedrückt werden. (Digitalisierung: Eberhard Frey)

Impulsübertragung, eine Voraussetzung für die Ortsbewegung

Zwei unterschiedlich große Kugeln mit der großen Masse m_1 und der kleinen Masse m_2 werden gegen eine zentrale Feder zusammengedrückt. Lässt man los, so treibt die sich ausdehnende Feder die Kugeln mit einer gewissen Geschwindigkeit auseinander. Im Ruhefall gilt für die Summe der Impulse $m_1 \cdot v_1 + m_2 \cdot v_2 = 0$, da $v_1 = v_2 = 0$. Im Bewegungsfall gilt $m_1 \cdot v_1 = -m_2 \cdot v_2$. Die Kugel mit der kleineren Masse m_2 fliegt also mit der größeren Geschwindigkeit v_2 weg. Wenn aber m_1 sehr viel größer ist als m_2, wird sich die große Kugel praktisch gar nicht bewegen, während die kleine davonspringt.

Ein Wasserkäfer, wie der 1,5 cm lange Gemeine Furchenschwimmer *Acilius sulcatus*, kann sich an Land vom Boden abstoßen, sagen wir von einem schweren Stein, indem er sein zu Schwimmbeinen umgebildetes hinteres Beinpaar kräftig dagegen schlägt. Der Käfer führt dann einen Sprung aus, indem er eine Kraft auf den Boden überträgt, genauso wie der startende Läufer. Es gilt also die eben genannte Beziehung $m_1 \cdot v_1 = -m_2 \cdot v_2$. Auf Stein und Käfer bezogen lautet die Formel nun: $m_{Stein} \cdot v_{Stein} = -m_{Käfer} \cdot v_{Käfer}$. Da nun $m_{Käfer}$ sehr viel kleiner ist als m_{Stein}, wird $v_{Käfer}$ sehr viel größer sein

Die Wirkung des Sich-Abstoßens von einem festen (A, A') und einem beweglichen Substrat (B, B'). Ist das Substrat beweglich, so wird immer ein Teil der Antriebsenergie für die Bewegung dieses Substrates verloren gehen. Das Beispiel aus der Tierwelt ist ein Furchenschwimmer, der sich mit seinen Schwimmbeinen von einem Stein abstößt (A) und vom Wasser (B). Das technische Prinzip (A', B') verdeutlicht das physikalische Prinzip mit einem Rollwagen, der sich über eine Feder von einer feststehenden oder wegrollenden Wand abgedrückt hat. (Digitalisierung: Eberhard Frey)

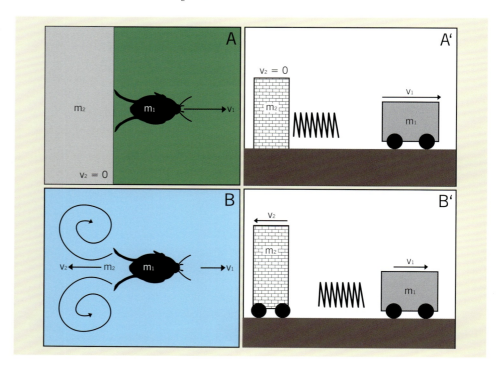

» DER IMPULS

Eine wichtige Größe zur Kennzeichnung der dynamischen Verhältnisse ist der Impuls I. Man versteht darunter das Produkt aus der Masse m eines Körpers und seiner Geschwindigkeit v, also $I = m \cdot v$. Dimensionsgleich ist das Produkt aus der Kraft F und der Zeit t, $I = F \cdot t$. Die Physiker bezeichnen dieses Produkt als Kraftstoß oder Impulsübertragung. Es gibt keinen Vorgang der Ortsbewegung, in welchem Medium auch immer, ohne Impulsübertragung.

als v_{Stein}. Während sich der Stein also praktisch gar nicht bewegt, wird sich der Käfer mit hoher Geschwindigkeit abschnellen.

Wie sieht das nun aber im freien Wasser aus, wo es ja auch nicht das kleinste Steinchen gibt, von dem sich der Käfer abschnellen könnte? Die physikalischen Verhältnisse kennzeichnen einen ganz wichtigen Übergang, der nun sehr vieles aus dem Bereich Schwimmen und Fliegen verdeutlicht und die vielleicht wichtigste Betrachtung dieses ganzen Abschnitts ist.

Im freien Wasser würden die mit Schwimmborsten besetzten, abgeplatteten Ruderbeine des Furchenschwimmers eine Portion Wasser der Masse m_2 erfassen. Dieses Wasser rollt sich dann in Form eines Wirbelpakets auf, welches mit der Geschwindigkeit v_2 nach hinten beschleunigt wird (Impuls $I_{Wasser} = m_{Wasser} \cdot v_{Wasser}$). Dadurch würde sich der Käfer der Masse $m_{Käfer}$ mit der Geschwindigkeit $v_{Käfer}$ in Gegenrichtung in Bewegung setzen (Impuls $I_{Käfer} = m_{Käfer} \cdot v_{Käfer}$). Wie groß die Geschwindigkeit des Käfers sein wird, kann man nicht ohne Weiteres angeben, doch kann man sicher sagen, dass die Geschwindigkeit des Furchenschwimmers, der sich vom Wasser abstößt, bei gleicher Muskelleistung kleiner ist als diejenige des Käfers, der sich vom Stein abstößt. Weil sich nämlich das Wasser im Gegensatz zum Stein mitbewegt, kann sich der Käfer im Wasser schlechter abstoßen als vom Stein. Im Wasser muss ein Teil der Leistung des Käfers dazu benutzt werden, den sich unausweichlich bildenden Wasserwirbel in Rotation zu versetzen und wegzubeschleunigen. Die effektive Leistung ist also im Wasser geringer als an Land. Die Folge ist eine geringere Geschwindigkeit des Furchenschwimmers im freien Wasser. Der Geschindigkeitsverlust, der durch die Bewegung des Wassers durch die Schwimmbeine entsteht, wird in der Mechanik als Schlupf bezeichnet. Die Quintessenz: Wasserlebewesen haben es leistungsmäßig schwerer, weil sie im Gegensatz zu Landlebewesen mit Schlupf arbeiten müssen.

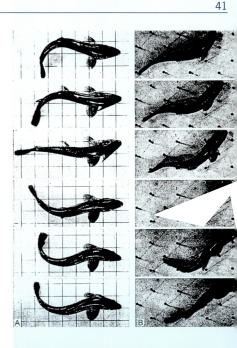

» GRAYS FISCHVERSUCH

Dass eine große Kraftentfaltung nichts bringt, wenn die Kraft nicht auf das umgebende Medium übertragen werden kann, hat der Altmeister der Bewegungsphysiologie, der englische Physiologe James Gray, bereits in den dreißiger Jahren mit einem berühmt gewordenen Versuch demonstriert, dem „Gray`schen Fischversuch" (rechte Abbildung). Legt man eine Forelle auf eine glatte, tropfnasse Platte, so schlängelt sie zwar wild hin und her, kommt aber nicht vorwärts, weil die Luft viel weniger Dichte hat als Wasser und die Flossenkräfte nicht aufnehmen kann (rechte Abbildung, linke Reihe). Bietet man dem Fisch aber eine Möglichkeit zur Kraftübertragung, z. B. durch eine Reihe eingeschlagener Nägel, so wird die Forelle zwischen den festsitzenden Nägeln durchflutschen, weil sie auf diese Kräfte übertragen kann und von vorwärtstreibenden Komponenten ihrer Reaktionskräfte profitiert. Das wässrige Umfeld der Forelle kann man sich so vorstellen, dass sich um den schlängelnden Fischkörper lauter rotierende Wassersäulen bilden, die „wie Nägel wirken". Der einzige Unterschied ist, dass die Wassersäulen verschiebbar sind, was zur Reduzierung der Antriebsleistung durch Schlupf führt.

Die Gartengrasmücke (*Sylvia borin*) mit ihren breiten Flügeln kann den Schwirrflug nur kurze Zeit durchhalten (Foto: Billy Lindblom, Wikimedia). Kolibris dagegen sind Meister des Schwirrfluges, wie dieser Schwarzkinnkolibri (*Archilochus alexandri*). (Foto: MdF, Wikimedia)

Der Schwirrflug der Gartengrasmücke

Auch anhand des Schwirrfluges eines Vogels, hier am Beispiel der Gartengrasmücke, kann man die Überlegungen zum Impulstransfer gut nachvollziehen, wenn man die Physik vereinfacht und von Leistungsbetrachtungen absieht (siehe unten).

» DIE HUBKRAFT EINES VOGELFLÜGELS IM SCHWIRRFLUG

Ein Vogel mit dem Gewicht F_G steht beim Schwirrflug an Ort und Stelle in der Luft. Er muss also eine aufwärts gerichtete Hubkraft F_H erzeugen, die seiner abwärts gerichteten Gewichtskraft F_G entgegengesetzt gleich ist. Dazu muss er pro Zeiteinheit t ein gewisses Luftpaket der Masse m_{Luft} abwärts beschleunigen, das heißt, aus dem Ruhezustand $v_1 = 0$ auf die Geschwindigkeit $v_2 = v_{Luft}$ bringen, die direkt unter den schwirrenden Flügeln zu messen ist, die sehr schnell und annähernd horizontal geschlagen werden. Physikalisch betrachtet muss der Vogel also in der Zeiteinheit t einen abwärts gerichteten Impuls $I = m_{Luft} \cdot v_{Luft}$ aufbringen bzw. einen Impulsstrom $I/t = m_{Luft} \cdot v_{Luft}/t$ erzeugen.
(Digitalisierung: Eberhard Frey)

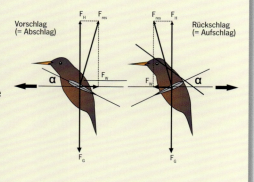

Eine Gartengrasmücke von etwa 25 g Masse (= 0,25 Newton Gewicht), die im Schwirrflug mit ihrem Flügelpaar einen abwärts gerichteten Luftstrom mit im Mittel etwa 5 m s^{-1} erzeugen kann, muss also in der Sekunde nicht weniger als 42 Liter Luft (Dichte = 1,2 kg m^{-3}) abwärts treiben. Bei einer Schlagfrequenz von 20 Flügelschlägen pro Sekunde fällt also auf jeden Schlagzyklus eines Einzelflügels rund 1 Liter Luft. Das ist für einen Vogel, der selten wie eine Grasmücke schwirrfliegt, sehr kräftezehrend. Deshalb schafft sie das auch nur für wenige Sekunden. Die leichten Kolibris dagegen mit ihren schlanken, muskelbepackten, nahezu steifen Flügeln können theoretisch so lange schwirrfliegen, bis ihr Nektartreibstoff aufgebraucht ist.

Wasser ist nicht gleich Wasser!

Wie wir am Beispiel des Furchenschwimmers gesehen haben, ist Wasser wegen seiner Nachgiebigkeit ein nicht gerade einfaches Medium für die Fortbewegung. Unter Wasser schwimmende Tiere können jedoch mit den spezifischen Problemen dieses Umweltmediums fertig werden. Dabei kommt es darauf an, wie groß das betrachtete Tier ist und wie schnell es schwimmt. Wasser ist nämlich alles andere als einheitlich, auch wenn uns das so erscheint. Es macht jedoch einen gewaltigen

Unterschied, ob wir nun einen Fisch hineinsetzen oder einen Wasserfloh.

Einmal mehr sind es die physikalischen Rahmenbedingungen, die ökophysiologische Grenzen setzen. Wasser wirkt auf Organismen in ganz unterschiedlicher Weise als Medium, je nachdem ob sie winzige Langsamschwimmer oder riesige Schnellschwimmer sind.

Für uns ist Wasser offensichtlich nicht strukturiert. Ein Kubikmeter Wasser, in Gedanken herausgenommen aus der durchsonnten Oberflächenregion des Bodensees, einer Flussmündung oder der Tiefsee, ist eben Wasser, und seine physikalischen Eigenschaften werden durch Unterschiede im Salzgehalt, der Temperatur, dem Gasgehalt und dem Druck nicht dramatisch verändert. Setzt man einen Fisch in eine Badewanne voller Wasser, würde er sich schlängelnd fortbewegen, ein Wasserfloh hüpfend, ein begeißelter Einzeller wird seine Mikrospiralen ziehen. Warum eigentlich bewegen sich die Organismen im Wasser so unterschiedlich? Besitzt Wasser, ein für uns unstrukturiert erscheinendes Medium, für die darin vorkommenden Lebewesen vielleicht spezielle physikalische Nischen?

Die Sache mit der Reynoldszahl

Eine Großlibellenlarve kann schnell durchs Wasser schießen, wenn sie aus dem Enddarm über eine Art Düse ein vorher langsam eingesogenes Wasservolumen kräftig und rasch ausspritzt. Sie bewegt sich also durch Rückstoß vorwärts. Wo Massen in Bewegung gesetzt worden sind wie bei diesem Rückstoßbeispiel, spielen Trägheitskräfte eine Rolle.

» DIE REYNOLDSZAHL Re

Die Reynoldszahl (Re) ist benannt nach dem britischen Physiker und Strömungsmechaniker OSBORNE REYNOLDS (1842 – 1912). Es handelt sich um eine dimensionslose Kenngröße, die Aufschluss darüber gibt, wie Wasser oder Luft als umgebendes Medium auf sich darin fortbewegende Körper wirkt. Sie errechnet sich aus folgender Gleichung:

$$Re = v \cdot l / \nu.$$

Hierbei ist die Geschwindigkeit v (m/s) gleich der Relativgeschwindigkeit zwischen dem betrachteten Körper und dem umgebenden Medium, in unserem Fall also gleich der Schwimmgeschwindigkeit, wenn man einen Organismus betrachtet, der sich im Ruhewasser fortbewegt. Die Größe l (in Metern) entspricht einer typischen geometrischen Länge, etwa der Tierlänge bei einem Fisch oder der Rumpflänge bei einem Flugzeug. Man kann auch den Durchmesser d eines kugelförmigen Planktonorganismus einsetzen, der mit seiner spezifischen Sinkgeschwindigkeit im Ruhewasser langsam absinkt. Der Nennerwert ν bedeutet „kinematische Zähigkeit". Er ist der Quotient aus Dichte ρ und Zähigkeit μ des Mediums; $\nu = \rho/\mu$. Dichte und Zähigkeit sind in etwas unterschiedlicher Weise temperaturabhängig; aus praktikablen Gründen werden sie gerne zur kinematischen Zähigkeit zusammengefasst. Eine Dimensionsbetrachtung zeigt, dass der Quotient aus Dichte und Zähigkeit die Dimension „Fläche pro Zeit" und damit die Einheit $m^2 \, s^{-1}$ aufweist. Für Wasser von 20 °C berechnet sich ν zu $1{,}01 \cdot 10^{-6}$ m²/s, für Luft zu $1{,}51 \cdot 10^{-5}$ m²/s.

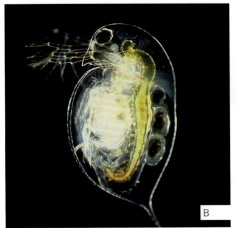

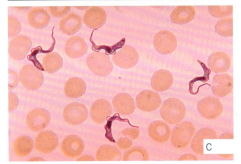

A

Wasser – nicht für all seine Bewohner gleich!

A Für einen Fisch, wie diesen mexikanischen Buntbarsch, erscheint Wasser so flüssig wie für uns Menschen auch. (Foto: Eberhard Frey)

B Für den Wasserfloh dagegen muss sich Wasser wie dicker Sirup anfühlen. (Foto: Paul Herbert, Wikimedia)

C Und für den winzigen Einzeller *Trypanosoma* gar wie zähflüssiger Teer. (Foto: CDC, Dr. Myron G. Schultz, Wikimedia)

» DIE REYNOLDSZAHL IM WASSER

Als Beispiele berechnen wir die Reynoldszahl für einen kleinen, sehr langsam absinkenden kugelförmigen Planktonorganismus ($d = 1/50$ mm, $v = 1$ m/Tag) und einen großen, sehr rasch schwimmenden Schwertfisch ($l = 3$ m, $v = 5$ m s^{-1}). Für die Planktonalge erhalten wir $Re = 2{,}25 \cdot 10^{-4}$, für den großen Fisch ergibt sich $Re = 1{,}50 \cdot 10^{7}$. Bei einigen winzigen, geißelbewegten Planktonwesen können Reynoldszahlen von 10^{-6} vorkommen, beim großen Blauwal bis 10^{8}. Wasserlebewesen überdecken also einen geradezu astronomischen Reynoldszahlenbereich von 13 bis 14 Größenordnungen! In Metern gerechnet entspräche allein schon der Bereich zwischen Planktonalge und Fisch in etwa der Entfernung zwischen Erde und Sonne, also 150 Millionen Kilometer!

Die Larve wird aber auch von Wasserschichten umströmt, die unterschiedliche Geschwindigkeiten aufweisen und wegen der Zähigkeit des Wassers Reibungs- oder Zähigkeitskräfte auf die Körperoberfläche der Libellenlarve übertragen. Interessant sind neben dem Übergangsbereich, in dem beide Kräfte in etwa gleich groß sind (um $Re = 10^{0} = 1$), vor allem die Extreme. Bei sehr großen Reynoldszahlen sind die Zähigkeitskräfte des Mediums vernachlässigbar, und die Lokomotion beruht vollständig auf Trägheitskräften, beispielsweise abgeschleuderten Wirbelpaketen. In diesem Bereich bewegen sich große Körper durch ein Medium. Bei sehr kleinen Reynoldszahlen hingegen beruht die Lokomotion vollständig auf Zähigkeitseffekten und die Trägheit spielt keine Rolle. In diesem Bereich bewegen sich kleine Körper durch ein Medium.

Einer Forelle wird es überhaupt nichts nützen, sich mit einem entsprechend größeren Wimperkleid anzutreiben wie ein Pantoffeltierchen. Sie käme damit nicht vorwärts, weil sie auf Trägheitskräfte angewiesen ist und Wimpern keine Trägheitskräfte nutzen können. Andererseits könnte ein Pantoffeltierchen mit einer hin und her schwingenden Miniaturflosse nicht vorwärtskommen, weil dieser Antrieb auf Zähigkeitskräften beruht, die eine schwingende Miniflosse nicht nutzen könnte.

Wir können im Wasser ganz gut schwimmen. Wären wir so klein wie ein Pantoffeltierchen, käme uns das Wasser so zäh vor wie Honig, in dem man mit Schwimmbewegungen nicht vorwärts kommt. Dann müsste man sich einen anderen Vortriebsmechanismus überlegen, mit dem man in einem solchen Medium vorwärtskommt, einen Regenschirm vielleicht, den man zusammengelegt vorstößt, dann langsam anzieht, bis er sich sozusagen als Anker geöffnet hat, an dem man sich dann selber nachzieht.

A — $Re = 2{,}25 \cdot 10^{-4}$

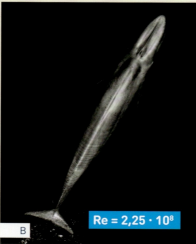
B — $Re = 2{,}25 \cdot 10^{8}$

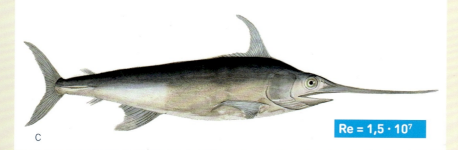
C — $Re = 1{,}5 \cdot 10^{7}$

A: Kugelalge (Foto: Kairi Maileht, Wikimedia)
B: Blauwal (Foto: NOAA Fisheries, Tom Bjornstad, Wikimedia)
C: Schwertfisch (aus Histoire naturelle des poissons, Grafik: Werner, Wikimedia)

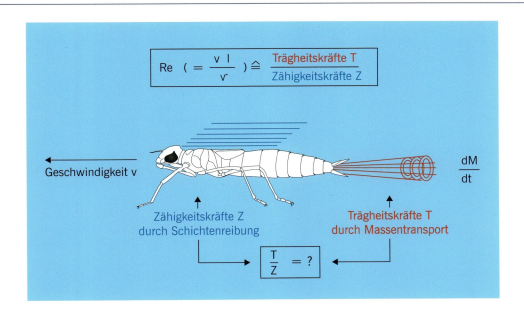

Die Larven von Großlibellen schießen durch das Wasser, indem sie Wasser über die Analpyramide auspressen.
(Digitalisierung: Michaela Boschert)

» FUSSBALL AUF DEM OBJEKTTRÄGER?

Trifft der Schuh eines Fußballspielers auf einen Fußball, fliegt der einmal angekickte Ball vom Schuh weg, weil er, einmal beschleunigt, wegen seiner Massenträgheit die Bewegung beibehalten möchte. Er wird aber dann von der Luft abgebremst. Könnte man einen Fußballspieler auf die Größe eines Pantoffeltierchens verkleinern und wieder kicken lassen, so bewegte er sich nun im Bereich kleinster Re-Zahlen mit überwiegenden Zähigkeitseffekten. Am Ende der Kickbewegung würde der Ball praktisch an der Spitze des Fußballschuhes haften bleiben. Unter dem Mikroskop wird man also nicht einmal theoretisch ein Fußballspiel beobachten können.
(Grafik: Michaela Boschert)

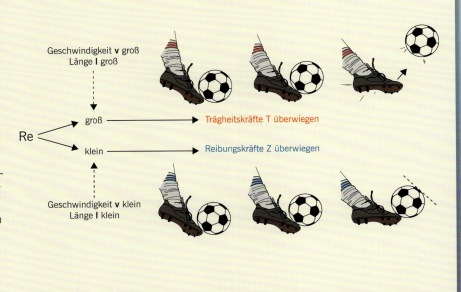

» WIDERSTAND UND AUFTRIEB

Eine Kugel im Windkanal erzeugt immer den gleichen Widerstand (A), aus welcher Richtung sie auch immer angeströmt wird. Eine dünne Kreisscheibe, entweder genau parallel angeströmt (D) oder senkrecht angeströmt (C), erzeugt ebenfalls nur Widerstand. Im ersteren Fall werden es praktisch ausschließlich Reibungskräfte sein, die den Widerstand generieren. Man spricht dann auch von Reibungswiderstand. Im zweiten Fall werden wegen des Strömungsabrisses und der gewaltigen Wirbelschleppe praktisch nur Trägheitskräfte und Druckdifferenzen zur Wirkung kommen; es existiert dann praktisch ausschließlich Druckwiderstand. Der Letztere ist größer als der Erstere. Er ist bei gleichen Randbedingungen (gleiche Strömungsgeschwindigkeit, gleiche Stirnfläche) auch größer als der der Kugel, weil der Widerstandsbeiwert (s. u.) einer Kreisscheibe größer ist als der einer Kugel.

Die Situation verändert sich, wenn die dünne Kreisscheibe schräg angeströmt wird. In der Orientierung in der Abbildung (B) wird ein Teil des Fluids nach unten abgelenkt, und es entsteht deshalb zusätzlich zum Widerstand eine nach oben gerichtete Reaktionskraft. Man nennt sie Auftriebskraft F_A oder kurz Auftrieb. Definiert ist die Auftriebskraft als eine Kraft, die senkrecht zur Anströmung steht. Wenn die Strömung horizontal erfolgt, ist der Auftrieb also vertikal gerichtet.

Die beiden Kräfte Widerstand F_W und Auftrieb F_A kann man als Komponenten eines Kräfteparallelogramms betrachten, deren geometrische Summe dann die resultierende Kraft F_{res} ergibt (B). Wir erinnern uns, dass Kräfte Vektoren sind, die durch Angriffspunkt, Richtung und Größe gekennzeichnet und als Pfeile graphisch dargestellt werden können. Den Angriffspunkt der resultierenden Luftkraft kann man in die Mitte der Kreisscheibe verlegen, und wenn Auftrieb und Widerstand gleich groß sind (was zufällig einmal der Fall sein kann) weist die Resultierende in der Orientierung von Abbildung B unter 45% schräg nach oben hinten.
(Digitalisierung: Michaela Boschert)

Widerstand und Auftrieb

Von den strömungsmechanischen Kräften ist die bekannteste die Widerstandskraft F_W, kurz als Widerstand bezeichnet. Der Widerstand ist eine Komponente der resultierenden Fluidkraft F_{res}, die bei jeder Umströmung wirkt, und zwar stets in Anströmrichtung. Man bekommt sie nicht los, weder als Techniker noch als Organismus. Der Auftrieb F_A ist eine andere Komponente der resultierenden Fluidkraft, die senkrecht zur Anströmrichtung wirkt. In günstigen Fällen ist er groß und kann dann von Technik und Natur genutzt werden. Der Auftrieb kann aber auch fehlen.

Die Kraftkomponenten Widerstand und Auftrieb treten auch an schwingenden Flossen und Flügeln auf, der Widerstand immer, ein Auftrieb fast immer. In der Abbildung (Seite 47 oben) ist eine Schlagphase aus einer vollen Schlagperiode der Schwanzflosse bei einer Forelle herausgezeichnet, und zwar von oben gesehen beim Schlag nach rechts (A) und, spiegelbildlich, beim Schlag nach links (B). Die Forelle schwimmt im Bild nach rechts. Eine von all den Kräften, die sie mit ihrer Schwanzflosse erzeugt, ist für den Fisch zweifellos besonders wichtig: der Schub oder Vortrieb F_V, der ihn vorwärts treibt. Die Forelle wird ihre Schwanzflosse also so bewegen, dass über die gesamte Schlagperiode ein möglichst großer Schub F_V entsteht.

Betrachten wir die Teilzeichnung A. Die Schwanzflosse schlägt nach rechts und wird folglich auch von rechts angeströmt. Die Anströmrichtung ist eingezeichnet, außerdem der fluidmechanische Anstellwinkel α der Flosse zur Anströmung. Nehmen wir an, die Flosse erzeugt bei dieser Anstellung gerade

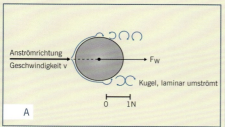

A — Kugel, laminar umströmt

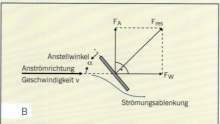

B — Strömungsablenkung

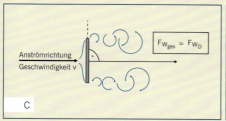

C — $F_{W\,ges} \approx F_{W\,D}$

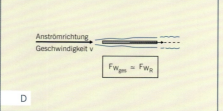

D — $F_{W\,ges} \approx F_{W\,R}$

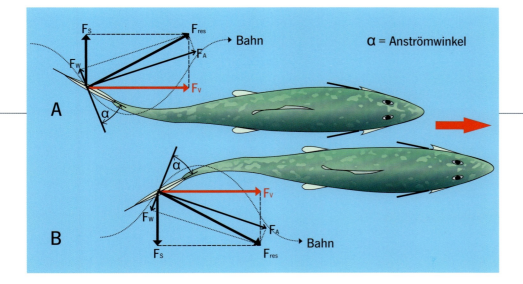

Kräfte, die auf die Schwanzflosse einer etwa 30 cm langen Forelle wirken: F_V = Vortrieb, F_S = Seitentrieb, F_A = Auftrieb, F_W = Widerstand, F_{res} = Fluidkraftresultierende. A: Schwanzschlag Richtung rechts, B: Schwanzschlag Richtung links. Der Fisch schwimmt bei einer Reynoldszahl von 10^4. Der Vortrieb (rot) ist die wichtigste Kraftkomponente für den Fisch.
(Digitalisierung: Eberhard Frey)

dreimal so viel Auftrieb F_A wie Widerstand F_W. Bei einem ganz kleinen Fischchen mag das so sein. Für eine 30-cm-Forelle ist der Auftrieb vergleichsweise noch deutlich größer. Der Widerstand F_W in Anströmrichtung und der Auftrieb F_A senkrecht dazu addieren sich geometrisch zur Fluidkraftresultierenden F_{res}, die nach schräg vorne weist. Man kann sie wiederum zerlegen in eine Schub- oder Vortriebskomponente F_V und, senkrecht dazu, eine Seitentriebskomponente F_S.

Nun betrachten wir auf der Teilzeichnung B die spiegelbildliche Situation bei einem Linksschlag. Wieder entsteht gleichartiger Vortrieb F_V, doch ist der Seitentrieb F_S nun entgegengesetzt gerichtet. In den beiden Schlaghälften, die spiegelbildsymmetrisch ablaufen, addieren sich jeweils die Vortriebskräfte F_V, während sich die Seitentriebskräfte F_S aufheben. Seitentrieb kostet also Antriebsleistung, ohne dass er etwas bringt. Er wird den Schubwirkungsgrad der Schlagschwingung verringern, aber das Tier muss damit leben. Diese Art der Kräfteverteilung ist ganz typisch für schlagende Flossen oder schlagende Flügel, sei es bei Fischen, Insekten oder Vögeln, und ist prinzipiell identisch unter Wasser und in der Luft.

Die Reynoldszahl: Abhängigkeit von Widerstand und Auftrieb

Der Auftriebsbeiwert und Widerstandsbeiwert, die wir nun definieren wollen, sind, über das Spektrum der Reynoldszahlen betrachtet, leider nicht konstant. Je kleiner die Reynoldszahl, desto höher der Widerstandsbeiwert und desto niedriger der Auftriebsbeiwert.

» AUFTRIEB UND WIDERSTAND

Die Definitionsgleichungen für die Widerstandskraft F_W und die Auftriebskraft F_A sind im Prinzip schon seit Jahrhunderten bekannt und gehen auf NEWTON zurück. Sie lauten:

$$F_W = c_W \cdot A \cdot \tfrac{1}{2} \cdot \rho v^2 \quad \text{und}$$
$$F_A = c_A \cdot A \cdot \tfrac{1}{2} \cdot \rho v^2.$$

Hierbei ist A eine Bezugsfläche, ρ die Dichte des Mediums bei etwa 10^3 kg/m³ und v die Geschwindigkeit zwischen Medium und bewegtem Körper, bei stehendem Wasser also die Schwimmgeschwindigkeit. Man erhält die Kraft F in N (Newton), wenn man die Bezugsfläche A in m² und die Geschwindigkeit v in m · s⁻¹ einsetzt. Sowohl F als auch das Produkt $A \cdot \tfrac{1}{2} \cdot v^2$ haben die Dimension einer Kraft (Einheit: N). Dann sind die Größen c_W und c_A dimensionslose Faktoren. Man nennt sie Widerstandsbeiwert und Auftriebsbeiwert. Je größer sie sind, desto höher ist die Fähigkeit eines angeströmten Körpers, Widerstand bzw. Auftrieb zu erzeugen. Das Erstere ist in der Technik im Allgemeinen unerwünscht, es sei denn bei Fallschirmen, das Letztere ist dagegen hocherwünscht. Technische und natürliche Körper haben also möglichst strömungsschnittig gestaltete Rümpfe mit einem niedrigen Widerstandsbeiwert. Trag- und Schlagflügel sollten möglichst hohen Auftrieb abgeben, allerdings unter möglichst geringer Widerstandserzeugung ($c_A \rightarrow$ groß, $c_W \rightarrow$ klein).

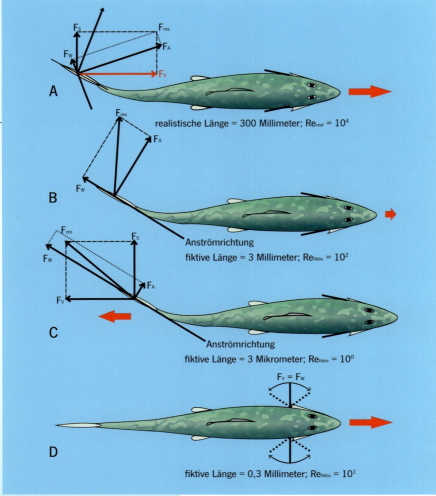

realistische Länge = 300 Millimeter; $Re_{real} = 10^4$

Anströmrichtung
fiktive Länge = 3 Millimeter; $Re_{fiktiv} = 10^2$

Anströmrichtung
fiktive Länge = 3 Mikrometer; $Re_{fiktiv} = 10^0$

$F_V = F_W$
fiktive Länge = 0,3 Millimeter; $Re_{fiktiv} = 10^1$

Welchen Einfluss hat die Größe eines Tieres auf die Fortbewegungsweise? Hier wird ein Fisch geschrumpft. Von A nach C erscheint er immer kleiner. Je kleiner er wird, desto zäher wird für ihn das Wasser. Bei 300 Millimetern Länge (A) schwimmt der Fisch ganz normal. Bei 3 Millimetern Länge (B) erscheint das Wasser so zäh wie Sirup. Ein Fortkommen ist kaum mehr möglich. Bei (C) ist der Fisch nur noch 3 Mikrometer lang. Für ihn erscheint das Wasser zäh wie Teer. Schwanzschläge würden den Fisch rückwärts ziehen. Die Alternative für das Nanofischchen wäre ein Ruderantrieb mit den Brustflossen (D). Die Kräfte: F_V = Vortrieb, F_S = Seitentrieb, F_A Auftrieb, F_W = Widerstand, F_{res} = Fluidkraftresultierende. (Digitalisierung: Eberhard Frey)

Sind die Reynoldszahlen nicht gerade gigantisch groß oder klein, sind diese Tendenzen für alle Körper messbar, die neben Widerstand auch Auftrieb erzeugen. Dies hat nun geradezu ungeheuerliche Konsequenzen für die Gestaltung der Vortriebsorgane von Tieren und die Antriebsapparate technischer Geräte.

Betrachten wir nochmals den Schwanzschlag unserer 30-cm-Forelle, die bei $Re = 10^4$ schwimmt. Die resultierende Kraft F_{res} ist schräg nach vorne geneigt, und es entsteht deshalb vorwärtstreibender Schub oder Vortrieb F_V.

Nun machen wir die Forelle im Gedankenversuch hundertmal kleiner. Sie würde nun 3 mm lang sein und bei $Re = 10^2$ schwimmen (Teilabbildung B). Bei dieser kleineren Reynoldszahl ist aber F_W relativ größer und F_A relativ kleiner anzusetzen, etwa so wie eingezeichnet. Nun ist F_{res} genau zur Seite gerichtet. Die Forelle würde sich während ihrer beiden Halbschlagphasen hin und her drehen, aber sie käme nicht vorwärts.

Nun machen wir die Forelle nochmals hundertmal kleiner. Sie wäre jetzt 3 μm lang, und die entsprechende Reynoldszahl wäre nun 10^0 (Teilabbildung C). Hier wäre der Widerstand bereits vier- bis fünfmal so groß wie der Auftrieb. Aus Platzgründen sind die Differenzen aber nicht so groß gezeichnet. Die Resultierende F_{res} wäre jedenfalls schräg nach rückwärts gerichtet, und es entsteht Rücktrieb, $-F_V$. Eine so klein gedachte Forelle könnte also erst recht nicht vorwärts schwimmen. Wie aber könnte man die „Nanoforelle" schwimmfähig machen?

Betrachten wir eine 0,3 mm lange hypothetische Forelle, die sich bei einer Reynoldszahl von 10^1 durch das Wasser bewegt (Teilabbildung D). Der Widerstand wäre für das Wesen sehr groß. Würde das Nanotierchen seine Brustflossen rasch nach hinten schlagen, erzeugten diese viel Widerstand F_W, dessen Gegenkraft nun als Schub oder Vortrieb F_V eine starke, nach vorne gerichtete Komponente hat. Würde die Brustflosse dann langsam oder angeschmiegt wieder nach vorne gezogen werden, würde sie weniger Gegenschub erzeugen. Auf diese Weise könnte die „Nanoforelle" trotz des für sie zähen Mediums vorwärts schwimmen. Wenn eine echte Forelle aus dem Ei schlüpft, ist sie aber bereits mehrere Millimeter groß, also rund zehnmal größer. Hier funktioniert schon ihr Schlängelantrieb mit dem Schwanz, wenn auch noch recht schlecht. Sie verbraucht mit

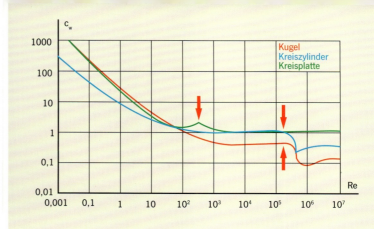

diesem Antrieb viel Energie, die entsprechend nachgeliefert werden muss. Ihr dicker Dottersack, dessen Inhalt sie innerhalb weniger Tage aufbraucht, ist ein ständig verfügbares Fresspaket. Je größer sie wird, desto günstiger ist das Auftriebs-Widerstands-Verhältnis beim Schlängelschwimmen. Ist sie ausgewachsen, schwimmt sie mit dem Auftrieb, weil der nun eben die Hauptkomponente darstellt, die es zu nutzen gilt.

Die kritische Reynoldszahl

Dass der Widerstandsbeiwert mit kleinerer Reynoldszahl größer wird, zeigen die Grafiken B und C, rote Linie. In der Grafik B sind außerdem die Widerstandsbeiwerte eines Kreiszylinders, der senkrecht angeströmt wird, abgetragen (blaue Linie) und diejenigen einer Kreisplatte (grüne Linie). Während die scharfkantige Kreisplatte, von einem kleinen Sprung etwa bei Re = $3 \cdot 10^2$ abgesehen, mit kleinerer Reynoldszahl ihren Beiwert gleichmäßig vergrößert, gibt es beim Kreiszylinder und erst recht bei der Kugel etwa bei Reynoldszahlen von $4 \cdot 10^5$ einen seltsamen Sprung. Man nennt diesen Bereich die „kritische Reynoldszahl", Re_{krit}. Die Strömung bei höheren Re-Bereichen nennt man überkritisch, bei niedrigen unterkritisch.

Um herauszufinden, was die kritische Reynoldszahl für eine Lachmöwe (*Larus ridibundus*) bedeutet, hat man ein Gipsmodell des Vogels in einen Windkanal

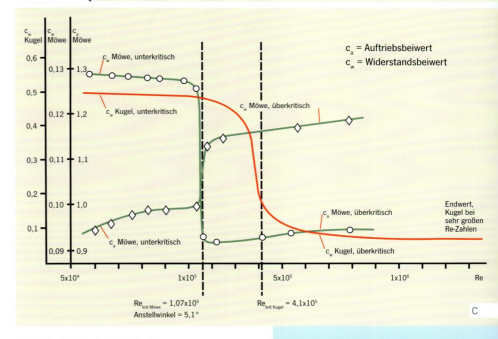

A: Ein frisch geschlüpfter Lachs ist bereits etwa 10 Millimeter lang. (Foto: Uwe Kils, Wikimedia)

B: Die kritische Reynoldszahl bei drei angeströmten Körpern (Pfeile; C_w = Widerstandsbeiwert, Re = Reynoldszahl).

C: In dieser Abbildung ist sowohl der Widerstandsbeiwert als auch der Auftriebsbeiwert als Funktion der Reynoldszahl dargestellt, und zwar für das Gipsmodell einer Lachmöwe (*Larus ridibundus*), das im Windkanal vermessen worden ist. Man sieht sehr deutlich die dramatische Änderung sowohl von c_W als auch c_A im Bereich von Re_{krit}. Hier steigt, wenn man vom überkritischen in den unterkritischen Bereich geht, c_W dramatisch an. Im gleichen Bereich fällt c_A dramatisch ab. (Digitalisierung: Eberhard Frey)

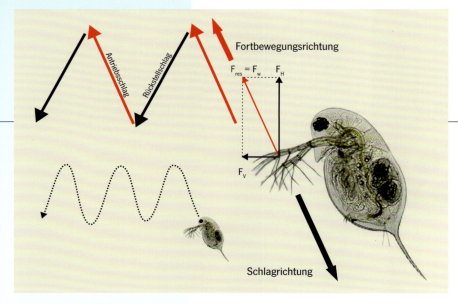

Schema der Kräfte, die ein Wasserfloh mit Hilfe seiner verzweigten und beborsteten Antennen erzeugt. (Foto: Hans-Otto Siebeck, Digitalisierung: Eberhard Frey)

gehängt, diesen voll aufgedreht und dann die Strömungsgeschwindigkeit und damit die Reynoldszahl verringert. Im Bereich der kritischen Reynoldszahl fällt der Auftriebsbeiwert dramatisch ab. Der Widerstandsbeiwert dagegen schnellt in die Höhe. Das Gleiche geschieht bei einer Kugel, nur gleichmäßiger. Was bedeutet das für eine gleitfliegende Lachmöwe?

Bei einem Flugtier sollte c_A möglichst groß und c_W möglichst klein sein. Anders gesagt sollte die sogenannte Gleitzahl $\varepsilon = c_A/c_W$ möglichst groß sein. Dann würde eine Möwe von einer gegebenen Höhe aus weit über Grund gleiten können und dabei kaum sinken. Zum Erreichen einer hohen Gleitzahl darf sich die Möwe keineswegs im unterkritischen Re-Bereich bewegen. Hier ergäbe sich bei kleinem c_A und großem c_W eine niedrige, also schlechte Gleitzahl. Es ist also zu erwarten, dass die Möwe im überkritischen Bereich fliegt, und das tut sie auch, beim Gleitflug wie beim Schlagflug.

Wäre die Möwe so groß wie eine Honigbiene, hätte das Vögelchen ein flugphysikalisches Problem. Es müsste wohl oder übel im unterkritischen Re-Bereich mit seinen schlechten aerodynamischen Bei-

werten fliegen, und es sind keine Tricks vorstellbar, wie es damit fliegen sollte. Nun sind Jungmöwen, wenn sie flügge sind, so groß wie ihre Eltern und bewegen sich bereits im überkritischen Re-Bereich, wenn sie fliegen lernen. So umgehen Vögel und Fledermäuse elegant den unterkritischen Re-Bereich.

Wenn Forellen schlüpfen, müssen sie möglichst schnell aus dem unterkritischen Re-Bereich herauswachsen. Bis dahin kostet das Vorwärtskommen viel Energie. Deshalb können die Jungfische nur kurze Strecken schwimmen und sinken zwischendurch immer wieder ermüdet auf den Boden.

Wie die Wasserflöhe hüpfen

Wasserflöhe sind Kleinkrebse, die mit ihren Antennen schwimmen. Beim Antriebsschlag bewegen sie ihre beborsteten Ruderantennen schnell schräg nach hinten unten. Damit erzeugen sie eine resultierende Reaktionskraft F_{res} in Gegenrichtung schräg nach vorne oben. Diese ist allein auf Widerstandserzeugung zurückzuführen. Die Kraft entspricht also F_W. Diese gliedert sich in eine Hubkomponente F_H und eine Vortriebskomponente F_V. Der Wasserfloh wird also nach schräg oben beschleunigt. Nach dem Abschlag werden die Ruderantennen langsam nach oben bewegt – der sogenannte Rückschlag. Währenddessen sinkt der Wasserfloh langsam wieder ab und treibt aufgrund seiner Eigenträgheit noch ein wenig nach vorn. So kommen die hüpfenden Bewegungen der Wasserflöhe zustande, die den Minikrebschen ihren Namen gaben. Im Gegensatz zur Forelle verlässt sich der Wasserfloh bei der Fortbewegung im

Bereich geringer Reynoldszahlen nicht auf die hier minimalen Auftriebsanteile, sondern auf Widerstandserzeugung.

Wasser und Luft als tragende Medien

Wasser und Luft, die beiden wichtigen biologischen Umweltmedien, sind rein physikalisch gesehen grundsätzlich gleichartig. Beide sind zähigkeitsbehaftete Fluide. Die Art und Weise, wie sich Organismen auf diese Medien einstellen, beispielsweise auf die Zunahme von Widerstandskräften und die Abnahme von Auftriebskräften mit sinkender Reynoldszahl, sind ebenfalls grundsätzlich gleichartig. Doch finden sich auch physikalisch bedeutsame Unterschiede zwischen den beiden Fluiden, die den sich darin bewegenden Körpern entsprechende Grenzen setzen: Wasser ist 832-mal dichter und 56-mal zäher als Luft, bezogen auf die dynamische Zähigkeit (siehe Kasten 1). Für die Reynoldszahlberechnung braucht man aber die kinematische Zähigkeit, also den Quotienten aus dynamischer Zähigkeit und Dichte. Für Wasser ist die kinematische Zähigkeit rund 15-mal kleiner als für Luft. Da der Wert für die kinematische Zähigkeit bei der Reynoldszahl im Nenner steht, ist diese für Wasser also größer als für Luft, ebenfalls rund 15-mal.

Will man bei einem umströmten Körper die gleiche Reynoldszahl im Wasser und in der Luft erreichen, also das gleiche Verhältnis von Trägheitskräften und Zähigkeitskräften, muss man diesen Körper in Luft rund 15-mal rascher anströmen als in Wasser.

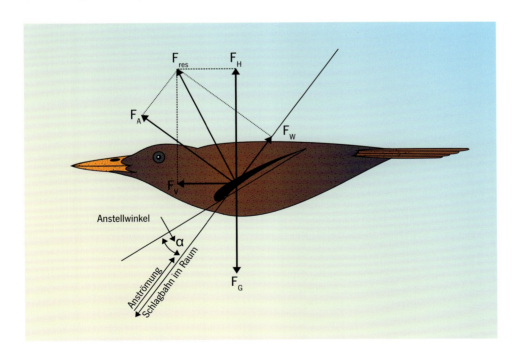

Schema der Kräfte, die an einem schlagenden Vogelflügel wirken (schematisch, nicht maßstäblich): F_A = Auftriebskraft, F_{res} = resultierende Kraft, F_V = Vortriebskraft, F_H = Hubkraft, F_W = Widerstandskraft, F_G = Gewichtskraft. (Digitalisierung: Eberhard Frey)

Je höher die Reynoldszahl, desto bedeutender ist das Tragflächenprofil für die Auftriebserzeugung. Im mittleren Reynoldszahlenbereich genügt eine gewölbte, im kleineren Reynoldszahlenbereich eine ebene Platte zur Auftriebserzeugung. Bei sehr kleinen Reynoldszahlen funktionieren flächige Strukturen als Antriebserzeuger nicht mehr. (Digitalisierung: Michaela Boschert)

Dichteeffekte

Vögel bewegen sich durch die Luft, Fische durch das Wasser. Das ist trivial. Doch worin unterscheidet sich die Fortbewegungsweise der beiden Tiergruppen physikalisch bezüglich der Dichte der Medien, in denen sie sich fortbewegen?

Ein Fisch, z. B. eine Forelle, ist fast austariert. Ihre spezifische Masse ist kaum größer als die des Wassers. Die Übergewichtskraft $F_{Üb}$ des Körpers und seine passive Hubkraft F_H, die auf die Wasserverdrängung zurückzuführen ist, heben sich also fast gegenseitig auf. Die Forelle muss also selbst nur minimalen Hub erzeugen. Während sich bei der Bewegung der Schwanzflosse die Seitenantriebskräfte F_S bei jedem Halbschlag auslöschen, addieren sich die Vortriebskräfte F_V auf. Damit schwimmt die Forelle vorwärts (siehe Abbildung Seite 47 oben).

Ein Vogel bewegt sich in dem viel weniger dichten Medium Luft fort. Er ist schwerer als Luft und muss physikalische Arbeit leisten, um nicht herunterzufallen. Ein Vogel kann es sich also gar nicht leisten, auf eine Kraftkomponente zu verzichten. Die Seitenantriebskraft F_S der seitlich schlängelnden Forelle entspricht beim Vogel, der seine Flügel auf und ab schlägt, dem Hub F_H. In sie steckt er den Löwenanteil seiner Muskelleistung. Auch beim Vogel ist der mittlere Vortrieb F_V im geradlinigen, konstanten Horizontalflug entgegengesetzt gleich dem mittleren Widerstand F_W. Gleichzeitig muss aber auch der mittlere aktiv erzeugte Hub F_H entgegengesetzt gleich dem Körpergewicht F_G sein.

Alles, was sich durch die Luft bewegt, muss Hub erzeugen, um sich auszutarieren – entweder aktiv mit Hilfe von Tragflächen oder passiv mit Hilfe von gasgefüllten Auftriebskörpern nach dem technischen Ballonprinzip, das in der Natur praktisch nicht vorkommt. Im Wasser dagegen ist das Ballonprinzip weit verbreitet (siehe Kapitel 2).

Kleine Luftikusse

Zu den kleinsten Fluginsekten mit flächigen Flügeln gehören die Essigfliegen (Drosophila). Die bei uns häufige Drosophila melanogaster ist nur etwa 3 mm groß, bei einer Flügellänge von knapp 2 mm. In der dünnen Luft müssen diese Essigfliegen insbesondere zur Erzeugung genügend großer Hubkräfte im Schwirrflug ihre Flügel mit einer Frequenz von bis zu 500 s^{-1} schlagen. Rechnet man aber die Luftkräfte nach konventioneller stationärer Aerodynamik aus, so ergibt sich, dass die Essigfliegen damit nur etwa 50 %

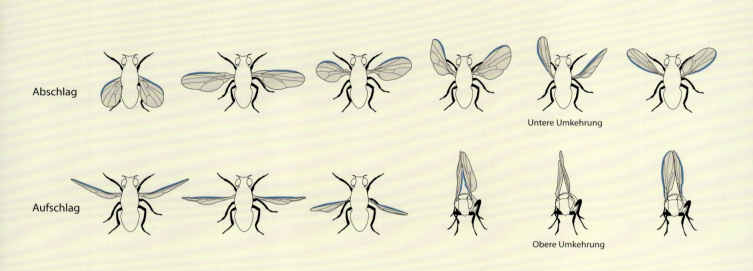

der nötigen Hubkraft zustande bringen. „Stationär" bedeutet in diesem Zusammenhang, dass ein Flügel im Gedankenversuch bei gegebener Anströmung unter konstanten anderen Randbedingungen ein und dieselbe Luftkraft erzeugt, egal, ob er nur Sekundenbruchteile lang oder stundenlang angeströmt wird. Die Essigfliegen haben beim Flügelabschlag nur etwa 1/1000 Sekunde Zeit, so etwas wie stationäre Kräfte zu erzeugen. Dann sind sie mit ihren Flügeln in einem Umkehrpunkt angekommen und müssen sie abbremsen und wieder in die Gegenrichtung beschleunigen. Fast der gesamte Flügelabschlag der Essigfliege verläuft ähnlich wie bei größeren Fluginsekten. Am unteren Umkehrpunkt aber werden die Flügel blitzartig um die Längsachse herumrotiert. Die Rotationsgeschwindigkeiten sind dabei geradezu riesenhaft und können 50 000 Grad pro Sekunde betragen. Damit werden Wirbel abgeschleudert, die eine Reaktionskraft in Gegenrichtung erzeugen. Dies ist einer der Tricks, mit dem eine Essigfliege für die fehlenden 50 % der nötigen Hubkraft sorgt. Man spricht hier von instationären Effekten.

Diese kleinsten Fliegen müssen sich stark auf solche Effekte verlassen. Auch bei größeren Insekten, etwa der 35 Millimeter langen Hornisse, gibt es solche instationären Effekte am oberen oder unteren Umkehrpunkt der Flügel, doch tragen diese nicht so viel zur Produktion von Hub bei.

Leben im Luftmeer: Gleit- und Segelflug

Der Gleitflug ist der einfachste Flugzustand für einen Flieger, der schwerer ist als Luft. Ein Gleitflieger ist umso besser, je kleiner sein erreichbarer Gleitwinkel β bzw. je größer seine einstellbare Gleitzahl ε ist. Gut gleitende Großvögel erreichen Gleitwinkel von 6° bis 3° und Gleitzahlen von 20 bis 10. Die besten Segelflugzeuge wie die ETA dagegen warten mit Gleitwinkeln von weniger 1° und Gleitzahlen von etwa 70 auf. Die ETA kann also aus einem Kilometer Höhe 70 km weit gleiten! Hier hat die Technik die Nase vorn.

Die Essigfliege (*Drosophila melanogaster*) ist kaum zwei Millimeter groß. Luft erscheint für sie schon zäher als beispielsweise für einen Schmetterling. Beim Schlagen berühren die Flügel nicht nur einander an den Umschlagpunkten, sie werden zudem mit einer extremen Geschwindigkeit um ihre Längskante gedreht. Damit kann die Minifliege Luft als Wirbelpaket beschleunigen.
(Digitalisierung: Michaela Boschert)

A: Das ist der Supersegler Nimeta D-KGYY von ETA Aircraft. Der zweisitzige Segler mit seinem Klapptriebwerk hat eine Spannweite von 30,9 m und eine Gleitzahl von etwa 70! Mit seinen 850 kg Startmasse schafft er eine Geschwindigkeit von 280 km/h. (Foto: Jürgen Lehle, albspotter.eu)

B: Der Wanderalbatros (*Diomedea exulans*) ist einer der besten Segelflieger unter den Vögeln mit einer Gleitzahl von etwa 24. Mit einer Spannweite von 3,4 m sind die Albatrosse die größten flugfähigen Vögel der heutigen Welt, bei einer Masse von 11 kg aber nicht die schwersten. Man beachte die enorme Streckung der Flügel, was für Seevögel typisch ist. Schon ab einer Windgeschwindigkeit von 12 km/h kann sich der Vogel in der Luft halten. (Foto: J. J. Harrison, Wikimedia)

C: Der Andenkondor (*Vultur gryphus*) ist mit einer Spannweite von 3,2 m der zweitgrößte flugfähige Vogel der heutigen Welt und ist mit maximal 12 kg Masse kaum schwerer als ein Albatros. Wie alle großen Überlandsegler der Vogelwelt haben die Andenkondore breite Schwingen mit auseinandergespreizten Handfedern (siehe auch Kapitel 4.1). Die Gleitzahl des Vogels liegt ebenfalls bei etwa 20. (Foto: Colegota, Wikimedia)

Während Segelflugzeuge nichts anderes können müssen als gut zu gleiten, müssen Vögel in der Lage sein, alle möglichen Lebenssituationen zu meistern. Eine gute Gleitzahl ist für einen Vogel also nur ein Aspekt von vielen.

Wie erreichen manche Vögel nun ihre letztlich doch recht passablen Gleitzahlen? Albatrosse schaffen immerhin eine Gleitzahl von 24. Ein Trick der Vögel ist ein ideales Zusammenspiel von Streckung und Flächenbelastung.

Gut gleitende Vögel haben üblicherweise eine große Flügelstreckung. Sie verringern damit den sogenannten induzierten Widerstand, der auf die Bildung von Wirbelzöpfen bei der Umströmung der Schlagflügel von der unteren Druckseite zur oberen Saugseite an der Flügelspitze zurückzuführen ist. Es wäre allerdings falsch, dem Geier wegen der geringeren Streckung ein „schlechteres" Gleitverhalten zuzuschreiben als dem Albatros (s. u.). Wären die Flügel aber geometrisch ähnlich, so käme der mit der größeren Streckung bei sonst gleichen Randbedingungen weiter über Grund. Vielleicht kann sich ein Geier als Überlandsegler auch deshalb keine so große Streckung leisten wie ein Albatros als Meeressegler, weil er öfter landen und die Flügel zusammenfalten muss.

Wenn man Flächenbelastungen und Flugstile vergleicht, so ist das vorzugsweise bei Vögeln sinnvoll, die keinen allzu großen Gewichtsunterschied aufweisen. Dies ist z. B. der Fall beim Prachtfregattvogel (Gesamtgewicht 1,5 kg; Bild rechts) und bei der Dickschnabellumme. Die Lumme besitzt in

» GLEITDREIECK UND GLEITZAHL

Ein guter Gleitflug führt von einem Startpunkt der Höhe h aus über eine möglichst weite Strecke l über Grund. Der Flugkörper bewegt sich auf einer Gleitbahn der Strecke s. Der dahingleitende Flugkörper soll möglichst langsam absinken. Seine Sinkgeschwindigkeit v_{sink} soll im Vergleich zu seiner Geschwindigkeit über Grund v_{grund} so gering wie möglich sein. Auf seiner Gleitbahn bewegt er sich dabei mit der Gleitgeschwindigkeit v_{gleit}. Mit diesen Daten lässt sich ein Gleitdreieck aufbauen, das man als Streckendreieck oder Geschwindigkeitsdreieck darstellen kann. Der Gleitwinkel β soll möglichst gering sein. Aus geometrischen Gründen gilt: tan β = h/l = v_{sink} / v_{Grund}. Dieser Tangens entspricht der Gleitzahl ε. (Digitalisierung: Eberhard Frey)

F_{res} = resultierende Kraft
F_A = Auftriebskraft
F_W = Widerstandskraft
F_G = Gewichtskraft
F_{G1} = Gewichtskraftkomponente senkrecht zur Gleitrichtung
F_{G2} = Gewichtskraftkomponente in Gleitrichtung

etwa das gleiche Gewicht hat aber eine viel geringere Flügelfläche und damit eine rund fünffach höhere Flächenbelastung. Deshalb müssen die Lummen rasch angleiten und steuern schwerfälliger als die leicht im Hangaufwind dahinsegelnden, fein ausgesteuerten Fregattvögel.

Segelflug ist nichts anderes als Gleitflug in aufsteigenden Luftmassen. Wenn sich ein Storch in einer Thermikblase mit starr ausgebreiteten Flügeln hochschraubt, muss die Steiggeschwindigkeit der erwärmten und damit aufsteigenden Luftmassen größer sein als die Sinkgeschwindigkeit des Vogels. Ähnlich ist es mit Luft, die bei Anströmung von Gebirgsketten, ja sogar von Meereswellenbergen, hochgedrückt wird. Vögel, die gut segeln können, haben einen feinen Sinn dafür, wo Thermikblasen, Hangaufwinde oder Leewellen mit aufsteigenden Luftregionen hinter Bergkämmen zu finden sind. Ein Geier kann so mit etwas Glück ohne einen einzigen Flügelschlag 100 km über Grund zurücklegen, z. B. wenn er mit gefülltem Kropf von einem Kadaver zum Nistplatz zurückfliegt. Er schraubt sich in einer Thermik hoch, gleitet dann abwärts bis zur nächsten Thermik und schraubt sich darin wieder hoch.

» FLÜGELSTRECKUNG UND FLÄCHENBELASTUNG

Die Streckung Λ kennzeichnet den Schlankheitsgrad eines Flügels. Für den Rechteckflügel der Breite b (von Flügelspitze zu Flügelspitze) und der Tiefe t gilt die Definition $\Lambda = b/t$. Die meisten Flugzeugflügel und erst recht Vogelflügel sind nun allerdings nicht angenähert rechteckig. Man wählt hier die Definition $\Lambda = b^2/A$ mit der Flügelfläche A. Die beiden Definitionen sind formal identisch, bei beiden ist die Dimension gleich; die Größe Λ ist eine dimensionslose Zahl. Unter der Flächenbelastung F_g/A versteht man das gesamte Tiergewicht F_g, bezogen auf die tragende Fläche A. Als solche gelten beim Vogel definitionsgemäß die beiden Flügel und das Rumpfzwischenstück genau wie beim Flugzeug. Der Schwanz wird im allgemeinen nicht berücksichtigt.

Der Prachtfregattvogel (*Fregata magnificens*) erreicht eine Spannweite von bis zu 2,3 m. An den schlanken, zugespitzten Flügeln ist ein Seevogel erkennbar, der lange Strecken segeln kann. Fregattvögel haben die niedrigste Flächenbelastung aller Vögel.
(Foto: BenjaminT444; Wikimedia)

Die Dickschnabellumme (*Uria lomvia*) ist ein plumper Seevogel mit kurzen und spitzen Flügeln (Spannweite: 0,75 m). Segeln kann er wegen der immensen Flächenbelastung damit nicht, aber dafür auch unter Wasser „fliegen".
(Foto: Art Sowls, U.S. Fish and Wildlife Service, Wikimedia)

Schlagzyklus einer Haustaube (*Columba livia domestica*),
vorgeführt von vier verschiedenen Vögeln.
(Foto: Toby Hudson, Wikimedia)

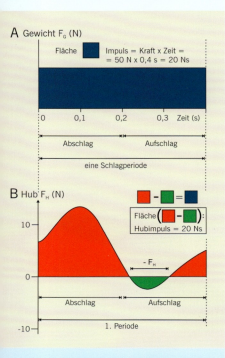

Luftkraftverteilung beim Flügelschlag.
A: Das Gewicht bleibt über die Zeit eines Flügelschlagzyklus konstant, daher die blaue Rechtecksfläche. B: Der Flügelschlag erzeugt Auftrieb beim Abschlag und in der zweiten Hälfte des Aufschlags (rot). Dieser Auftrieb muss so groß sein, dass er den Antrieb in der ersten Hälfte des Aufschlags (grün) kompensiert.
(Digitalisierung: Eberhard Frey)

Leben im Luftmeer: Streckenflug und Schwirrflug

Wenn ein Vogel nicht gleiten oder segeln kann, muss er zur Erzeugung der nötigen Luftkräfte mit seinen Flügeln schlagen, das heißt Stoffwechselenergie einsetzen. Man spricht dann von aktivem Flug. Der kann über eine bestimmte Strecke gehen (aktiver Streckenflug) oder an Ort und Stelle stattfinden (Schwirrflug; siehe oben am Beispiel der Gartengrasmücke).

Mit meinem ehemaligen Mitarbeiter Dietrich Bilo und seinen Laborkollegen ist es gelungen, sich über Beschleunigungsmessungen an freifliegenden Tauben ein Bild über die Luftkraftverteilung während eines Schlagzyklus zu machen (siehe Abbildung rechts). Betrachtet sei hier nur der Hub im prinzipiellen Zusammenspiel mit dem Gewicht (siehe Grafik links). Für den Schub im Zusammenspiel mit dem Gesamtwiderstand gilt im Prinzip das Gleiche.

Das Gewicht bleibt natürlich konstant. Trägt man F_G über die Zeit t auf, so erhält man deshalb eine Rechteckfläche $F_G \cdot t$ (Teilabbildung A). Als Produkt einer Kraft und einer Zeit hat diese Fläche die Dimension eines Impulses. Man spricht vom Gewichtsimpuls. Zum Ausgleich des abwärts ziehenden Gewichts muss entsprechend Hub F_H erzeugt werden. Dieser muss über die Zeit einer Schlagperiode so verteilt sein, dass ein aufwärts gerichteter Hubimpuls erzeugt wird, der dem Gewichtsimpuls genau entgegengesetzt gleich groß ist, wenn der Vogel horizontal fliegen will.

Während des Abschlags und in der zweiten Hälfte des Aufschlags wird positiver Hub F_H erzeugt. In der ersten Hälfte des Aufschlags wird dagegen teilweise Abtrieb -F_H erzeugt, der erzwingt, dass die positive Hubfläche etwas größer sein muss als ohne diesen negativen Effekt (Teilabbildung B). Diesen Abtriebseffekt kann ein Vogel nicht vermeiden, weil der untere Flügelumkehrpunkt des Flügelschlags auf der Grundlage der biologischen Konstruktion strömungsmechanisch nicht besser zustande zu bringen ist. Aber den Impulsausgleich schafft er wegen seiner Fähigkeit zur Feintarierung.

» LILIENTHAL, VON HOLST UND DIE SCHLAGFLUGPROBLEME

Den Streckenflug hat Altmeister OTTO LILIENTHAL schon im 19. Jahrhundert am Beispiel des Weißstorchs gut erforscht (siehe Kapitel 4.1). Er hat das Zusammenspiel von Arm- und Handfittich betrachtet (A, B) und Überlegungen zu Schlagbahnen und Luftkrafterzeugung angestellt (C). Der tatsächlichen Luftkrafterzeugung kam aber wohl erst der Physiologe ERICH VON HOLST im 20. Jahrhundert näher (siehe Kapitel 4.2). Nach seiner Überlegung (D) schafft der Handfittich beim Abschlag Hub F_H und Schub oder Vortrieb F_V, beim Aufschlag wird er dagegen unter reiner Widerstandserzeugung passiv nachgezogen. Anders der Armfittich: Er spielt wohl beim Abschlag eine eher passive Rolle. Beim Aufschlag dagegen liefert er Hub F_H aber auch Rücktrieb $-F_V$. Heute ist bekannt, dass der Armfittich auch einen Hubanteil liefert, der automatisch durch den Fahrtwind erzeugt wird, auch wenn die Flügelbasis nur wenig auf und ab schlägt. Dennoch können bei bestimmten Schlagstellungen auch negative Kräfte auftreten wie z. B. Rücktrieb. Diese müssen aktiv durch erhöhte positive Kräfte anderer Schlagstellungen ausgeglichen werden.
(Grafik: Otto Lilienthal)

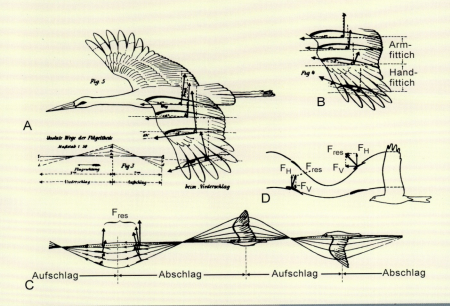

Beim Schlagflug pendeln Vögel nur wenig auf und ab, weil der Hub schlagperiodisch schwankt. Es ist die träge Masse ihres Rumpfes, welche die Schwingung fast vollständig abdämpft.

Profilierung und Wölbung bei unterschiedlichen Reynoldszahlen

Die Auftriebskomponente ist bei einem fliegenden Vogel etwa zehnmal größer als die Widerstandskomponente. Das erreicht der Vogel mit einem günstig profilierten, in der Mittellinie gewölbten Flügel. Profilierung und Wölbung spielen zusammen und entfalten bei hohen Reynoldszahlen ihre positive Wirkung. Jeder moderne Flugzeugflügel nutzt dieses Zusammenspiel von Profilierung und Wölbung. Anders ist das bei Tragflächen, die in beiden Bewegungsrichtungen (Abschlag wie Aufschlag) Auftrieb generieren, wie z. B. die Flügel eines Kolibris, die ein fast symmetrisches Profil haben.

Beim Übergang zu kleineren Reynoldszahlen verlieren Profilierung und Wölbung aus strömungsmechanischen Gründen ihre Bedeutung, zuerst die Profilierung, dann die Wölbung (siehe Abbildung auf Seite 52).

Große Schmetterlinge, besonders solche, die weite Strecken fliegen können, wie der Schwalbenschwanz (*Papillio machaon*), besitzen leicht gewölbte Flügel.
(Foto: Eberhard Frey)

Die Flügel der Stubenfliege sind fast flach und werden mit einer extrem hohen Frequenz geschlagen.
(Foto: Amada44, Wikimedia)

Große Schmetterlinge, wie z. B. der Schwalbenschwanz (Bild oben), haben zwar gewölbte, aber nicht mehr profilierte Flügel. Kleine Insekten, wie die Stubenfliege (Bild unten rechts), haben nahezu ebene, unprofilierte Flügel. Die Zick-Zack-Knicke entlang der Flügel dienen lediglich der Stabilisierung. In solch niedrigen Reynoldsbereichen können die bestmöglichen Auftriebs-Widerstands-Relationen offenbar mit ebenen, unprofilierten Flügeln erreicht werden.

Jeder Reynoldszahlbereich erfordert also eine eigene Flügelgeometrie, um das bestmögliche Auftriebs-Widerstands-Verhältnis herauszuholen, das genau in diesem Bereich strömungsmechanisch möglich ist. Die Physik setzt allen Fliegern Grenzen, aber jeder, ob klein oder groß, nutzt die physikalischen Möglichkeiten seines jeweiligen Bereichs optimal.

Es gibt allerdings eine Möglichkeit, die strömungstechnischen Nachteile, die sich mit kleinerer Re-Zahl ergeben, etwas auszugleichen, und zwar mit der Erhöhung der Schlagbahnneigung. Werfen wir einen Blick auf die Verhältnisse mitten im Abschlag (wie auf der Abbildung auf Seite 53, obere Bildfolge rechts). Da hier die Auftriebskomponente viel größer ist als die Widerstandskomponente, liegt die Resultierende dieser beiden Kraftkomponenten, die Luftkraftresultierende F_{res}, schräg nach vorne gerichtet im Raum und wird in eine hebende Komponente F_H und eine schiebende Vortriebskomponente F_V aufgeteilt. Wird nun F_W immer größer und F_A immer kleiner, so verkleinert sich nicht nur die Resultierende F_{res}, sondern ändert auch ihre Lage im Raum: Sie wird immer steiler. Irgendwann verschwindet die Vortriebskomponente, und die horizontale Kraftkomponente schlägt in unerwünschten Rücktrieb um. Ein Tier kann dann aber immer noch seine Schlagbahnneigung vergrößern und damit die Luftkraftresultierende wieder etwas nach vorne-oben schieben (Abbildung Seite 53, untere Bildfolge, ganz rechts). Werden die Reynoldszahlen sehr klein, funktioniert auch der Schlagbahnneigungs-Trick nicht mehr. Die kleinsten Fluginsekten müssen daher wie die Wasserflöhe auf einen Antrieb ausweichen, der auf reiner Widerstandserzeugung beruht: Sie rudern durch die Luft!

Etwas typisch Biologisches: konvergente Formbildung

Die Ruderantennen der Wasserflöhe (Abbildung Seite 60, unterstes Teilbild) sind besenartige Organe, Widerstandserzeuger, die auf die sehr kleinen Reynoldszahlen abgestimmt sind. Die Schwimmbeine der Wasserkäfer und die Flügel der allerkleinsten Insekten sind nach diesem Prinzip ganz ähnlich gebaut (siehe Abbildungen Seite 60 und 61). Zudem kommen diese Formen auch bei anderen Krebstieren als den Wasserflöhen und sogar bei Würmern vor. Besonders interessant sind in diesem Zusammenhang die Insekten: Die kleinsten Käfer, Hautflügler und Blasenfüße, die systematisch weit auseinander stehen, haben borstige Ruderflügel, die einander zum Verwechseln ähnlich sehen. Man spricht von konvergenter Formbildung. Das ist ein starker Hinweis darauf, dass die Flügel dieser Tiere nach einem einheitlichen strömungsmechanischen Prinzip arbeiten, hier also nach dem Prinzip der Borstenumströmung, einem Widerstandsprinzip, das nur bei sehr kleinen Reynoldszahlen funktioniert. Insekten können also nur dann sehr klein werden, wenn sie ihrer Kleinheit entsprechende Flügelformen haben – Evolution unter dem Zwang der Physik. Freilich ist die Forschung hier noch sehr im Fluss.

Den kleinsten Reynoldszahlenbereich bestimmt das Widerstandsprinzip, den größten das Auftriebsprinzip. Geht man von einem Extrem zum anderen, so nimmt jeweils eines dieser Prinzipien an Bedeutung ab, das andere zu. Problematisch ist der mittlere Reynoldszahlenbereich, wo beide Prinzipien zwar gleichartig funktionieren, aber keines besonders gut. Demgemäß findet man gerade bei $Re \approx 10^0$ „Reynoldszahl-bedingte Kompromisskonstruktionen", die eben „gerade gut genug" arbeiten.

An dieser Wildbiene der Gattung *Anthophora* sind die stark angestellten Flügel beim Aufschlag erkennbar. (Foto: Eberhard Frey)

In der Biologie wie in der Technik wird sich nur das halten können, was unter anderem die jeweils geltenden physikalischen Prinzipien nutzen kann. Die Physik lässt sich nicht austricksen. Sie beherrscht alles, die tote wie die lebende Materie, und besonders augenscheinlich ist das bei der Bewegung im Bodenlosen.

Einsichten in Zusammenhänge der Fortbewegung durch die Luft und unter Wasser können schon mit einfachen physikalischen Ansätzen gewonnen werden, wie wir gesehen haben. Solche Ansätze bewahren aber auch vor unangemessener Übertragung von Naturvorbildern in die Technik. Wenn man die natürlichen Zusammenhänge abstrahiert – und das ist ja die Methode der Bionik – so muss das immer mit der Physik im Hinterkopf geschehen (siehe Kapitel 4.1).

Tiere, die sich in einem sehr kleinen Reynoldszahlenbereich fortbewegen, haben Antriebsorgane, die sehr ähnlich gebaut sind, egal, ob sie sich durch die Luft oder unter Wasser bewegen, Konvergenz als Folge physikalischer Zwänge!
(Digitalisierung: Michaela Boschert)

Thripse (Thysanoptera)

Zwergwespe (Hymenoptera)
und Zwergkäfer (Coleoptera)

Ruderbein eines Schwimmkäfers

Antenne eines Kleinkrebses, z. B. Wasserfloh

A: Ein Fransenflügler (Thysanoptera) mit seinen schlanken, mit Borsten gesäumten Flügeln. Das kaum einen Millimeter lange Tier rudert durch die Luft. Ähnliche Flügel haben die Zwergwespen (Mymaridae) und die Zwergkäfer (Ptiliidae; siehe auch Kapitel 3.6). (Foto: Smith 609, Wikimedia)

B: Der Gelbrandkäfer (*Dytiscus marginalis*) rudert mit Schlägen seiner beborsteten Hinterbeine durchs Wasser. (Foto: Volker Griener)

C: Wasserflöhe rudern mit den Borsten tragenden Antennen durch das Wasser. (Foto: Hajime Watanabe, Wikimedia)

D: Der vielborstige Wurm *Tomopteris* rudert mit seinen borstigen Anhängen durch das Wasser. (Foto: Uwe Kils, Wikimedia)

Grafiken:
Die Grafiken sind nach Vorlagen aus Werner Nachtigalls Buch „Ökophysik: Plaudereien über das Leben auf dem Land, im Wasser und in der Luft" mit ausdrücklicher Genehmigung des Springer-Verlages digitalisert worden. Die Urheber der Digitalisierung sind bei den jeweiligen Grafiken genannt.

Manche Vögel fliegen über und unter Wasser. Ein Beispiel dafür ist der Basstölpel (*Sula bassana*), der Fische in ihrem Element verfolgt.
(Foto oben: Andreas Trepte, www.photo-natur.de;
Foto unten: HeJä, beide Wikimedia)

Literatur

Bilo, D., Lauck, A., Wedekind, F., Rothe, H.-J. & Nachtigall, W. (1982): Linear accelerations of a pigeon flying in a wind tunnel. – Naturwissenschaften, 69: 345-346.

Gray, J. (1957): How fishes swim. – Scientific American, 8: 29-35.

Nachtigall, W. (1981): Lokomotion bei Tieren. – In: Czihak, G., Langer, H. & Ziegler, H. (Hrsg.): Biologie: ein Lehrbuch. – 3. Aufl.; S. 595-613; Berlin (Springer-Verlag).

Nachtigall, W. (1985): Warum die Vögel fliegen. – 224 S.; Hamburg (Rasch & Röhring).

Nachtigall, W. (1998): Warum sinken kleine Plankter so langsam ab? Eine physikalisch-ökologische Betrachtung. – Biologie in unserer Zeit, 28 (3): 137-144.

Nachtigall, W. (2006): Ökophysik: Plaudereien über das Leben auf dem Land, im Wasser und in der Luft. – 262 S.; Berlin (Springer-Verlag).

Pennycuick, C. J. (1972): Animal flight. – Studies in Biology, 33: 68 S.; London (Arnold).

Zanker, J. M. (1990): The wing beat of *Drosophila melanogaster*: I Kinematics. – Philosophical Transactions of the Royal Society London, B, 327: 1-18.

3 EVOLUTION INS BODENLOSE
Tierische Schwimmer und Flieger

3.1 Fische – die unendliche Vielfalt des Schwimmens

von Samuel Giersch

Ob Brustschwimmen mit Delfinbeinschlag oder Grätschbeinschlag, Schmetterlingsschwimmen, Kraulen, Rückenschwimmen oder die zwölf Schwimmtechniken der Samurai: Der Blick auf die Liste der olympischen Schwimmstile und darüber hinaus zeigt, dass sogar wir Menschen als Landlebewesen über eine erstaunliche Anzahl an Fortbewegungsmöglichkeiten im Wasser verfügen. Wie eingeschränkt und unbeholfen unsere eigenen Schwimmkünste allerdings sind, wird beim Blick ins Reich der Fische deutlich. Keine andere Wirbeltiergruppe erreicht ein derart hohes Maß an Effizienz, Schnelligkeit oder Geschicklichkeit unter Wasser wie die Fische.

Mit über 32.000 bekannten Arten stellen die Fische mehr als die Hälfte aller Wirbeltierarten. Dieser Formenreichtum geht auch mit einer kaum zu überblickenden Vielfalt an „Schwimmstilen" einher. Das genaue Studium der Körperformen und Schwimmbewegungen der Fische zeigt aber, dass sich die ganze Variationsbreite des Schwimmens im Reich der Fische auf einige grundlegende Prinzipien zurückführen lässt. Diese Bewegungsprinzipien und grundlegende Schwimmstile werden im Folgenden erläutert.

Sportler, die heute Geschwindigkeitsrekorde im Wasser aufstellen, schwimmen zwischen 7 und 8 km/h schnell.
(Foto: Manfred Werner, Wikimedia)

Der schnellste Fisch der Weltmeere ist der Fächerfisch (*Istiophorus platypterus*). Er erreicht eine Geschwindigkeit von bis zu 109 km/h.
(Grafik: Samuel Giersch)

Was sind Fische?

Diese Frage ist scheinbar einfach zu beantworten: Fische sind im Wasser lebende Wirbeltiere, deren Maul durch Kiefer gebildet wird und die mit Kiemen atmen. Für den Zoologen, der sich mit der Systematik und der Stammesgeschichte der Fische befasst, ist die Sache allerdings komplizierter. Da gibt es z. B. in unseren heimischen Fließgewässern das Neunauge (*Lampetra* spec.), das auf den ersten Blick dem Aal ähnelt. Bei genauerem Hinsehen aber erkennt man dann, dass Neunaugen anstelle von Kiefern eine kreisförmige, zahnbewehrte Raspelscheibe als Maulöffnung besitzen. Neunaugen sind also streng genommen keine Fische, auch wenn sie sonst alle Merkmale der Fische besitzen und mit diesen wohl eng verwandt sind. Andererseits gibt es die große Gruppe der Landwirbeltiere, die stammesgeschichtlich aus den Fischen hervorgegangen ist. Nach den heute gültigen Regeln der biologischen Systematik, die sich auf Theorien zur Stammesgeschichte der Arten stützt, müssten daher eigentlich alle Landwirbeltiere zu den Fischen gezählt werden. Dies ist aber aus vielerlei Gründen weder machbar noch sinnvoll. „Fische" sind also im Sinne der zoologischen Systematik keine natürliche Gesamtheit (monophyletische Gruppe), die einen kompletten Ast mit allen dazugehörigen Zweigen am Stammbaum der Vielfalt der Organismen umfasst, sondern eine sogenannte „paraphyletische" Gruppe. Paraphyletisch ist ein Stammbaumast immer dann, wenn, aus welchen Gründen auch immer, einige seiner Zweige als nicht zum Ast gehörend betrachtet werden. Die paraphyletische Gruppe der Fische besteht nach der zoologischen Definition aus allen kiefertragenden Wirbeltieren („Kiefermäuler", Gnathostomata), die keine Landwirbeltiere („Vierfüßer", Tetrapoda) sind.

Zu den Fischen rechnet man heute folgende Gruppen:

A) Die Knorpelfische (Chondrichthyes)
Knorpelfische besitzen ein Skelett aus Knorpel. Bei einigen Arten kann die Wirbelsäule sekundär verknöchern. Die Knorpelfische umfassen die Haie, die Rochen und die Chimären (Seekatzen).

B) Die Knochenfische (Osteichthyes)
Ihr Skelett ist primär aus Knochensubstanz aufgebaut. Die Knochenfische werden aufgrund ihrer Flossenformen in Fleischflosser (Sarcopterygier) und Strahlenflosser (Actinopterygier) unterteilt. Zu den Fleischflossern gehören die Quastenflosser mit der einzigen noch lebenden Gattung *Latimeria* und die Lungenfische. Streng genommen würden hierzu auch die Tetrapoda, also die Landwirbeltiere, gehören. Die Strahlenflosser stellen mit über 30.000 Arten die weitaus größte Gruppe innerhalb der Fische dar. Innerhalb der Strahlenflosser macht wiederum die Gruppe der echten Knochenfische (Teleostei) mit etwa 25.900 lebenden Arten den größten Anteil aus. Die Vielfalt der Teleostei reicht von der unüberschaubaren Mannigfaltigkeit der bunten Korallenfische bis zu den fischereiwirtschaftlich genutzten Hochseefischen. Auch fast alle Süßwasserfische sind Teleostei.

C) Neben den heute lebenden Fischgruppen werden auch einige ausgestorbene, nur fossil überlieferte Kiefermäuler zu den Fischen gezählt: Dazu gehören die **Panzerfische (Placodermi)**, die durch extrem stabile, mit Knochenplatten bewehrte Außenskelette gekennzeichnet sind. Auch die **Stachelhaie (Acanthodii)** sind eine ausgestorbene Fischgruppe. Diese Fische gehören zu den ältesten und ursprünglichsten Kiefermäulern.

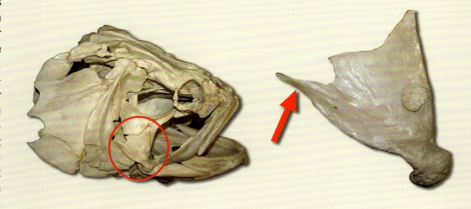

Trotz der unübersichtlichen Vielfalt besitzen alle echten Knochenfische (Teleostei) ein gemeinsames Merkmal: Das Quadratbein des Kiefergelenks (roter Kreis) trägt an seiner Hinterseite einen spitz zulaufenden Fortsatz (roter Pfeil).
(Foto: Samuel Giersch)

Schwimmen: Fortbewegung im Wasser

Unter „Schwimmen" wird hier die aktive, gerichtete Fortbewegung im Wasser verstanden. Daneben gibt es auch noch das Schwimmen als physikalisches Phänomen nach dem Archimedischen Prinzip. Im archimedischen Sinne schwimmen Fische erst, wenn sie tot sind und ihre Körper, durch Faulgase aufgedunsen, an der Wasseroberfläche dümpeln.

Damit sich ein Körper, sei es nun ein Organismus oder Gegenstand, im Wasser fortbewegen kann, müssen zwei Grundvoraussetzungen erfüllt sein: Der Körper muss so viel Auftrieb besitzen, dass ein Absinken verhindert wird, und er muss für Antrieb sorgen. Ein Bauchklatscher vom Sprungturm macht es uns schmerzhaft deutlich: Wasser ist 800-mal dichter und etwa 56-mal viskoser (zäher) als Luft. Diese Tatsache erleichtert einerseits das Erzeugen von Auftrieb erheblich, da sich die hohe Dichte den Gravitationskräften wirkungsvoll entgegenstemmt. Andererseits macht die hohe Dichte und Viskosität des Wassers den Antrieb zu einer mühsamen, energieaufwendigen Angelegenheit.

Für fliegende Organismen, die sich aktiv durch die Luft bewegen, ist die Erzeugung von Antrieb und Auftrieb derselbe Vorgang. Die Flügel der aktiven Flieger sind Antriebs- und Auftriebsorgan in einem. Kurz gesagt: ohne Antrieb kein Auftrieb (siehe auch Kapitel 1, 2 und 4).

Bei aktiven Schwimmern wie den Fischen besteht aufgrund der unterschiedlichen Anforderungen an die Erzeugung von Antrieb und Auftrieb im Wasser die Möglichkeit, beides funktionell zu trennen. Entsprechend erzeugen viele Fischarten An- und Auftrieb unabhängig voneinander und mit verschiedenen Organen. Daneben findet sich bei den Fischen aber auch das Prinzip der funktionellen Kopplung von An- und Auftrieb (siehe Kapitel 2).

Wie Fische Auftrieb erzeugen

Die hohe Dichte des Wassers sorgt dafür, dass Fische im Vergleich zu fliegenden Tieren insgesamt nur wenig für ihren Auftrieb leisten müssen. Die „Baumaterialien" eines Fischkörpers sind in der Summe nur wenig schwerer als Wasser. Um ihr spezifisches Gewicht dem des umgebenden Wassers anzugleichen, nutzen Fische unterschiedliche Mechanismen und erzeugen sowohl einen hydrostatischen als auch einen hydrodynamischen Auftrieb, um im Wasser schweben zu können.

Rastlose Dauerschwimmer: der hydrodynamische Auftrieb

Unter den Fischen des offenen Meeres gibt es große und schnelle Dauerschwimmer, wie z. B. einige Hai-Arten. Diese sogenannten pelagischen Haie benutzen ihre Brustflossen wie Tragflächen. Diese im Vergleich zu anderen Haien großen Brustflossen zeigen ein typisches Tragflächenprofil und werden, wie Flügel beim Segelflug, seitlich abgespreizt. Der Auftrieb entsteht, analog zum Vogelflügel oder der Flugzeugtragfläche, dadurch, dass das Wasser auf der Oberseite der Flosse im Verhältnis zur Unterseite der Flosse einen längeren Strömungsweg bzw. eine höhere Umström-Geschwindigkeit besitzt.

Der Blauhai (*Prionace glauca*): einer der elegantesten Unterwasser-Langstreckensegler, hier in Begleitung von Pilotfischen der Gattung *Naucrates*. (Foto: Uli Kunz)

Dieser hydrodynamische Auftrieb entsteht nur, wenn der Hai in Bewegung ist. Auftrieb und Antrieb sind also funktionell gekoppelt. Das bedeutet, dass Haie, deren Auftrieb mit Hilfe des Brustflossenprofils erzeugt wird, ständig in Bewegung sein müssen. Tatsächlich würden diese Fische absinken, sobald sie aufhören würden, Vortrieb zu erzeugen, da ihr spezifisches Gewicht etwas schwerer als Wasser ist. Wenn diese Haie dagegen, z. B. auf der Jagd, ihren Vortrieb stark beschleunigen, dann werden die Brustflossen zum Körper hin gedreht, damit beim Angriffsspurt kein zusätzlicher Auftrieb erzeugt wird.

Mit Gas gefüllt: auf der Stelle schweben

Fische, die nicht dauerhaft oder nicht schnell genug in Bewegung sind, um einen Auftriebseffekt mit ihren Brustflossen zu erzeugen, besitzen einen speziellen Organkomplex, um Auftrieb zu gewährleisten: die Schwimmblase. Die Schwimmblase ist ein gasgefüllter Hohlkörper, der im vorderen Eingeweidetrakt der Fische liegt und dort für hydrostatischen Auftrieb des Fischkörpers sorgt. Mit Hilfe der Schwimmblase kann der Fisch sein spezifisches Gewicht so ausbalancieren, dass er fast ohne Energieaufwand im Wasser schwebt. Da die Schwimmblase weder direkt zur Fortbewegung noch zum „Schwimmen" nach dem Archimedischen Prinzip beiträgt, wäre „Schwebeblase" eigentlich die treffendere Bezeichnung für dieses Organ.

Die Gasfüllung der Schwimmblase besteht aus Sauerstoff, Stickstoff und Kohlendioxid. Dieses Gasgemisch ist im Blut des Fisches gelöst und wird über die Gasdrüse in die Schwimmblase abgegeben. Über das sogenannte Oval, eine besonders stark durchblutete Geweberegion in der Wand der Schwimmblase, kann das Gasgemisch auch wieder in das Blut aufgenommen und so das Volumen der Blase verringert werden. Bei einer Reihe von Knochenfischarten steht die Schwimmblase über einen Luftkanal zusätzlich mit dem Darm in Verbindung. Über diese Verbindung, den Ductus pneumaticus, kann der Fisch zusätzlich Gas zuführen oder ablassen und so die Auftriebswirkung der Schwimmblase anpassen. Der komplizierte Aufbau vieler Schwimmblasen deutet an, dass dieses Organ mehr ist als nur ein Auftriebskörper. Vielmehr wird vermutet, dass es sich hierbei auch um ein Sinnesorgan handelt, mit dem der Fisch Druckveränderungen wahrnimmt. Mit der Schwimmblase spürt der Fisch gewissermaßen, ob er sich im „richtigen" (= für seine Physiologie optimalen) Abschnitt der Wassersäule befindet oder ob er den Auftrieb regulieren muss, um seine gewünschte Schwimmhöhe zu erreichen. Zudem stimuliert die Schwimmblase den Fisch zur Daueraktivität: Die anatomische Lage der Schwimmblase unterhalb des Körperschwerpunktes führt dazu, dass sich der Fischkörper in einem labilen Gleichgewicht befindet. Dieses Gleichgewicht muss ununterbrochen durch minimale Flossen- oder Körperbewegungen austariert werden. Tote Knochenfische kippen daher i.d.R. um und treiben mit der Bauchseite nach oben. Die meisten Knochenfischarten, und damit die überwiegende Anzahl heute lebender Fischarten, besitzen eine Schwimmblase.

Auf der Stelle schweben zu können, ist vor allem für Lauer-Jäger von großer Bedeutung: Piranhas (*Pygocentrus* spec.) liegen oft im Wasserpflanzendickicht regungslos auf der Lauer. (Foto: Volker Griener)

Die Schwimmblase eines Weißfisches (Cyprinidae) ist ein Doppelkammerballon. (Foto: Algirdas, Wikimedia)

Links: Der Mondfisch (*Mola mola*) ist mit bis zu 2,3 Tonnen der schwerste aller Knochenfische. Er verschafft sich mit seinem reduzierten Skelett und seinem fetthaltigen Gewebe genügend Auftrieb, um auch ohne Schwimmblase mühelos zwischen 480 m und 0 m Wassertiefe auf- und absteigen zu können.
(Foto: U.S. National Oceanic and Atmospheric Administration, Wikimedia)

Rechts: Das Skelett des Mondfisches zeigt, wie sehr der schwerste aller Knochenfische sein Skelett reduziert hat, um den hydrostatischen Auftrieb zu unterstützen.
(Foto: Sandstein, Naturhistorisches Museum Wien, Wikimedia)

Viel Fett? Gut fürs Optimalgewicht

Neben den Gasen in der Schwimmblase haben auch alle Gewebe mit hohem Fettgehalt Anteil am hydrostatischen Auftrieb, sobald deren spezifisches Gewicht leichter als Wasser ist. Fische lagern daher Fette im Gewebe ein, um ihr Wohlfühlgewicht von Null Gramm zu erreichen. Besonders die Leber ist mit ihrem hohen Anteil an Tran, einer hellen, öligen Substanz mit einer Dichte von etwa 0,9 kg/l ein weiteres wichtiges Organ für den hydrostatischen Auftrieb im Fischkörper.

Neben der Fetteinlagerung sind in manchen Knochenfischarten auch Teile des Skelettes zurückgebildet. Auch auf diese Weise wird das spezifische Gewicht reduziert und der Auftrieb unterstützt. So sind z. B. im Mondfisch (*Mola mola*), der übrigens keine Schwimmblase besitzt, das Schuppenkleid, die Rippen und der Beckengürtel komplett zurückgebildet. Das übrige Skelett besteht neben Knochen zum großen Teil auch aus Knorpel-Elementen. Mit dieser „Leichtbau"-Konstruktion schafft es der Mondfisch trotz seiner Länge von bis zu 3,3 Metern bei einem Gewicht von etwa 2,3 Tonnen, die Meeresoberfläche zu erreichen, um sich dort, knapp unter der Wasseroberfläche auf der Seite liegend, zu „sonnen".

Am Boden lebende Fischarten kommen ohne spezielle Auftriebsorgane aus. Diesen Arten fehlen z. B. die Schwimmblase oder andere Mechanismen zur Gewichtsreduktion.

Wie Fische Antrieb erzeugen: Wer sich im Wasser bewegt, trifft auf Widerstand …

Für fliegende Tiere besteht die Kunst darin, mit Hilfe ihres Körpers während der Fortbewegung genügend Auftrieb zu erzeugen, um die Gravitationskräfte zu überwinden. Für schwimmende Tiere liegt die Herausforderung jedoch schon darin, überhaupt „vom Fleck zu kommen". Die Ursache dafür ist die hohe Dichte und Viskosität des Wassers im Vergleich zur Luft. Wie mühsam und

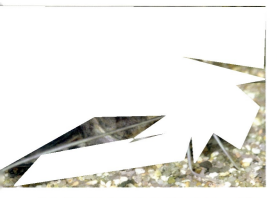

Bodenbewohnende Fische benötigen keine speziellen Auftriebsorgane. Der Wels (Silurus glanis) besitzt daher keine Schwimmblase.
(Foto: Volker Griener)

kraftraubend die Bewegung im Wasser ist, merken wir selber deutlich, wenn wir z. B. beim Wasserballspiel im Schwimmbad einem vorbeifliegenden Ball hinterhersprinten wollen. Das Wasser leistet enormen Widerstand und bremst die Bewegung aus. Wer sich erfolgreich im Wasser fortbewegen will, muss die Widerstandskräfte des Wassers überwinden. Für diese Aufgabe müssen Fische im Allgemeinen einen Großteil ihrer Energie einsetzen. Außerdem ist Wasser auch noch ein schlechter Energieüberträger, da es im Vergleich zur Luft 20-mal weniger Sauerstoff für die Atmung bereitstellt. Dadurch unterliegen die Leistungsfähigkeit des Stoffwechsels und damit der Energieumsatz der Schwimmmuskulatur zusätzlichen Grenzen.

» WAS TUN GEGEN DEN STRÖMUNGSWIDERSTAND?

Die Körperform

Da der Strömungswiderstand von der Schwimmgeschwindigkeit abhängt, ist es besonders für schnelle Schwimmer von Bedeutung, dass ihre Körperform die Strömungseigenschaften des Wassers berücksichtigt, um für die eingesetzte Muskelenergie den besten Wirkungsgrad zu erzielen. Wasserteilchen, die gegeneinander bewegt werden, verursachen Reibungswiderstand. Je geradliniger sich die Wasserteilchen untereinander bewegen bzw. einen Körper umströmen, desto geringer ist der Widerstand. Diese sogenannte laminare Strömung verursacht viel geringere Reibungskräfte, als wenn die Wasserteilchen durch den schwimmenden Körper unsanft zur Seite geschubst und dadurch verwirbelt, also turbulent werden.

Kein Schwimmer kann allerdings durch das Wasser gleiten, ohne Turbulenzen zu erzeugen. Ziel eines Schwimmers ist daher immer, die laminare Umströmung möglichst lange aufrecht zu erhalten, bevor sie anfängt zu verwirbeln. Das gelingt am besten mit dem sogenannten technischen Laminarprofil. Das ist ein im Querschnitt runder, spindelförmiger Körper, dessen maximaler Durchmesser 25 % seiner Länge beträgt. Tatsächlich besitzen schnell schwimmende Fische einen solchen spindelförmigen Körper und reduzieren dadurch die bremsenden Wirbel auf ein Minimum. Da die Wirbel besonders hinter dem größten Durchmesser der Spindel entstehen, gleicht der hintere Bereich des idealen Fischkörpers einem sich gleichmäßig nach hinten verjüngenden Kegel. Das vordere Ende ist dagegen idealerweise schmal abgerundet und toleriert geringe Formveränderungen wie Kiefer- oder Kiemendeckelbewegungen, ohne dass sich dadurch die hydrodynamischen Eigenschaften verschlechtern. Der durch das anströmende Wasser aufgebaute Staudruck hält die laminare Strömung dort trotzdem stabil. Nahezu ideale Körperproportionen mit besten Umströmungseigenschaften besitzen z. B. der Eishai, dessen Verhältnis von Durchmesser zur Länge 0,26 beträgt, oder der Thunfisch mit einem Verhältnis von 0,28. Diese Fische gehören zu den schnellsten bekannten Schwimmern.

Das Körperprofil des Thunfisches entspricht in etwa dem idealen hydrodynamischen Körper. Thunfische gehören zu den schnellsten Fischen.
(Foto: SEFSC Pascagoula Laboratory, Collection of Brandi Noble, NOAA/NMFS/SEFSC, Wikimedia)

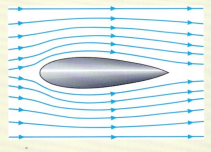

Das ideale hydrodynamische Profil wird ohne Verwirbelungen, also laminar, umströmt.
(Grafik: Samuel Giersch)

Um zu schwimmen, muss ein Fisch den Druckwiderstand (blaue Pfeile), den Reibungswiderstand (grüne Pfeile) und den induzierten Widerstand (violette Wirbel) überwinden. Die drei Widerstandsformen bilden den Strömungswiderstand.
(Grafik: Samuel Giersch)

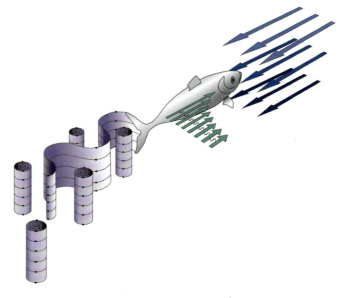

Physikalisch stellt sich der Wasserwiderstand, genauer gesagt der Strömungswiderstand, der Bewegung des Fisches auf dreifache Weise entgegen. Zum einen wirken zwischen dem Fischkörper und dem umgebenden Wasser die viskosen Kräfte oder der Reibungswiderstand, zum anderen muss der Fisch die Trägheitskräfte bzw. den Druckwiderstand des Wassers überwinden. Der Druckwiderstand entsteht dadurch, dass der Fisch durch seine Bewegung das Wasser verdrängt. Der Reibungswiderstand entsteht hingegen dadurch, dass der Fisch beim Schwimmen das auf seiner Körperoberfläche anhaftende Wasser mitschleppt. Der Fisch verschiebt beim Schwimmen gewissermaßen die Wasserteilchen auf seiner Haut gegen die etwas entfernter liegenden Wasserteilchen, die dadurch aneinander reiben. Neben dem Verdrängen von Wasser muss der Fisch also auch noch Energie gegen die innere Reibung des Wassers aufbringen. Der Reibungswiderstand wird weniger durch die Schwimmgeschwindigkeit als durch die Körpergröße und die Oberflächenbeschaffenheit der Fischhaut bestimmt. Der Druckwiderstand nimmt dagegen mit der Schwimmgeschwindigkeit zu und hängt daher direkt von der Körperform ab. Dieser Zusammenhang wird durch die Reynoldszahl beschrieben (siehe Kapitel 2). Darüber hinaus versetzt jeder Fisch beim Schwimmen nicht nur sich selbst, sondern unvermeidlich auch das umgebende Wasser in Bewegung. Dadurch entsteht der sogenannte induzierte Widerstand als dritte Komponente des Strömungswiderstandes. Durch die rückwärts gerichteten Impulse der Schwimmbewegung entstehen hinter dem Fisch Bahnen aus rotierenden Wasserwirbeln, in denen ein Teil der Schwimmenergie steckt. Der gesamte Bewegungsapparat der Fische ist deshalb daraufhin ausgelegt, den Wasserwiderstand möglichst energieeffizient zu überwinden (siehe Kapitel 2, Seite 47 und 48).

» WAS TUN GEGEN DEN STRÖMUNGSWIDERSTAND?

Das Design der Körperoberfläche

Bei schnell schwimmenden Fischen kommt dem physikalischen Verhalten der auf der Körperoberfläche „mitgeschleppten" Wasserschicht eine besondere Bedeutung zu. In dieser sogenannten Grenzschicht bewegen sich die körpernahen Wasserschichten langsamer am Fisch vorbei als die körperfernen Wasserschichten. Wasserteilchen, die so weit vom schwimmenden Körper entfernt sind, dass sie nicht mehr von diesem mitgezogen werden, gehören nicht mehr zur Grenzschicht. Im günstigen Fall gleiten die Wasserschichten in der Grenzschicht glatt aneinander vorbei, die Grenzschicht ist dann laminar und erzeugt einen geringen Reibungswiderstand. Die Grenzschicht haftet an der Körperoberfläche. Sie kann sich aber unter bestimmten Bedingungen von der Oberfläche ablösen, z. B. wenn die umströmte Körperpartie in einem ungünstigen Winkel zur Strömungsrichtung steht. Dadurch entstehen dann die bremsenden Wasserwirbel. Bei einer Grenzschichtablösung nehmen der induzierte Widerstand und der Druckwiderstand sprunghaft zu (siehe Kapitel 2). Ab einer bestimmten Geschwindigkeit bzw. einer bestimmten Reynoldszahl kommt es auch innerhalb der Grenzschicht zu Turbulenzen. Diese Wirbelbildung darf jedoch nicht mit der großflächigen Wirbelbildung infolge der abgelösten Grenzschichtströmung verwechselt werden. Die Turbulenzen in der Grenzschicht erzeugen zwar einen erhöhten Reibungswiderstand, haben aber den positiven Effekt, dass sich die Grenzschicht schwerer vom schwimmenden Körper ablöst. In der turbulenten Grenzschicht verlagert sich der Ablösepunkt der Grenzschicht am umströmten Körper weiter nach hinten, da die Verwirbelungen in der Schicht mehr Wasser mitschleppen. Dadurch werden die Druckunterschiede zwischen den einzelnen Grenzschichtbereichen verringert, was dazu führt, dass sich die turbulente Schicht gewissermaßen stabiler um den schwimmenden Körper schmiegt. So wird der Strömungsabriss und die Bildung großer, bremsender Wirbel verzögert.

Um den Strömungswiderstand zu minimieren, versuchen schnell schwimmende Fische in einem gewissen Geschwindigkeitsbereich den Umschlag der Grenzschichtströmung von laminar zu turbulent hinauszuzögern, da dies zunächst günstiger ist. Dazu sondern Fische durch Hautdrüsen ständig kleine Mengen an Schleim ab. Diese Schleimschicht geht an ihrer Oberfläche langsam in Lösung, puffert die Wirbelbildung in der Grenzschicht ab und verringert dadurch den Reibungswiderstand um bis zu 70 %. Ab einer Reynoldszahl über $5 \cdot 10^5$ ist es dagegen für sehr schnelle Fische energetisch günstiger, mit einer turbulenten, aber stabilen Grenzschicht durchs Wasser zu gleiten, als sich mit einer laminaren Grenzschicht zu umgeben, die ständig abreißt. Diese Fische versuchen, durch eine raue Körperoberfläche die Turbulenzen der Grenzschicht zu beeinflussen oder sogar „künstlich" zu erzeugen. Die Rauigkeit wird bei Knochenfischen z. B. durch aus der Haut ragende Kammschuppen erzeugt. Haie besitzen sogenannte Placoidschuppen, auf deren Oberseite sich kleine Rillen, sogenannte „Riblets", befinden. Diese Rillen verlaufen in Strömungsrichtung und verhindern, dass sich die kleinen Wirbel in der turbulenten Grenzschicht quer zur Hauptströmungsrichtung bewegen. Denn diese Bewegung würde zusätzliche Energie verbrauchen und so den Widerstand erhöhen. Diesen Haihaut-Effekt versucht man seit einigen Jahren technisch zu nutzen, um durch entsprechende Oberflächenstrukturen auf Schiffen, Flugzeugen oder Schwimmanzügen Energie zu sparen bzw. die Geschwindigkeit zu erhöhen. Die künstliche Haihaut ist ein berühmtes Ergebnis bionischer Forschung (siehe auch Kapitel 4.1).

Die Makro-Aufnahme der Haihaut zeigt die einzelnen Placoidschuppen und deren gerillte Oberfläche. Jede Schuppe trägt 3 - 5 Riblets, die in Strömungsrichtung bzw. Schwimmrichtung liegen.
(Foto: Wolf-Ernst Reif)

Der Bewegungsapparat der Fische

Grundsätzlich lassen sich die Antriebsorgane der Fische in einen primären und einen sekundären Bewegungsapparat unterteilen. Der primäre Bewegungsapparat der Fische umfasst den Rumpf mit Schwanzflosse sowie die Rücken- und die Analflosse, die, wie unsere Nase, in der Spiegelebene zwischen rechter und linker Körperhälfte liegen und daher an jedem Fisch nur einmal vorhanden sind. Rücken- und Analflosse werden daher als unpaare Flossen bezeichnet. Der sekundäre Bewegungsapparat besteht dagegen aus den sogenannten paarigen Flossen, den Brust- und den Bauchflossen. Diese Flossen entsprechen unseren Armen und Beinen und stehen auch bei Fischen mit Schulter- bzw. Beckenknochen in Verbindung. Die Einteilung der Bewegungsapparate in „primär" und „sekundär" spiegelt die unterschiedlichen Zeitpunkte ihrer Entstehung während der Evolution der Fische wider.

Zur funktionellen Anatomie des primären Bewegungsapparates

Der „Motor" des primären Bewegungsapparates ist die Rumpfmuskulatur. Diese Muskulatur bildet einen Muskelschlauch, der sich vom Hinterkopf des Fisches bis zum Ansatz der Schwanzflosse erstreckt und dabei das Skelett und die Eingeweide umschließt. Der Muskelschlauch ist sowohl vertikal als auch horizontal gegliedert. Diese Gliederung ist notwendig, damit der Rumpf beweglich bleibt und der Fisch seine Kraft wirkungsvoll und gezielt auf das Wasser übertragen kann. Horizontal ist der Muskelschlauch in vier Hauptstränge unterteilt. Auf der Bauchseite liegen der rechte und der linke Strang der sogenannten hypaxonischen oder Bauchmuskulatur. Die Rückenseite des Rumpfes wird vom rechten und linken Strang der epaxonischen oder Rückenmuskulatur aufgebaut. Die einzelnen Stränge sind zusätzlich noch vertikal in sogenannte Myomere unterteilt. Die einzelnen Myomere sind schmale Muskelsegmente, die, vereinfacht gesprochen, wie Hohlkegel oder Trichter aussehen. Diese „stecken" etwa wie Eiswaffeln oder Fang-den-Hut-Hütchen ineinander. Die Wände dieser Muskelkegel sind zudem je nach Fischart unterschiedlich stark verfaltet. Die Myomere sind deutlich durch dünne Scheidewände aus Bindegewebe, den Myosepten, voneinander getrennt. Wenn man die Haut einer frisch zubereiteten Forelle abzieht, wird diese Myomerengliederung der Rumpf- und Schwanzmuskulatur als die typische W-förmige Streifung der Muskulatur sichtbar. Die Oberseite der „Ws" zeigt dabei Richtung Kopf. Die einzelnen „Ws" sind die Ränder der leicht verfalteten Myomerenkegel des hypaxonischen und epaxonischen „Eiswaffelstapels." Die Spitzen

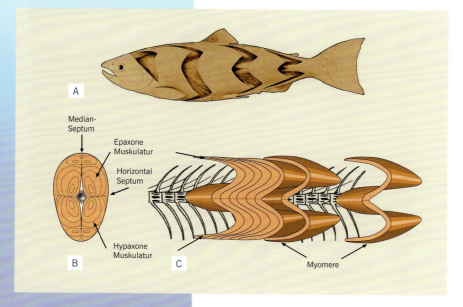

Anatomie der Rumpfmuskulatur bei Fischen: A: Der gehäutete Lachs zeigt das Muster der Myomere und Myosepten. Einzelne Myomere sind herausgenommen. B: Der Querschnitt durch den Lachsrumpf zeigt die vier Muskelstränge, die für die aktive Körperkrümmung und den Antrieb des primären Bewegungsapparates verantwortlich sind. C: Details der Myomerenanordnung. Nach rechts sind die Myomere auseinandergeschoben, damit ihre Form sichtbar wird. (Grafik: Samuel Giersch)

A

der Kegel weisen dabei schräg nach innen und hinten. Die Trennung der einzelnen Myomere untereinander ist so vollkommen, dass man bei Tisch mit Leichtigkeit die einzelnen Muskelfleischpartien mit dem stumpfen, spatelförmigen Fischmesser abheben kann. Aus gleichem Grunde zerfällt die Forelle sehr schnell, wenn man „Forelle blau" aus Versehen in sprudelnd kochendem Wasser zubereitet.

Die meisten Fische schwimmen, indem sie die Muskelstränge der rechten und der linken Körperhälfte im Wechsel zusammenziehen und entspannen. Dabei ziehen die Muskelfasern in den Myomeren an der längenkonstanten Wirbelsäule und der Außenhaut des Fischkörpers und wandeln so die Muskelkontraktion in die Körperbewegung um. Die Kraftübertragung von den Myomeren auf die Wirbelsäule und die Schwanzflosse erfolgt entweder direkt oder mit Hilfe von Bändern und Gräten, die in den Myosepten liegen (siehe Seite 74). Die wechselseitige Muskelkontraktion der rechten und linken Körperhälften erzeugt ein seitliches Hin- und Herpendeln des Rumpfes und der Schwanzflosse. Mit dieser stößt sich der Fisch durch schräg nach hinten gerichtete Impulse vom Wasser ab (siehe Kapitel 1 und 2). Eine genauere Betrachtung der Bewegungsabläufe erfolgt weiter unten.

Die Rücken- und die Analflosse bestehen bei den Knochenfischen aus einer Reihe von Knochenstäben, den sogenannten Flossenstrahlen, die durch einen Hautsaum verbunden sind. Die Spannung dieser Flossenhaut kann durch Muskelkraft, die auf die Basen der Flossenstrahlen wirkt, reguliert werden. Die gespannten, aufgerichteten unpaaren Flossen wirken beim Vortrieb ähnlich wie Segel, indem sie die seitliche Antriebsfläche des primären Bewegungsapparates vergrößern. Bei sehr schnellen Schwimmern, wie den Makrelen und Thunfischen, sind die unpaaren Flossen in mehrere kleine, dreieckige Flossen unterteilt. Es wird vermutet, dass mit diesen kleinen Flossen extra Wirbel erzeugt werden, die die gesamte Wirbelbildung bei der Fortbewegung günstig beeinflussen und so den Strömungswiderstand verringern.

Zur funktionellen Anatomie des sekundären Bewegungsapparates

Der sekundäre Bewegungsapparat besteht aus den paarigen Flossen, den Brust- und Bauchflossen. Die Brustflossen sitzen auf der Bauchseite des Körpers hinter den Kiemendeckeln und sind über einen Gelenkkomplex mit dem Schultergürtel verbunden. Die Bauchflossen sitzen dahinter auf der Bauchseite des Körpers, je nach Fischart in unterschiedlicher Position. Sie werden in der Regel von Beckenknochen gestützt. Bei den meisten Knochenfischen sind die paarigen Flossen aus Flossenstrahlen aufgebaut, die an den Schulter- bzw. Hüftgelenken entspringen und, radial aufgefächert, die Flossenhaut aufspannen. Über die Gelenke sind die Flossen also beweglich verankert und werden über eine differenzierte Schulter- und Beckenmuskulatur gehoben, gedreht, abgespreizt und angelegt. Der sekundäre Bewegungsapparat übernimmt bei der Fortbewegung oft eine Steuer- und Manövrierfunktion. Mit den paarigen Flossen können Fische Ruder- und Paddelbewegungen ausführen. Bei manchen Fischarten bilden die Brustflossen das Hauptantriebsorgan. Diese Fische schwimmen langsam, sind aber sehr wendig.

Der sekundäre Bewegungsapparat bei Knochenfischen:

A: Die Strahlen der Brustflosse des Karpfen spannen die Flossenhaut auf. (Foto: Samuel Giersch)

B: Das Skelett der Karpfenbrustflosse und des Schultergürtels zeigt das komplizierte Gelenk, welches die Wendigkeit der Strahlenflosser ermöglicht. (Foto: Samuel Giersch).

C: Die Brustflosse des Flösselhechtes (*Polypetrus* spec.) besitzt den für Fleischflosser typischen beschuppten, fleischigen Flossenstiel. (Foto: Samuel Giersch)

Fortbewegung mit Hilfe des sekundären Bewegungsapparates:

A: Der Teufelsrochen (*Mobula tarapacana*) fliegt majestätisch mit Hilfe seiner großen, dreieckigen Brustflossen durchs Wasser. (Foto: Uli Kunz)

B: Der Igelfisch (*Diodon holocanthus*) „wedelt" sich mit schnellen Bewegungen seiner Brustflossen von der Stelle. (Foto: Volker Griener)

Eine besondere Form des Brustflossenantriebs haben die Rochen entwickelt. Bei ihnen sind die Brustflossen seitlich abgespreizt und zu einer horizontalen Scheibe verwachsen, die sich vom Kopf bis hinter die Bauchflossen erstreckt. Zur Fortbewegung werden die einzelnen Knorpelstrahlen, die die Flossenscheibe stützen, auf und nieder bewegt. Daraus resultiert eine Wellenbewegung des Flossensaums, die für einen langsamen, gleichmäßigen Vortrieb sorgt (siehe Kapitel 1).

» FISCHKNOCHEN: GRÄTEN ODER RIPPEN ODER WAS?

Umgangssprachlich werden alle Knochen, die uns beim Fischessen in die Quere kommen, als „Gräten" bezeichnet. Das sind meistens die Knochen der Wirbelsäule und eine Reihe weiterer Knochen, die im Muskelfleisch stecken. Genau gesagt: Knochenfische besitzen sowohl Rippen als auch Gräten. Die Rippen sind leicht erkennbar: Das sind die gebogenen Knochenstäbe, die mit den Wirbeln verbunden sind, und die, wie bei allen Wirbeltieren, die Körperhöhle, in der die inneren Organe liegen, umspannen. Da die Rippen fest an der Wirbelsäule sitzen, lassen sich diese in den meisten Fällen beim Filetieren des Fisches gemeinsam mit der Wirbelsäule herausnehmen. Im Unterschied zu den Rippen sind Gräten zierliche, elastische Knochenstäbe, die als sogenannte Zwischenmuskelknochen einzeln zwischen den Myomeren im Bindegewebe liegen. Mit Hilfe der Gräten werden die Muskelkräfte des Fisches gebündelt und gerichtet auf die Wirbelsäule übertragen. Diese inneren „Verstrebungs-Elemente" ermöglichen es dem Fisch, Teile seines Rumpfes steif anzuspannen, während andere Rumpfpartien bewegt werden. Das ist nur möglich, weil die Zwischenmuskelknochen beweglich über Bänder mit der Wirbelsäule verbunden sind und damit den Kontraktionsbewegungen der Muskeln und der Rumpfbewegung nicht im Wege stehen. Der Verzehr eines Fisches wird für uns dadurch bekanntermaßen etwas mühsam, da die Gräten beim Zerlegen des Fisches im Muskelfleisch verbleiben und einzeln entfernt werden müssen. Manche Fische sind aufgrund ihres Grätenreichtums für uns nur schwer genießbar: Die Rotfeder unserer heimischen Gewässer z. B. besitzt insgesamt sechs Reihen haarfeiner, verzweigter Zwischenmuskelknochen, sodass es kaum gelingt, ihr eigentlich recht schmackhaftes Fleisch grätenfrei zu bekommen.

Der Querschnitt durch ein Barschskelett zeigt die Wirbelsäule mit Rippen und die Lage der Zwischenmuskelknochen (Gräten). (Grafik: Samuel Giersch)

„Zeig' mir wie du schwimmst, und ich sag' dir wo du lebst" – Klassifikation der Bewegungstypen der Fische

Fische siedeln in allen natürlich vorkommenden Gewässern. Wir kennen sie aus dem offenen Ozean, von der Tiefsee bis zu den Korallenriffen. Sie sind in allen Fließgewässern bis hin zum unterirdischen Höhlenfluss zu finden. Sie können sich der reißenden Strömung eines Wasserfalls entgegenstellen oder am Grunde sauerstoffarmer Tümpel dösen. Selbst zeitweilig trockenfallende Sumpfgebiete werden von Fischen besiedelt. Die verschiedenen Lebensräume stellen ganz unterschiedliche Anforderungen an die Schwimmfähigkeiten der Fische. Fische, die riesige Meeresgebiete besiedeln, in denen sie Strecken von mehreren tausend Kilometern im Jahr zurücklegen, haben die Fähigkeit, dauerhaft hohe Schwimmgeschwindigkeiten beizubehalten und besitzen entsprechend hydrodynamisch optimierte Körperformen. Zu diesen Fischarten gehören z. B. der Thunfisch (*Thunnus* spec.), die Makrele (*Scomber* spec.) und der Hering (*Clupea harengus*).

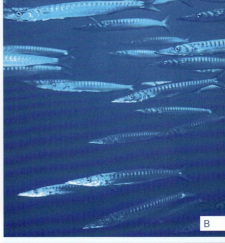

Schnelle und ausdauernde Schwimmer zeigen spindelförmige, hydrodynamisch optimierte Körperformen:
A: Stachelmakrele (*Caranx* spec.)
B: Pfeilhecht (*Sphyraena barracuda*)
C: Blauhai (*Prionace glauca*)
D: Weißspitzen-Riffhai (*Trienodon obesus*)
(Fotos A - D: Schaier)
E: Thunfisch (*Thunnus thynnus*)
(Foto: Danilo Cedrone, Wikimedia)

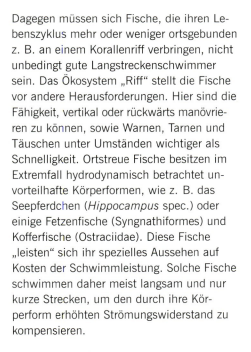

Dagegen müssen sich Fische, die ihren Lebenszyklus mehr oder weniger ortsgebunden z. B. an einem Korallenriff verbringen, nicht unbedingt gute Langstreckenschwimmer sein. Das Ökosystem „Riff" stellt die Fische vor andere Herausforderungen. Hier sind die Fähigkeit, vertikal oder rückwärts manövrieren zu können, sowie Warnen, Tarnen und Täuschen unter Umständen wichtiger als Schnelligkeit. Ortstreue Fische besitzen im Extremfall hydrodynamisch betrachtet unvorteilhafte Körperformen, wie z. B. das Seepferdchen (*Hippocampus* spec.) oder einige Fetzenfische (Syngnathiformes) und Kofferfische (Ostraciidae). Diese Fische „leisten" sich ihr spezielles Aussehen auf Kosten der Schwimmleistung. Solche Fische schwimmen daher meist langsam und nur kurze Strecken, um den durch ihre Körperform erhöhten Strömungswiderstand zu kompensieren.

Zwischen den beiden oben genannten Extrembeispielen sind alle erdenklichen Übergänge zu beobachten. Darauf beruht letztendlich die Vielfalt der Vortriebsarten und Körperformen der Fische. Trotz der Mannigfaltigkeit der Formen, die uns in den 32.000 bekannten Arten entgegentritt, lassen sich die Schwimmstile der Fische in eine Reihe grundlegender Bewegungs- oder Lokomotionstypen einteilen. Oft ist schon an der Körperform und der Flossenstellung zu erkennen, zu welchem Lokomotionstyp ein Fisch gehört und welchen Lebensraum er potenziell besiedeln kann. Körperform und Flossen sind auch an fossilen Fischen zu beobachten. Mit Hilfe der Lokomotionstypen-Klassifikation kann auch an einem fossilen Fisch bestimmt werden, wie er sich bewegt hat und welchen Lebensraum er bevorzugt haben könnte. Die so gewonnenen Erkenntnisse geben dann wiederum wichtige Hinweise für die Rekonstruktion urzeitlicher Ökosysteme.

Standorttreue Fische mit geringer Schwimmleistung zeigen mitunter Körperformen, die gänzlich von der hydrodynamischen Form abweichen. Die Körperformen und Farben dieser Fische dienen oft zur Tarnung (A-G) oder Warnung (H-K):

A: Seepferdchen (*Hippocampus* spec.)
(Foto: Volker Griener)
B: Fetzenfisch (*Phycodurus eques*)
(Foto: EyeKarma, Wikimedia)
C: Großer Drachenkopf (*Scorpaena scrofa*)
(Foto: Samuel Giersch)
D: Pfauenaugen-Stechrochen
(*Potamotrygon motoro*)
(Foto: Johann Kirchhauser)
E: Kuhkofferfisch (*Lactorina cornuta*)
(Foto: Johann Kirchhauser)
F: Warzen-Anglerfisch (*Antennarius maculatus*)
(Foto: Johann Kirchhauser)
G: Antennen-Feuerfisch (*Pterois antennata*)
(Foto: Johann Kirchhauser)
H: oben: Pazifik-Weißkehldoktorfisch
(*Acanthurus leucosternon*); unten: Gelber Langnasen-Pinzettfisch (*Forcipiger flavissimus*)
(Foto: Samuel Giersch)
I: Grüner Kugelfisch (*Tetraodon nigroviridis*)
(Foto: Samuel Giersch)
J: Meerpfau (*Thallasoma pavo*)
(Foto: Johann Kirchhauser)
K: Azurblaue Demoiselle
(*Pomacentrus caeruleus*)
(Foto: Johann Kirchhauser)

Der Aal (Anguilla anguilla) ist der berühmteste unter den Schlänglern. Nach ihm heißt die axial-undulatorische Fortbewegung auch anguilliforme Schwimmweise. (Grafik: U.S. Fish & Wildlife Service, Wikimedia)

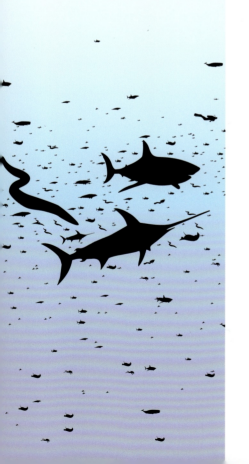

Die Einteilung der Lokomotionstypen

Je nachdem, ob der primäre oder der sekundäre Bewegungsapparat die Hauptleistung der Fortbewegung erbringt, wird zwischen axialem und paraxialem Antrieb unterschieden (siehe auch Kapitel 1). Bei axialen Lokomotionstypen wird die Antriebskraft von der bewegten Körperachse, also dem primären Bewegungsapparat, auf das Wasser übertragen. Dagegen erzeugen paraxiale Schwimmer ihren Antrieb außerhalb der Körperachse. Sie nutzen dazu die Brust- und Bauchflossen, also den sekundären Bewegungsapparat. Wenige Arten nutzen auch die Anal- oder die Rückenflosse, die eigentlich Elemente des primären Bewegungsapparates sind, für einen paraxialen Antrieb. Der Bewegungsablauf selbst kann undulatorisch oder oszillatorisch sein. Als undulatorisch wird eine Bewegung bezeichnet, wenn das gesamte Antriebsorgan wellenförmig hin und her gekrümmt und gebogen wird. Dabei „laufen" Wellen durch das Antriebsorgan. Eine Bewegung ist dagegen oszillatorisch, wenn das Antriebsorgan selbst mehr oder weniger steif ist und lediglich an einem Gelenk hin und her pendelt. Aus den genannten Begriffen sind folgende Lokomotionstypen abzuleiten:

Axiale Lokomotionstypen

a) Axial-undulatorische Fortbewegung: Dieser Bewegungstyp beschreibt die schlängelnde Fortbewegung. Der gesamte Körper krümmt sich wellenförmig. Dabei wandern Wellenbewegungen von vorne nach hinten. Die Laufgeschwindigkeit der Wellenbewegung ist stets größer als die Schwimmgeschwindigkeit. Die einzelne Welle ist im Verhältnis zur Körperlänge des Tieres klein. An schlängelnden Fischkörpern ist daher immer mindestens eine ganze Welle zu sehen. Schlängelnde Fische haben im Verhältnis zum Durchmesser einen langen Körper mit seitlich abgeplatteter Schwanzpartie. Dieser Lokomotionstyp hat einen schlechten Wirkungsgrad, es werden keine hohen Geschwindigkeiten erzielt. Der lange und dünne Körper dieser Schwimmer gibt einen schlechten Seitenhalt im Wasser, sodass auch der Kopf immer weit seitlich hin und her pendelt. Dadurch bleibt die Vortriebskraft gering. Viele Fischlarven und langsame Haie schwimmen axial-undulatorisch. Der bekannteste Schlängler unter den Knochenfischen ist der Aal (*Anguilla*), zu dessen Ehren man auch vom anguilliformen Lokomotionstyp spricht.

b) Axial-subundulatorische Fortbewegung: Bei diesem Schwimmstil wird der vordere Teil des Körpers ruhiger gehalten. Die Größe der Körperwelle nimmt bei ihrem Lauf zur Schwanzflosse hin zu. Die Welle ist im Verhältnis zur Körperlänge größer, sodass am Körper in der Regel weniger als eine ganze Welle zu sehen ist. Dieser Schwimmtyp wird nach der Stachelmakrele *Caranx* auch als subcarangiforme Lokomotionsweise bezeichnet. Viele relativ lang gestreckte Haie und Knochenfische, wie z. B. der Lachs (*Salmo*), schwimmen mit axial-subundulatorischem Vortrieb.

c) Axial-suboszillatorische Fortbewegung: Bei dieser Bewegungsform ist die Wellenbewegung zu einem Hin-und-her-Pendeln des letzten Körperdrittels reduziert. Die vorderen beiden Drittel des Rumpfes werden steif gehalten. Der Hauptantrieb wird durch den Schwanzflossenstiel und die Schwanzflosse erzeugt. Die am Körper sichtbare Welle beträgt höchstens eine halbe Wellenlänge. Typische Vertreter dieses Schwimmtyps sind die Stachelmakrelen (Carangidae). Folglich spricht man auch von carangiformer Fortbewegung. Die carangiforme Schwimmweise ist wesentlich schneller als die subcarangiforme Fortbewegung und kann im günstigsten Fall bis zu zehn Körperlängen pro Sekunde betragen. Viele schnelle Dauerschwimmer, wie der Hering (*Clupea harengus*) und die Makrele (*Scomber* spec.), schwimmen axial-suboszillatorisch.

d) Axial-oszillatorische Fortbewegung:
Bei diesem Schwimmstil wird der Rumpf des Fisches vollkommen steif gehalten. Lediglich die Schwanzflosse und der Schwanzflossenstiel pendeln hin und her. Der Flossenstiel ist sehr dünn und besitzt seitlich ein bis zwei spoilerartige Kiele. Die Pendelbewegung wird so ausgeführt, dass sich der Schwanzflossenstiel hin und her bewegt und die Schwanzflosse dabei nachgezogen wird. Die Antriebskraft entsteht dabei nicht direkt durch die Schwanzflosse, sondern durch den Schwanzstiel, der bei jeder Pendelbewegung Wasser zur Seite schiebt und dadurch einen Unterdruck erzeugt. Das entlang des Druckgefälles nachschießende Wasser „zieht" den Fisch dann vorwärts. Die Schwanzflosse puffert die Seitenkräfte ab und hält so den Fisch in der Spur. Dieser Antrieb ermöglicht den Schwertfischen (Xiphiidae) Geschwindigkeiten von bis zu 100 km/h; die höchsten bei Fischen gemessenen Geschwindigkeiten.

Der axial-oszillatorische Vortrieb wird auch als thunniforme Schwimmweise bezeichnet, da Thunfische (*Thunnus* spec.) auf diese Art ihre langen Wanderwege zwischen Äquator und gemäßigten Breiten zurücklegen. Auch viele Hochseehaie, wie der Heringshai (*Isurus* spec.) oder der Weißhai (*Carcharodon* spec.), bewegen sich axial-oszillatorisch fort. Zwischen den hier genannten vier axialen Antrieben bestehen fließende Übergänge.

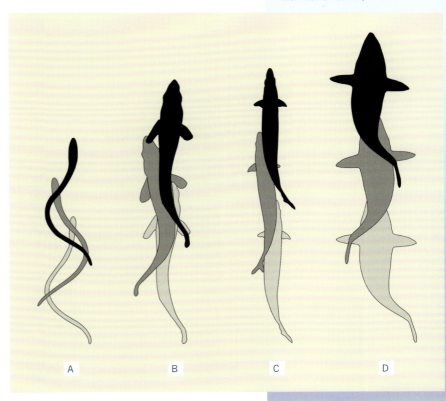

Die Silhouetten zeigen Körperkrümmung und Vortriebsleistung der axialen Schwimmstile:
A: undulatorische Fortbewegung,
B: subundulatorische Fortbewegung,
C: suboszillatorische Fortbewegung,
D: oszillatorische Fortbewegung.
(Grafik: Samuel Giersch, verändert nach Wolf-Ernst Reif)

Schematische Übersicht über die grundlegenden Fortbewegungstypen bei Fischen.
(Grafik: Samuel Giersch, nach Braun & Reif 1985)

Paraxiale Lokomotionstypen

a) Paraxial-undulatorische Fortbewegung: Dieser Fortbewegungstyp kann sowohl nur mit den Brustflossen als auch mit Brust- und Bauchflossen ausgeführt werden. Die Wellenbewegung der Brustflossen ist besonders bei vielen Rochen (Rajiformes) zu beobachten. Die zur horizontalen Scheibe umgebildeten Brustflossen ermöglichen die sogenannte rajiforme Fortbewegung, bei der mehrere Wellen des Flossensaums die Flosse hintereinander von vorne nach hinten durchziehen. Einen speziellen paraxial-undulatorischen Antrieb haben die Messeraale (Gymnotiformes) entwickelt. Bei ihnen bildet die Analflosse einen langen Flossensaum, der durch Wellenbewegungen, die einem vom Wind bewegten Vorhang ähneln, Antrieb erzeugen. Messeraale können auf diese Weise problemlos vorwärts und rückwärts schwimmen. Kahlhechte (Amiiformes) benutzen dagegen den lang gestreckten Flossensaum ihrer Rückenflosse für ihre Fortbewegung. Dazu undulieren bis zu vier Wellen hintereinander von vorne nach hinten durch die Flosse. Daneben beherrschen Kahlhechte auch den axialen Antrieb und können dabei die Rückenflosse zum Bremsen und Steuern verwenden, indem sie die Wellenbewegung von hinten nach vorne laufen lassen und so eine Gegenströmung erzeugen. Zu den Fischen mit paraxial-undulatorischem Antrieb gehören auch die Seepferdchen (*Hippocampus* spec.). Sie erzeugen ihren Vortrieb mit Hilfe der Rückenflosse, die ununterbrochen mit hoher Frequenz durchs Wasser „flirrt". Einen paraxial-subundulatorischen Antrieb besitzen die Drückerfische (*Balistes* spec.), die mit Rücken- und Analflosse zügig hin und her winken.

b) Paraxial-oszillatorische Fortbewegung: Beim paraxial-ozillatorischen Schwimmstil kommen sowohl die unpaaren als auch die paarigen Flossen zum Einsatz. Kugelfische (*Tetraodon* spec.) erzeugen z. B. ihren Vortrieb mit Hilfe von Rücken-, Anal- und Brustflosse, die mit hoher Schlagfrequenz bewegt werden. Unter den Brassen (Labriformes) gibt es Arten, die ihre Brustflossen ähnlich dem Flügelschlag bei Vögeln bewegen und so durch Unterwasserflug Fortbewegung erzeugen. Einen gemächlichen Unterwasserflug beherrschen die mächtigen Mondfische (*Mola mola*), die ihren Vortrieb mit Hilfe einer flügelförmigen Rücken- und Analflosse erzeugen. Dazu werden die

Flossen synchron von rechts nach links und zurück geneigt. Diese Bewegung entspricht physikalisch einer Flügelbewegung, auch wenn sie unter Wasser um 90° gedreht ausgeführt wird. Kugelfische hingegen „schwirren" sowohl mit Rücken- und Analflosse als auch mit den Brustflossen.

An allen Fischarten lassen sich zumindest Anteile des einen oder anderen Bewegungstyps feststellen. Darüber hinaus sind an Fischen verschiedenste Kombinationen von Schwimmstilen zu beobachten, die auch situationsbedingt, z. B. bei der Flucht oder zum Spurt, zur Nahrungsaufnahme oder bei der Paarung variiert werden können. Nicht erfasst sind hier die Sonderformen der Fortbewegung, mit denen Fische z. B. versuchen, sich über die Wasseroberfläche zu erheben. So kombinieren Fliegende Fische (Exocoetoidei) einen axial-oszillatorischen Antrieb mit dem Gleitflug und können so immerhin über einen Zeitraum von 30 Sekunden Strecken von etwa 400 Metern über der Wasseroberfläche zurücklegen. Dazu benutzen sie ihre tragflächenförmigen Brustflossen, deren Länge fast der Rumpflänge entspricht und die während der Gleitflugphase seitlich abgespreizt werden.

Gänzlich abgewandelt ist die Fortbewegung der Schlammspringer (*Periophthalmus* spec.). Diese Fische verbringen mehr Lebenszeit außerhalb des Wassers auf dem schlammigen Grund der küstennahen Überflutungswälder (Mangrove). Während des Landganges werden die Brustflossen als Hubhebel für einen Spreizgang-ähnlichen Vortrieb benutzt. Durch Schlängeln des Rumpfes kann der Schlammspringer seinen Körper vom Boden lösen und kleine Hüpfer vollbringen.

Sonderformen der Fisch-Lokomotion:

Oben: Der Fliegende Fisch (Exocoetidae) schafft es, sich kurzzeitig über der Wasseroberfläche fortzubewegen.
(Foto: U. S. National Oceanic and Atmospheric Administration, Wikimedia)

Unten: Der Schlammspringer (*Periophthalmus* spec.) schiebt sich mit Hilfe seiner Brustflossen außerhalb des Wassers über den Boden voran.
(Foto: Johann Kirchhauser)

Manche Tiere schwimmen auch ohne stützendes Skelett: Quallen bewegen sich nach dem Rückstoßprinzip (siehe Kapitel 1). (Foto: Schaier, Wikimedia)

Am Anfang war das Schlängeln – zur Evolution der Fischlokomotion

Die Suche nach dem Ursprung der Fischlokomotion führt uns an den Beginn der gesamten Wirbeltierevolution, und die liegt weitgehend im Dunkeln. Das liegt daran, dass uns jene Fossilien fehlen, die Auskunft über die frühesten Entwicklungsschritte hin zu den Wirbeltieren geben könnten. Abgesehen von sehr seltenen Ausnahmen kann die fossile Erhaltung eines Lebewesens immer dann gelingen, wenn Hartteile, also Knochen, Zähne oder auch hartschalige Gehäuse vorhanden sind. Jede organismische Entwicklung, sei es nun die Evolution oder das Wachstum des einzelnen Tieres, muss aber zuerst einen Weichkörper bilden, in dem dann Hartteil-Gewebe wachsen können. Über konkrete Weichkörper-Tierformen aus den Frühphasen der Evolution der Organismen sind kaum Aussagen zu treffen, da aufgrund der schlecht konservierbaren „Baumaterialien" einfach nichts von ihnen übrig blieb. Wir können aber trotzdem einige grundsätzliche Überlegungen anstellen.

Der Blick in unsere heutige Tierwelt zeigt, dass es Tiere gibt, die sich ganz ohne Hartteil-Skelett schwimmend fortbewegen. Dazu gehören viele der einfach aufgebauten, wirbellosen oder „niederen" Tiere wie z. B. die mikroskopisch kleinen Pantoffeltierchen oder die Quallen, aber auch Würmer oder das Lanzettfischchen (*Branchiostoma*). Die Fortbewegung unter Wasser funktioniert also auch ohne einen hartteilgestützten Körper und mit einfachen Bauplänen. Wir können somit davon ausgehen, dass schon frühe Urtiere noch ganz ohne Hartteile geschwommen sind. Die schwimmende Fortbewegung ist älter als die Fische.

Heute lebende schwimmende wirbellose Tiere zeigen unterschiedliche Bewegungstypen: Viele Mikroorganismen rudern mit Hilfe ihrer rhythmisch bewegten Flimmerhärchen durchs Wasser. Quallen bewegen sich nach dem Rückstoßprinzip vorwärts. Indem sie ihren Schirm ruckartig zusammenziehen, erzeugen sie einen rückwärts gerichteten Wasserstrom, der sie vorantreibt (siehe auch Kapitel 1, 2).

Alle schwimmenden wirbellosen Tiere mit lang gestreckter Körperachse, wie z. B. der Blutegel, der zu den Ringelwürmern (Annelida) gehört, bewegen sich dagegen schlängelnd voran. Die Schlängelbewegungen wirbelloser Tiere sind wenig koordiniert, da Würmer ihren Körper nach allen Seiten biegen können. Dadurch bleibt die Vortriebsleistung eher gering. Der Aufbau dieser Tiere mit ihren länglichen Körpern aus hintereinander liegenden Muskelringen ist ein gutes Modell für eine Tierform, aus der sich die ersten fischähnlichen Tiere entwickelt haben könnten.

Ein erster Entwicklungsschritt hin zu den Wirbeltieren wird wohl die Ausbildung einer biegsamen, aber längenkonstanten Rückenversteifung, einer Rückensaite, auch Chorda dorsalis genannt, gewesen sein. Diese Rückensaite muss nicht aus hartem Material aufgebaut gewesen sein. Dazu genügt lediglich ein allseitig geschlossener Gewebeschlauch, in dem mit Hilfe einer Flüssigkeitsfüllung ein Druck aufgebaut werden kann. Dieser Flüssigkeitsdruck spannt und versteift dann den Schlauch. Noch heute gibt es ein so einfach gebautes Tier: das Lanzettfischchen *Branchiostoma*. Dieses Tier wird nur ein paar Zentimeter lang und sieht aus wie ein seitlich etwas abgeplatteter Wurm, der an beiden Enden spitz zuläuft. Das Lanzettfischchen ist kein Fisch, da ihm die Kiefer, ja sogar der ganze Kopf fehlen (vgl. Seite 87). Ohne Kopf ist dieses Tier nach der zoologischen Definition auch noch kein Wirbeltier. Wirbeltiere sind an Rückensaite und Kopf erkennbar. Ob die Rückenversteifung statt durch die Chorda durch eine Kette knöcherner Wirbel erzeugt wird, ist dabei unerheblich. Das Lanzettfischchen besitzt, wie gesagt, schon ein entscheidendes Wirbeltier-Merkmal: die Rückensaite. Diese besteht aus dem beschriebenen Gewebeschlauch. An diesem Schlauch können sich nun die Muskeln der Körperachse ansetzen und so eine bessere Koordination der Körperkrümmung erreichen.

Die Rückensaite ist flexibel und elastisch und biegt den Körper nach jeder Krümmung wieder in die „Gerade", in die Ausgangsstellung zurück. So können schnellere und stabilere Schlängelbewegungen ausgeführt werden. Das Lanzettfischchen zeigt noch eine weitere Besonderheit: Die axialen Muskeln sind keine Ringe mehr, sondern V-förmige Myomerenstapel. Diese liegen seitlich an der Chorda, sodass der Körper beim Schlängeln hauptsächlich seitlich und nicht mehr auch nach oben oder unten gekrümmt wird. *Branchiostoma* schlängelt sich, genau wie der Aal, axial-undulatorisch durchs Wasser.

Frühe Fischvorläufer:

A: Am Modell von *Pikaia* ist der Flossensaum, der die seitliche Antriebsfläche vergrößert, gut sichtbar.
(Foto: Samuel Giersch)

B: *Pikaia*.
(Grafik: Samuel Giersch)

C: Das heute noch lebende Lanzettfischchen *Branchiostoma lanceolata* zeigt die Anordnung der V-förmigen Myomere, die sich in ähnlicher Weise auch an den frühesten Chorda-Tieren zeigt.
(Foto: Samuel Giersch)

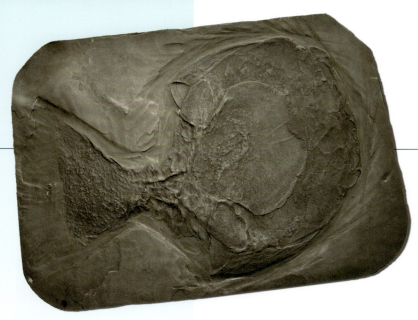

Früheste Wirbeltiere: Gepanzerte, kieferlose Fischvorläufer. Vor 400 Millionen Jahren schwamm *Drepanaspis gemuendenensis* im Bereich des heutigen Hunsrücks flach über den Boden eines tropischen Meeres. *Drepanaspis* ist von Kopf bis Schwanz gepanzert. Die Schwanzpanzerung ist kleinteilig gegliedert und lässt eine Pendelbewegung des Schwanzes zu, sodass eine gemächliche Fortbewegung möglich war. Brust- und Bauchflossen sowie ein kieferbewehrtes Maul fehlen. (Foto: Samuel Giersch)

Dass die frühen Chorda-Tiere ähnlich wie *Branchiostoma* aussahen und folglich zu einer vergleichbaren Fortbewegung fähig waren, lässt sich nun auch mit Hilfe von Fossilien zeigen. Diese frühesten bekannten fossilen Chorda-Tiere stammen aus der berühmten Fossilfundstelle Chengjiang in China. Im Zeitalter des Unterkambriums, vor etwa 525 Millionen Jahren, haben dort sehr feinkörnige Tonsedimente eines Flachmeeres das gesamte Leben sprichwörtlich mit Haut und Haaren bedeckt. Dabei wurden sogar die Spuren von den Weichteilen der Körper konserviert. Dieser sehr seltenen Weichteil-Erhaltungsweise verdanken wir einen erstaunlich genauen Blick auf einen kleinen Ausschnitt der frühen Evolution der Tiere. Unter den etwa 185 beschriebenen Arten dieser Fundstelle befinden sich auch zwei etwa 3 cm kurze Tierarten mit stromlinienförmigem Körper. Im Rücken von *Myllokunmingia* sind eine Rückensaite und eine Serie an Myomeren zu erkennen. Bei *Haikouichthys* ist der Körper mit einem kleinen Flossensaum versehen, und die Chorda zeigt eine Segmentierung, die die Anwesenheit einfacher Knorpelwirbel andeuten könnte. Beide Tiere zeigen an einem Ende Strukturen, die als Kopf gedeutet werden. Damit unterscheiden sie sich von *Branchiostoma* und stellen tatsächlich erste Fischvorläufer und erste Wirbeltiere dar.

Branchiostoma noch ähnlicher ist das fossile Chorda-Tier *Pikaia* aus dem 505 Millionen Jahre alten Burgess Shale, welches wohl keinen Kopf besaß. Es ist also davon auszugehen, dass die Entwicklung eines primären Bewegungsapparates mit schlängelnder Fortbewegung am Beginn der Fischevolution und damit am Ursprung der Wirbeltierentwicklung stand.

Die ältesten Reste von Wirbeltieren mit Hartgewebe sind aus der Zeit des Oberkambriums bekannt. Das sind zum einen kleine Plättchen, die zu einem Hautpanzer gehört haben könnten, und zum anderen kammförmige Zähne. Beide, Plättchen und Zähne, bestehen aus dem Mineral Apatit, das im Tierreich nur bei Wirbeltieren vorkommt und das auch unsere Zähne aufbaut. Die Materialähnlichkeit zeigt an, dass Zähne und Hautpanzerschuppen wohl den gleichen Ursprung haben. Die Zähne wurden während der Evolution also noch vor den Knochen entwickelt. Diese ältesten kammförmigen Zähne gehören zu einem aal- oder wurmförmigen, nur wenige Zentimeter langen Tier, dem Conodonten-Tier. Es konnte, wie alle frühen Wirbeltiere, schlängelnd schwimmen, was an wenigen erhaltenen Weichteil-Fossilien erkennbar ist.

Die ersten Hautpanzerplatten gehören zu den sogenannten Kieferlosen (Agnatha). Zahlreiche Fossilien belegen einen großen Formenreichtum der Kieferlosen. Mit der hohen Diversität der Agnatha erreichte die Evolution der Wirbeltiere in der Ordovizium- und der Silurzeit eine erste Blüte. Viele der fossilen Agnatha trugen einen massiven Hautpanzer, der Kopf und den vorderen Rumpf bedeckte. Im Inneren waren wohl nur knorpelige Skelettelemente vorhanden.

Der Schwanz der Agnatha war ebenfalls beschuppt, allerdings mit kleineren Schuppen, sodass er beweglich blieb und als Antriebsorgan seitlich pendeln konnte. Viele der gepanzerten Agnatha sind auf der Brust- und Rückenseite abgeflacht. Insgesamt waren die Agnatha wohl schwere, stark gepanzerte, wenig bewegliche Bodenbewohner, die bestenfalls kurze Strecken schwimmend zurücklegten. Innerhalb der Agnatha entwickelten sich an den Arten der Osteostraci die ersten Brustflossen. Diese waren wie der Körper mit schweren Panzerschuppen bedeckt und dienten wahrscheinlich nur zur Steuerung.

In den Zeitaltern Silur und Devon (vor etwa 440 bis 350 Millionen Jahren) entwickelten sich die ersten kiefertragenden Fische, die wir somit als die ersten „echten" Fische bezeichnen können (vgl. Seite 89). Diese Fische gehören zur Gruppe der Placodermi, der „Plattenhäuter". Ähnlich wie viele der Agnatha waren auch die Placodermi an Kopf und Rumpf mit Hautknochen-Panzern bewehrt, während das Innenskelett wohl nur aus Knorpel bestand. Die Panzer der Placodermi waren aber beweglich und besaßen verschiedene Gelenke, sodass der Kopf- und Brustpanzer, ähnlich wie bei einer Ritterrüstung, gegeneinander bewegt werden konnten. Außerdem waren die Panzer vieler Placodermi auf Kopf- und Schulterregion beschränkt, was die Beweglichkeit der für den Vortrieb verantwortlichen hinteren

Einige Beispiele für Plattenhäuter:

A: Vom 380 Millionen Jahre alten *Bothriolepis canadensis* sind nur der Brust-Kopf-Panzer und die langen, spitzen Brustflossen erhalten geblieben. Die ovale Öffnung im Kopfpanzer ist die Augenöffnung, durch die das Tier mit zwei eng beieinander liegenden Augen schaute. Nicht sichtbar ist die Mundöffnung auf der Unterseite des Kopfpanzers. *Bothriolepis* lebte am Grunde von Seen (Süßwasser) und bewegte sich langsam axial-suboszillatorisch mit Hilfe seines kaum gepanzerten Schwanzes fort.
(Foto: Samuel Giersch)

B: Der gefährlichste Jäger unter den Plattenhäutern war der bis zu 9 m lange *Dunkleosteus* mit seinen Knochenklingen-bewehrten Kiefern. Das Fossil zeigt den vorzüglich erhaltenen Kopf- und Brustpanzer.
(Foto: Mitternacht90, Wikimedia)

C: Das Fossil von *Coccosteus cuspidatus* aus dem Devon von Schottland zeigt neben dem etwas verdrückten Kopfpanzer den langen, kaum gepanzerten Schwanz mit seinem gegliederten Stützskelett aus verknöchertem Knorpel.
(Foto: Samuel Giersch)

D: *Bothriolepis*
(Grafik: Samuel Giersch)

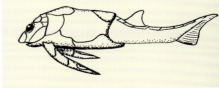

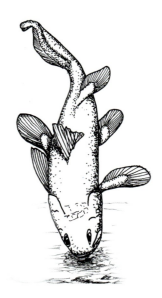

A: Die Stachelhaie (Acanthodii) haben nichts mit Haien zu tun und starben schon im Erdaltertum wieder aus. An *Acanthodes gracilis* sind die einzelnen Flossenstacheln gut erkennbar. Dieser Fisch dürfte ein flinker, axialer Schwimmer gewesen sein.
(Foto: Samuel Giersch)

B: *Acanthodes*.
(Grafik: Samuel Giersch)

C: Quastenflosser sind sehr gute Manövrierer. Mit ihren insgesamt sechs arm- und beinähnlichen Flossen kann *Latimeria* in alle Richtungen schwimmen.
(Foto: Flavio Bacchia)

Rechts: *Latimeria* kann auf dem Kopf stehend Nahrung vom Meeresboden aufnehmen. Alle Flossen können dabei unabhängig voneinander bewegt werden.
(Grafik: Samuel Giersch)

Körperhälfte erhöhte. Die Placodermi waren auch die ersten Fische, die die paarigen Bauchflossen entwickelten. Generell waren die Placodermi vermutlich auch bessere Schwimmer als die Agnatha. Trotz ihrer Panzerung waren diese Fische wendig und konnten sich dank eines nun vollständigen sekundären Bewegungsapparates erfolgreich vom Meeresboden erheben. Unter ihnen befand sich auch der gefährlichste Räuber jener Zeit: der Panzerfisch *Dunkleosteus* mit einer Länge von bis zu neun Metern. Anstelle von Zähnen waren seine Kiefer mit mächtigen Knochenklingen und -zinken bewehrt, die eine Schneidkraft von über 5.000 Newton pro Quadratzentimeter erreichen konnten. Zum Vergleich: Das menschliche Gebiss schafft 800 N/cm². Das Innenskelett der Placodermi bestand wie bei den Agnatha aus Knorpel, konnte aber durch die Einlagerung von Kalk zusätzlich stabilisiert werden.

Neben den Placodermi traten ab dem frühen Silur die „Stachelhaie" (Acanthodii) auf, die aber keine Haie waren, sondern eine eigenständige Gruppe, die noch vor dem Zeitalter der Dinosaurier, dem Erdmittelalter, wieder ausstarb. Diese Fische besaßen leicht gebaute Körper mit größtenteils knorpeligem Innenskelett und einem zarten Schuppenkleid. Mit Ausnahme der Schwanzflosse waren alle Flossen mit einem stützenden Knochenstachel versehen. Zudem trugen die Acanthodii auf der Bauchseite bis zu sechs Paar weitere Bauchstacheln. Die Schwanzflosse war ungleichmäßig gegabelt. Dabei war der obere Flossenlappen wesentlich größer als der untere. Mit diesem beweglichen, relativ leichten Körper waren die Acanthodii sicher zu einer flinken, kontinuierlichen, axial-subundulatorischen Fortbewegung fähig.

Neben den Placodermi und Acanthodii entwickelten sich in der Silurzeit die ersten echten Haie. Einer der frühesten bekannten Haie, von dem man die vollständige Körperform kennt, ist *Chladoselache* aus der Devonzeit. Dieser Hai zeigt äußerlich schon alles, was wir von einem schnellen Schwimmer erwarten: einen stromlinienförmigen Rumpf mit breiten Brustflossen zur Steuerung und einen langen Schwanzstiel, der eine kräftige, gegabelte Schwanzflosse trägt. Die Schwimmleistung dieses Tieres war sicher mit derjenigen der heutigen Hochseehaie vergleichbar. In der Devonzeit waren die meisten axialen Lokomotionstypen also bereits voll entwickelt.

Die frühen Strahlenflosser zeichnen sich durch ihr massives Schuppenkleid aus, welches die Beweglichkeit und Geschwindigkeit wohl eher hemmte, dafür aber einen effektiven Schutz darstellte.

E: *Paramblypterus gelberti* lebte vor etwa 290 Millionen Jahren in Süßwasser führenden Gewässern Mitteleuropas. (Foto: Samuel Giersch)

F: *Dapedium pholidotum* ist mit seinen 180 Millionen Jahren ein recht „junger" Vertreter der Schmelzschuppenfische (siehe Grafik nebenan), der aus den europäischen Meeren der unteren Jurazeit bekannt ist. (Foto: Samuel Giersch)

G: *Dapedium*. (Grafik: Samuel Giersch)

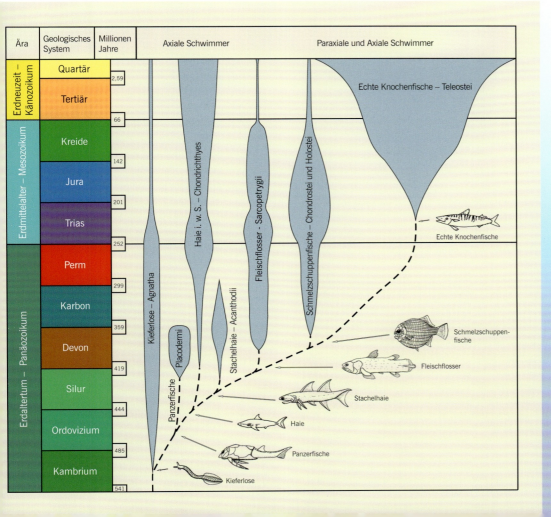

Der Stammbaum der Fische zeigt die Häufigkeit der einzelnen Fischgruppen in verschiedenen geologischen Zeitaltern. (Grafik: Samuel Giersch)

Die Wirbelsäule der Knochenfische: In der Unterjurazeit kommen neben den Schmelzschuppenfischen auch die ersten Fische mit vollständig verknöcherter Wirbelsäule vor.

Oben: Der leicht zerfallene Körper des Schmelzschuppers *Dapedium* gibt den Blick ins Innere frei: Eine knöcherne Wirbelsäule ist nicht vorhanden, allerdings sind die Fortsätze der Wirbel und die Rippen bereits voll verknöchert.
(Foto: Samuel Giersch)

Unten: Zeitgleich kam im Jurameer neben *Dapedium* der etwa 6 cm kleine Knochenfisch *Leptolepis* vor, der als einer der ersten Knochenfische eine voll verknöcherte Wirbelsäule besitzt. Entsprechend der stabilen Wirbelsäule „leistet" sich *Leptolepis* ein zartes Schuppenkleid und eine erhöhte Beweglichkeit und Schwimmgeschwindigkeit.
(Foto: Samuel Giersch)

In der obersten Silurzeit traten auch die ersten Knochenfische (Osteichthyes) auf. Von Beginn an sind die beiden Großgruppen, die Strahlenflosser und die Fleischflosser, zu finden. In der darauf folgenden Devonzeit nahmen vor allem die Fleischflosser an Häufigkeit und Vielgestaltigkeit zu. Die Entwicklung von paarigen Flossen, die durch ein innen liegendes Knochenskelett gestützt wurden, erhöhte bei den Fleischflossern vor allem die Leistungsfähigkeit des sekundären Bewegungsapparates. Sie waren ausgezeichnete Manövrierer. Wie geschickt die Fleischflosser mit ihren paarigen Flossen agieren, zeigen Beobachtungen an *Latimeria*, der letzten noch lebenden Gattung dieser Gruppe. *Latimeria* bewohnt enge Höhlen und Felsnischen und ist in der Lage, z. B. rückwärts zu schwimmen. Zudem kann sie im „Kopfstand" schwimmend Nahrung aufsammeln. Dabei werden alle Flossen einzeln und unabhängig gegeneinander bewegt, um das Gleichgewicht zu halten. Die gesteigerte Leistungsfähigkeit des sekundären Bewegungsapparates war eine Voraussetzung dafür, dass sich innerhalb der Fleischflosser die arm- und beinartigen Konstruktionen entwickeln konnten, die zum Landgang befähigen.

Die Diversität der Strahlenflosser nahm vor allem in der oberen Devonzeit und in der später folgenden Permzeit zu. In diesem Zweig der Knochenfische wurde zunächst der primäre Bewegungsapparat weiter entwickelt. Angefangen mit *Cheirolepis*, dem frühesten vollständig bekannten Vertreter der Strahlenflosser, bis zu den Semionotiformes der Perm- und der Triaszeit besaßen alle frühen Strahlenflosser einen Hautpanzer aus dicken Schuppen. Diese sind aus Knochen aufgebaut und oft mit Ganoin, einer glänzenden, zahnschmelzartigen Substanz, überzogen. Die einzelnen Schuppen des Panzers waren, ähnlich wie bei einem Kettenhemd, zu einem gewissen Grade beweglich gelagert, sodass der Fisch seinen Körper krümmen konnte. Ursprünglich war dieser Schuppenpanzer mit einem knorpeligen Innenskelett korreliert, welches jedoch während des unteren Mesozoikums zunehmend durch ein Skelett aus Knochen ersetzt wurde. Während dieser Entwicklung verknöcherten zuerst die Rippen und die stabförmigen Wirbelfortsätze, zuletzt folgten die Wirbelkörper. Die vollständig verknöcherte Wirbelsäule gibt es bei den Fischen also erst seit etwa 200 Millionen Jahren, während die schlängelnden Fischvorläufer mit Kopf und Rückensaite, d. h. die ersten Wirbeltiere, schon seit mindestens 525 Millionen Jahren die Erde besiedelten (siehe oben). Die knöcherne Wirbelsäule verbesserte die Stabilität des Innenskelettes der

Mit dem Beginn der Tertiärzeit begann der Siegeszug der modernen, echten Knochenfische (Euteleostei). In der Fossilfundstelle „Monte Bolca" in Norditalien sind sowohl die ersten, 50 Millionen Jahre alten, schnellen Hochseefische (A), als auch die Anfänge der Korallenrifffische (B–D) zu finden, deren Körperform vom sekundären Bewegungsapparat geprägt ist.

A: *Exellia velifer*
B: Länglicher Thunfisch (*Thunnus elongatus*)
C: *Dentex leptacanthus*
D: *Mene rhombea*
(Fotos: Samuel Giersch)

Knochenfische und ermöglichte nun eine Reduktion des Schuppenpanzers. Dadurch wurden die Beweglichkeit und wahrscheinlich auch die Schwimmgeschwindigkeit erhöht. Die Strahlenflosser erlebten in der Jurazeit ihre zweite große Blüte seit ihrem Auftreten im Devon. Der primäre Bewegungsapparat bekam eine Leistungsfähigkeit, die in etwa mit derjenigen der heutigen Fische vergleichbar ist. Ab der Obertrias- und der Jurazeit, vor etwa 200 Millionen Jahren, gewann auch der sekundäre Bewegungsapparat innerhalb der Strahlenflosser zum ersten Mal an Bedeutung. Im Zusammenhang mit dem Auftreten ausgedehnter Schwamm- und Korallenriffe im Ur-Mittelmeer Tethys entwickelten sich die Kugelzahnfische (Pycnodontiformes). Diese Fische besaßen überwiegend hohe, kurze und scheibenförmige Körper und waren bestens in der Lage, sich durch Rifflandschaften zu manövrieren.

Die heutige Vielfalt der Fortbewegungen der Fische nahm ihren Anfang in der Oberkreidezeit, vor etwa 98 Millionen Jahren, in der die Strahlenflosser mit den Teleostei, den „echten Knochenfischen", ihre dritte Blüte erlebten. Viele der heute bekannten Fischgruppen, wie z. B. die Heringsartigen (Clupeiformes), die Barschähnlichen (Percomorpha) oder die Karpfenverwandten (Ostariophysi), entstanden zu dieser Zeit. Diese Blüte hält bis heute an. Besonders nach dem Ende des Erdmittelalters entwickelten sich im Laufe des Tertiär-Zeitalters viele der bunten Riffbewohner. Das führte zu der heute bekannten, auf der gesteigerten Leistung des sekundären Bewegungsapparates beruhenden Schwimmstil-Vielfalt. Zu Beginn der Tertiärzeit, vor 66 Millionen Jahren, entwickelte sich auch der primäre Bewegungsapparat weiter: An den Körpern von Makrelen- und Thunfischverwandten wurden in etwa die Grenzen der hydrodynamischen Optimierbarkeit erreicht. Es ist zu vermuten, dass alle früheren axial-oszillatorischen Schwimmer im Wettschwimmen gegen die Thunfische und ihre Verwandtschaft verloren hätten.

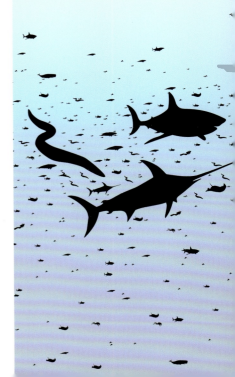

Heute leben wir im Zeitalter der Barsche. Die barschartigen Fische umfassen mit über 10.000 Arten ein Drittel aller derzeit bekannten Fischarten. Damit sind sie die artenreichste Ordnung der Wirbeltiere überhaupt. Und es werden immer mehr: So sind z. B. aus den großen afrikanischen Seen über 1.000 Barscharten bekannt, die dort seit der Entstehung der Seen vor etwa einer Million Jahren aus einer Ursprungsart nebeneinander (sympatrisch) entstanden sind. Ähnliches ist aus den Korallenriffen bekannt. Auch dort stellen die Barschartigen die meisten Arten. Entsprechend der unterschiedlichen Habitate sind auch die Bewegungstypen der Barsche vielfältig und reichen von paraxialen Manövrierern bis zu axial-suboszillatorisch schwimmenden Hochseefischen. Die Evolution der Barsche ist also zurzeit voll im Gang. Eine weitere Zunahme der Diversität der Arten und Schwimmstile wäre zu erwarten, wenn nicht wir Menschen inzwischen die Lebensräume dieser Fische massiv beeinträchtigen würden, sodass wohl in Kürze viele Arten verschwinden werden, bevor wir sie überhaupt richtig studiert haben.

Literatur

BENTON, M. (2008): Wirbeltierpaläontologie. – 472 S.; München (Verlag Dr. Friedrich Pfeil).

HELFMAN, G. S., COLLETTE, B. B., FACEY, D. E., BOWEN, B. W. (2009): The Diversity of Fishes. – 716 S.; Oxford (Wiley Blackwell).

LONG, J. A. (1995): The Rise of the Fishes. – 223 S.; Baltimore & London (The Johns Hopkins University Press).

REIF, W.-E. (1981): Biophysik und Morphologie schneller Schwimmer. – Paläontologische Kursbücher, Band 1: Funktionsmorphologie: 233-260.

Die bunte Vielfalt der heutigen Korallenfischgemeinschaften wird durch die Barsch-Verwandten (Percomorpha) dominiert. Alle hier abgebildeten Fische sind Percomorpha. (Foto: Volker Griener)

3.2 Wasserlebende Säugetiere – vom festen Land ins Bodenlose

von Ilka Weidig und Eva Gebauer

Die ersten Pioniere

Säugetiere haben ein Fell, laufen auf dem Boden oder klettern in Bäumen, haben vier mehr oder weniger gleich aussehende Extremitäten und atmen Luftsauerstoff. So stellt man sich üblicherweise unsere pelztragenden Verwandten vor. Als sich die ersten Säugetierartigen im Unterjura vor ca. 190 Millionen Jahren aus der Gruppe der reptilienähnlichen Vorsäuger (Therapsida) entwickelten, waren sie nach heutigem Kenntnisstand so groß wie heutige Mäuse oder Ratten. Sie lebten auf dem Boden oder in Bäumen und haben sich möglicherweise von Insekten und anderen Kleintieren ernährt. Doch schon ein paar Millionen Jahre später bevölkerten sie als weiteren Lebensraum das Wasser.

Das älteste bekannte wasserlebende Säugetier ist *Castorocauda* ("Biberschwanz") aus China mit einem Alter von rund 164 Millionen Jahren (siehe Kasten). Aber erst über 100 Millionen Jahre später, nach dem Aussterben der Saurier, nutzten weitere Säugetiere den Lebensraum Wasser und sein Nahrungsangebot. Für rund 100 heute lebende Arten bildet das Meer die Lebensgrundlage, zahlreiche weitere Arten verbringen einen Großteil ihres Lebens im Süßwasser. Zu den marinen, also meereslebenden Säugetieren gehören einige Raubtiere (z. B. Eisbär, Seeotter, Robben) sowie Wale und Seekühe. Im Süßwasser finden sich darüber hinaus Flusspferde sowie diverse kleinere Säugetiere, darunter wieder einige Raubtiere, Nagetiere und Insektenfresser sowie das eigentümliche Schnabeltier.

Amphibische oder semiaquatische Arten halten sich einen gewissen Teil ihres Lebens

> **» FOSSILE WASSERLEBENDE SÄUGETIERE: MESOZOIKUM**
>
> Bereits vor 164 Millionen Jahren gab es amphibische Säugetiere: In China wurde *Castorocauda* in Ablagerungen aus dem Mittleren Jura entdeckt. *Castorocauda* ist das älteste bekannte Säugetier, das teilweise im Wasser lebte. Das sehr gut erhaltene Fossil zeigt, dass *Castorocauda* ein kurzes, dichtes Unterfell und längere Deckhaare sowie einen breiten, schuppigen Schwanz ähnlich dem heutigen Biber besaß. Die Zähne, die denen moderner Robben und Otter ähneln, lassen vermuten, dass *Castorocauda* sich von Wassertieren ernährte. Allerdings war *Castorocauda* nicht näher mit Robben oder Ottern verwandt.
>
>

an Land auf, während Wale und Seekühe rein aquatisch sind und sich an Land nicht mehr fortbewegen können.

Allen Gruppen ist gemeinsam, dass sie aufgrund ihres speziellen Körperbaus besonders gut in der Lage sind, sich im Wasser fortzubewegen. Die aquatischen und die meisten der semiaquatischen Arten haben einen mehr oder weniger stromlinienförmigen Körper mit einer glatten Oberfläche, um Widerstand und Verwirbelungen zu verringern.

Abbildungen in den Kästen:
Castorocauda, Palaeoparadoxia
(Zeichnungen: Nobu Tamura)

Häufig sind Arme und Beine flossenförmig verbreitert. Das schafft beim Verdrängungsschwimmen wie Rudern und Paddeln eine größtmögliche Fläche oder aber ermöglicht den „Unterwasserflug", bei dem die Vorderflossen auf und ab bewegt und dabei gegen die Strömung angestellt werden. Bei Walen und Seekühen fehlen die Hinterbeine komplett, und die Schwanzflosse besitzt die Form einer Tragfläche, mit der durch Auf- und Ab-Bewegung Vortrieb erzeugt wird.

Semiaquatisch – auch an Land gut zu Fuß

Es ist gar nicht so ungewöhnlich, dass Säugetiere viel Zeit im Wasser verbringen, vor allem auf der Suche nach Nahrung. Otter jagen nach Fischen oder suchen nach Muscheln, Eisbären nach Robben und zahlreiche Insektenfresser wie manche Spitzmausarten und Desmane sowie das Schnabeltier nach Insekten, Krebstieren, Würmern, kleinen Fischen und Amphibien. Auch einige pflanzenfressende Säugetiere wie Bisamratte, Nutria und Biber suchen zumindest einen Teil ihrer Nahrung im Wasser. Auch wenn diese Tiere einen durchaus erheblichen Teil ihres Lebens im Wasser verbringen, sind sie noch immer stark an das Land gebunden. Sie schlafen meist an Land, und dort findet meist auch die Paarung, Geburt und die Aufzucht der Jungtiere statt. Alle diese Tiere sind gute Schwimmer, die sich jedoch auf unterschiedliche Weise im Wasser fortbewegen. Eisbären paddeln mit Hilfe ihrer großen Vorderfüße, während die Hinterbeine nicht beim Antrieb beteiligt sind. Otter bewegen sich an der Wasseroberfläche mit Hilfe ihrer Hinterbeine paddelnd oder rudernd fort, während sie unter Wasser durch Auf- und Ab-Bewegen ihrer Wirbelsäule einen Antrieb erzeugen. Schnabeltiere haben sowohl an den Vorder- wie den Hinterfüßen Schwimmhäute, wobei die Schwimmhäute an den Vorderfüßen deutlich ausgeprägter als an den Hinterfüßen sind.

» FOSSILE WASSERLEBENDE SÄUGETIERE: KÄNOZOIKUM

Die Desmostylia lebten im späten Oligozän und Miozän (vor 30 bis 10 Millionen Jahren) im Nordpazifik. Ihre nächsten heute lebenden Verwandten sind vermutlich Elefanten und Seekühe. Desmostylia waren bis zu 1,8 m lang und hatten vier kräftige Beine. Im Wasser bewegten sie sich ähnlich wie Eisbären fort, indem sie mit ihren Vorderbeinen paddelten und die Hinterbeine zur Steuerung nutzten. Uneinigkeit besteht hingegen über ihre Fortbewegung an Land: Wissenschaftliche Meinungen reichen von einer Fortbewegung wie die der heutigen Seelöwen, über einen krokodilähnlichen Gang mit seitlich orientierten Beinen bis zu einer Haltung mit unter dem Körper befindlichen Beinen wie die der ebenfalls ausgestorbenen bodenlebenden Riesenfaultiere. Aufgrund ihres Zahnbaus nimmt man an, dass sich die Desmostylia von Meerespflanzen ernährten. Ein Anzeichen für das Wasserleben sind die dichteren Knochen. Vor rund 10 Millionen Jahren starben die Desmostylia aus. Ein Grund hierfür mag die Konkurrenz durch die ebenfalls pflanzenfressenden Seekühe gewesen sein.

Neben den Desmostylia besiedelte im Miozän auch *Kolponomos* aus der Familie der Bären die amerikanische Pazifikküste. Anders als die Desmostylia war *Kolponomos* jedoch kein Pflanzenfresser, sondern seine breiten Backenzähne und kräftigen Nackenmuskeln deuten darauf hin, dass er sich von Schalentieren ernährte.

Einer der wohl ungewöhnlichsten Funde eines fossilen Säugetiers ist *Thalassocnus natans* aus dem Pliozän (rund 4 Millionen Jahre) von Peru. *Thalassocnus* lebte semiaquatisch und ernährte sich von Seegras. Seine Fortbewegung im Wasser ähnelte vermutlich modernen Ottern. Verwandtschaftlich gehört *Thalassocnus* jedoch in eine Tiergruppe, die mit dem Wasser kaum in Verbindung gebracht werden: den Faultieren!

A: Das Schnabeltier (*Ornithorhynchus anatinus*) lebt in den Süßwassersystemen im Osten und Südosten Australiens. Nachts geht es auf die Jagd nach kleinen wasserlebenden Wirbellosen.
(Foto: Rainbow606)

B: Der Eisbär (*Ursus maritimus*) ist nahe mit dem Braunbären verwandt. Er kommt in der Arktis rund um den Nordpol vor und hält sich meist an den Küsten oder auf dem Meereseis auf.
(Foto: Brian Snelson)

C: Der Pyrenäen-Desman (*Galemys pyrenaicus*) ist ein semiaquatisches Säugetier aus der Familie der Maulwürfe. Er jagt an klaren Gebirgsbächen nach Insektenlarven, Krebstieren und kleinen Fischen.
(Foto: David Perez)

Beim Schwimmen wird abwechselnd mit den Vorderfüßen gerudert, die Hinterfüße werden zur Steuerung eingesetzt. Für das Laufen an Land kann die Schwimmhaut an den Vorderfüßen zurückgeklappt werden. Biber haben Schwimmhäute an den Hinterfüßen, die sie beim Schwimmen zusammen mit dem Schwanz wellenförmig auf- und abbewegen. Wasserspitzmäuse haben anstelle von Schwimmhäuten einen Saum borstenartiger Haare an den Füßen, der ebenfalls zur Oberflächenvergrößerung und damit zur Fortbewegung durch Paddeln dient.

Gemeinsam ist all diesen amphibisch lebenden Säugetieren, dass sie sich an Land wie die Landsäugetiere sicher und schnell fortbewegen können und auch diesen Lebensraum intensiv nutzen. Eisbären bewegen sich an Land gehend oder rennend wie andere Bärenarten fort. Auch die Fortbewegung von Wasserspitzmäusen oder Bibern entspricht denen ihrer landlebenden Verwandten. Otter sind ebenfalls auch an Land agil. Nur der Seeotter bewegt sich an Land recht langsam und unbeholfen fort, da seine Hinterbeine deutlich länger als seine Vorderbeine sind.

Semiaquatisch – an Land nicht ganz so gut zu Fuß

Pinnipedia – Robben – sind eine Gruppe fleischfressender Meeresraubtiere mit flossenartigen Extremitäten. Daraus erklärt sich auch ihr Name, der sich aus den lateinischen Worten pinna, „Flosse", und pes, „Fuß", herleitet, wörtlich also „Flossenfüßer" bedeutet. Pinnipedia verbringen zwar den Großteil ihres Lebens im Wasser, kommen aber je nach Art mitunter recht oft an Land. Sie umfassen mit 33 lebenden Arten etwa ein Viertel der Vielfalt mariner Säuger und werden in drei Familien gegliedert: Hundsrobben, Ohrenrobben und Walrosse (siehe Kasten).

Robben verbringen einen größeren Teil ihres Lebens im Wasser, sind jedoch noch zur Fortbewegung an Land fähig, auch wenn diese relativ schwerfällig ist. Sowohl an Land als auch im Wasser unterscheiden sich die Bewegungsabläufe zwischen Hundsrobben

und Ohrenrobben von Grund auf. Walrosse zeigen eine Mischform, mit starkem Anklang an die Fortbewegungsweise der Hundsrobben.

Ohrenrobben bewegen sich im Wasser durch sogenannte pektorale Oszillation fort, d. h. sie erzeugen mit Hilfe ihrer Vorderbeine Antrieb. Die großen Vorderflossen haben ein Tragflächenprofil wie die Flügel von Pinguinen oder die Flossen von Meeresschildkröten. Daher bewegen sich die Ohrenrobben im Wasser ähnlich wie Pinguine und Meeresschildkröten in einer Art Unterwasserflug fort, bei dem die Flossen mit der Vorderkante nach schräg unten gerichtet abwärts geschlagen werden und so Vortrieb erzeugen. Die Hinterbeine zeigen mit der Fußfläche abwärts und sind nach hinten gestreckt. Sie stabilisieren den Körper und verhindern ein ungewolltes Drehen beim Geradeausschwimmen, werden aber auch zum Steuern eingesetzt.

An Land können Ohrenrobben ihre Hinterflossen nach vorne unter den Körper bringen, sodass dieser komplett von allen vier Extremitäten abgestützt wird. Die Vorderbeine, auf denen das Hauptgewicht lastet, sind seitlich ausgestreckt und im Handgelenk um 90 Grad abgeknickt, sodass die der Hand entsprechenden Flossenteile flach auf dem Untergrund aufliegen und nach der Seite zeigen. Ohrenrobben können sich an Land recht gut fortbewegen und sogar galoppieren und klettern.

Hundsrobben haben eine grundsätzlich andere Fortbewegungsweise, da sie andere anatomische Voraussetzungen mitbringen. Ihre Vorderflossen sind im Verhältnis zum Rumpf klein und werden hauptsächlich zum Steuern benutzt. Den Hauptantrieb erzeugen Hundsrobben mit den flossenartig verbreiterten Hinterbeinen, deren Antriebsfläche durch Spreizen der Zehen noch größer wird. Hundsrobben schwimmen durch Beckenoszillation, d. h. der Antrieb wird erzeugt, indem die Hinterflossen zusammen mit der Lendenwirbelsäule und dem Kreuzbein seitlich hin- und herbewegt werden. Zusammen mit einer horizontalen Wellenbewegung des Körpers spreizen sie die Zehen des Fußes,

D: Kegelrobben (*Halichoerus grypus*) bewegen sich an Land kriechend fort. Die Kegelrobbe ist neben dem Seehund die zweite typische deutsche Robbenart.
(Foto: Ingo Weidig)

E: Wie andere Ohrenrobben auch ist der Neuseeländische Seebär (*Arctocephalus forsteri*) in der Lage, in felsigen Küsten zu klettern.
(Foto: Ilka Weidig)

F: Das Walross (*Odobenus rosmarus*) ist ein Bewohner der kalten Meere der Nordhalbkugel.
(Foto: Carolin Kuhn)

» EINTEILUNG DER ROBBEN MIT KENNZEICHEN

Die 34 heute lebenden Robbenarten werden in drei Famiilein unterteilt: Die Hundsrobben (Phocidae) mit 18 Arten, die Ohrenrobben (Otariidae, Seelöwen und Seebären) mit 15 Arten und die Walrosse (Odobenidae) mit nur einer lebenden Art.

Hundsrobben (Phocidae)
Zu den Hundsrobben gehören mit den Seehunden oder Kegelrobben eine Vielzahl kleinerer Arten, aber auch die riesigen See-Elefanten. Sie können die hinteren Gliedmaßen nicht unter den Körper bringen, was in einer kriechenden Fortbewegung an Land resultiert. Im Wasser liefern die Hinterbeine im Wechselschlag jedoch den Vortrieb. Hundsrobben kommen auf der nördlichen und südlichen Hemisphäre vor, die meisten Arten in polaren oder subpolaren Regionen.

Ohrenrobben (Otariidae)
Alle Ohrenrobben besitzen äußere Ohrenklappen. Sie werden in die zwei Unterfamilien Seelöwen (Otariinae) und Seebären (Arctocephalinae) unterteilt. Sie können die hinteren Flossen unter den Körper bringen und sich an Land darauf abstützen. Im Wasser wird der Vortrieb durch Auf- und Ab-Bewegen der vorderen Flossen erzeugt. Ohrenrobben sind in der nördlichen und südlichen Hemisphäre zu finden und bilden oft große Kolonien.

Walrosse (Odobenidae)
Die einzige heute lebende Walrossart *Odobenus rosmarus* wird in zwei Unterarten, das atlantische und das pazifische Walross, geteilt. Beide tragen das deutliche Erkennungsmerkmal der heutigen Walrosse, die Stoßzähne, und haben wie die Hundsrobben keine äußeren Ohrklappen. Walrosse leben in den arktischen Gebieten der Nordhalbkugel.

A

B

Skelett mit Körperumriss einer Ohrenrobbe (A) und einer Hundsrobbe (B) an Land (schematisch). (Zeichnung: Eva Gebauer)

der der Bewegungsrichtung des Körpers entgegensteht und vollführen einen Kraftschlag. Die Zehen des anderen Fußes falten sie gleichzeitig zusammen, um so wenig Widerstandsfläche wie möglich zu bieten.

An Land machen Hundsrobben einen eher unbeholfenen Eindruck, da sie den Körper nicht mit den Extremitäten stützen können. Daher bewegen sie sich kriechend fort, indem sie – ähnlich einer Raupe – den Rücken krümmen, den Hinterkörper nach vorn bewegen, dabei den Rücken wölben und dann die Brustpartie nach vorn werfen. Weder die Vorder– noch die Hinterextremitäten sind dabei aktiv beteiligt. Hundsrobben können sich jedoch mit den scharfen Krallen der Vorderbeine aus dem Wasser oder über Hindernisse ziehen und sich auf dem Eis festkrallen und so ein Rutschen verhindern.

Das Walross schwimmt wie die Hundsrobben ebenfalls mit Hilfe seiner Hinterflossen, wobei beim langsamen Schwimmen die Vorderflossen eingesetzt werden. An Land klappen Walrosse die Hinterflossen nach vorne und bewegen sich so auf allen Vieren ähnlich den Ohrenrobben fort.

Die Pinnipedia stammen von Landraubtieren ab, doch waren bärenartige oder eher marderartige Tiere die Vorfahren – oder beide Gruppen? Diese Frage ist bis heute noch nicht abschließend geklärt, da verschiedene Herangehensweisen und Forschungsschwerpunkte zu unterschiedlichen Ergebnissen kommen. Eng mit diesem Problem verknüpft ist auch die Frage nach den Verwandtschaftsbeziehungen der drei Robbenfamilien untereinander. Untersuchungen von Knochenmerkmalen und molekulare Studien weisen darauf hin, dass Hundsrobben, Ohrenrobben und Walrosse einen gemeinsamen Vorfahren hatten. Betrachtet man allerdings die Funktion der gesamten Tierkonstruktion und hierbei besonders die Art der Fortbewegung, so zeigt sich, dass vor allem zwischen den Ohrenrobben und den Phocinae (einer Unterfamilie der Hundsrobben) hier ein fundamentaler Unterschied besteht.

Über die Vorfahren der Robben ist recht wenig bekannt, da es kaum vollständige Fossilfunde gibt. Die ersten Robbenartigen lebten im Oligozän und sind ca. 24 Millionen Jahre alt. *Puijila* aus Süßwasserablagerungen von Kanada war ungefähr einen Meter lang und erinnert an einen Otter. Die Extremitäten waren zwar nicht flossenförmig verbreitert, aber *Puijila* hatte möglicherweise Schwimmhäute zwischen den Zehen. Das semiaquatische Tier konnte sich an Land sicherlich gut fortbewegen und paddelte im Wasser mit allen Vieren.

A: Im Wasser bewegen sich Ohrenrobben im Unterwasserflug fort, indem sie die flossenförmigen Arme mit der Vorderkante nach schräg unten gerichtet abwärts schlagen.

B: An Land können Ohrenrobben auf allen Vieren laufen, indem sie ein Hinterbein anheben, dabei gleichzeitig den Kopf zur anderen Seite bewegen und dann das gegenüberliegende Vorderbein aufsetzen.

C: Im Wasser bewegen sich Hundsrobben mit Wellenantrieb vorwärts, indem sie die Hinterflossen zusammen mit dem hinteren Teil des Körpers seitlich hin- und herbewegen.

D: Hundsrobben können sich an Land nur „raupenartig" fortbewegen, indem sie den Rücken krümmen, den hinteren Teil des Körpers nach vorn schieben, das Becken auf dem Boden aufsetzen und dann die Brustpartie nach vorn werfen.

(Zeichnungen: Carolin Kuhn)

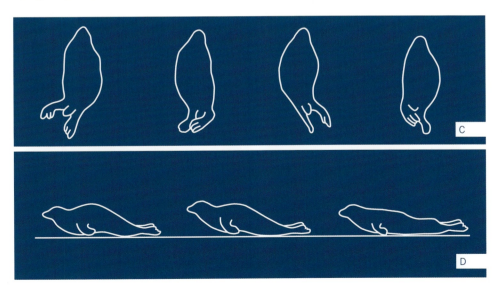

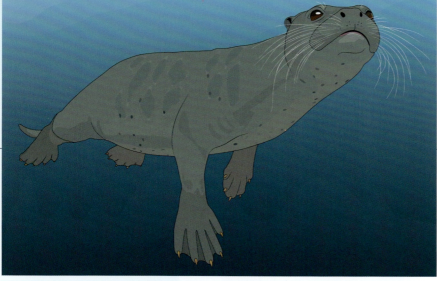

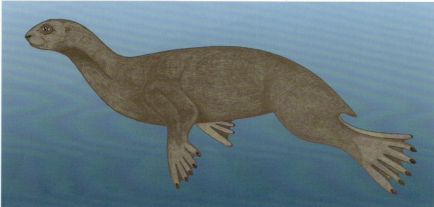

Oben: *Puijila* war ein früher Robbenartiger, der vor rund 24 Millionen Jahren lebte. Er war semiaquatisch und hatte keine flossenförmig verbreiterten Extremitäten, aber Schwimmhäute zwischen den Zehen.
(Zeichnung: Michaela Boschert)

Unten: Der frühe Robbenartige *Enaliarctos* lebte zur gleichen Zeit wie *Puijila*. Seine Beine waren bereits zu Flossen umgestaltet, und er verbrachte vermutlich den Großteil seines Lebens im Wasser.
(Zeichnung: Michaela Boschert)

Beinahe zeitgleich lebte *Enaliarctos*, der in Meeresablagerungen in Kalifornien und Oregon gefunden wurde. Dieses Tier hatte flossenförmige Arme und Beine und ein spezielles Innenohr zum Hören unter Wasser. Somit war es *Enaliarctos* möglich, wie die heutigen Robben effizient einen Großteil seines Lebens im Wasser zu verbringen. Vor ca. 15 Millionen Jahren ab dem Miozän tauchten dann die ersten heutigen Ohrenrobben und Hundsrobben auf.

Aquatisch – dauerhaft im Bodenlosen

Sowohl Wale als auch Seekühe verbringen ihr komplettes Leben im Wasser und sind nicht in der Lage, sich an Land fortzubewegen. Bei beiden Gruppen sind die Hinterbeine im Laufe der Evolution komplett verschwunden. Wale und Seekühe nutzen den Wellenantrieb, d. h. sie bewegen ihre Schwanzflosse auf und ab. Trotz dieser Gemeinsamkeiten gibt es zwischen den beiden Gruppen auch eine Reihe von Unterschieden.

Die vier heute lebenden Arten von Seekühen sind auf die warmen Meeresregionen beschränkt. Sie halten sich grundsätzlich in der Nähe der Küste auf und dringen auch in Flüsse und Seen ein. Das Skelett der Seekühe ist pachyostotisch (dickwandige Knochen mit winziger Markhöhle) und osteosklerotisch (dichte Knochen), sie haben also im wahrsten Sinne des Wortes schwere Knochen. In Verbindung mit der horizontal entlang des Rückens verlaufenden Lunge ermöglichen die Knochen ein Schweben im Wasser. Die Fortbewegung erfolgt durch ein Auf- und Ab-Bewegen der Schwanzflosse. Diese ist bei den Manatis rund und beim Dugong gegabelt. Bei erwachsenen Tieren dienen die Brustflossen (Flipper) dem Manövrieren und Stabilisieren, von Jungtieren werden sie auch zum Antrieb eingesetzt. In der Regel sind Seekühe eher behäbig, ihre Spitzengeschwindigkeit liegt allerdings bei immerhin 22 km/h. Sie haben außer dem Menschen kaum natürliche Feinde, nur manche Haiarten, Orcas und Krokodile werden ihnen gelegentlich gefährlich. Anders als Wale tauchen sie nur kurz und in der Regel nur wenige Meter tief. Da sie sich von Wasserpflanzen, vor allem von Seegras, ernähren, ist ein tieferes Tauchen auch nicht erforderlich, da Wasserpflanzen nur in den oberen Meeresbereichen mit ausreichendem Sonnenlicht vorkommen.

Die ältesten fossilen Seekühe, *Prorastomus* und *Pezosiren*, stammen aus dem frühen Eozän von Jamaika vor gut 50 Millionen

Jahren; damit treten die ersten Seekühe nahezu zeitgleich mit den ersten Walen auf. Die Blütezeit der Seekühe war im Oligozän und Miozän, heute sind weltweit nur noch vier Arten in den warmen Gewässern verbreitet. Zusammen mit den Elefanten und den ausgestorbenen Desmostylia (siehe Kasten) bilden die Seekühe die Gruppe der Tethytheria, die vermutlich aus primitiven Huftieren hervorgegangen ist. Schon die frühen fossilen Seekühe waren Bewohner von Flüssen, Flussmündungen und Meeresküsten. Die ersten waren schweinegroße, vierbeinige, amphibische Tiere. Gegen Ende des Eozäns treten bereits die ersten modernen Dugongidae (Gabelschwanzseekühe) auf. Sie haben einen stromlinienförmigen Körper, keine Hinterbeine und eine horizontale Schwanzflosse. Die zweite moderne Familie, die Trichechidae (Rundschwanzseekühe), ging im späten Eozän oder frühen Oligozän aus den Dugongidae hervor. Die Seekuhfossilien zeigen alle Teilschritte von einem vierbeinigen Landbewohner zu einem rein aquatischen Körperbau mit Schwanzflosse, aber ohne Hinterbeine.

Wale sind im Gegensatz zu den Seekühen Fleischfresser: Zahnwale (Odontoceti) jagen größere Beute wie Fische, Kopffüßer, Robben oder andere Wale, während sich Bartenwale (Mysticeti) von kleinen Fischen, Krill und anderen Krebstieren ernähren. Sie alle bewegen sich durch Wellenantrieb, der durch das Auf- und Ab-Bewegen der Schwanzflosse oder Fluke erzeugt wird, vorwärts. Die Brustflossen dienen der Steuerung und dem Manövrieren. Manche Walarten erreichen Spitzengeschwindigkeiten von bis zu 48 km/h, die jedoch nur über sehr kurze Strecken durchgehalten werden. Rekordhalter im Tauchen ist der

Pottwal mit Tauchlängen von über 2 Stunden und einer Tauchtiefe von bis zu 3.000 m.

Die Frage zur Abstammung der Wale blieb lange Zeit ein ungelöstes Rätsel. Doch in den letzten Jahrzehnten fanden Wissenschaftler ausgerechnet in heute ausgesprochen trockenen Gegenden eine Reihe von Skeletten verschiedener Urwale. Sie stammen aus Ägypten, Pakistan und Indien, wo sich zur Zeit des Eozäns vor 50 Millionen Jahren das flache tropische Tethysmeer erstreckte. Die Analysen dieser Fossilfunde und DNA-Vergleiche kamen zu dem verblüffenden Ergebnis, dass Wale tatsächlich Paarhufer und Flusspferde ihre nächsten Verwandten sind.

Walartige Tiere tauchten schon sehr früh in der Erdgeschichte auf. *Pakicetus* war ungefähr so groß wie ein Wolf und lebte vor 50 Millionen Jahren an den Uferbereichen verzweigter Flüsse. Er hatte lange Beine und Hufe an den Zehen. Merkmale am Gebiss und Ohr zeigen jedoch, dass es sich tat-

A: Seekühe wie dieser Karibik-Manati (*Trichechus manatus*) sind Pflanzenfresser, die in Küstengewässern oder Flüssen vorkommen.
(Foto: Ingo Weidig)

B: Buckelwale (*Megaptera novaeangliae*) kommen häufig in Küstennähe vor. Die hier zu sehende Fluke dient als Antriebsorgan beim Schwimmen.
(Foto: Ilka Weidig)

C: Der Große Tümmler (*Tursiops truncatus*) ist dank seiner Haltung in Aquarien und seiner weltweiten Verbreitung der bekannteste Delfin. Wie andere Walarten auch vollführt der Große Tümmler Sprünge, bei denen er sich komplett aus dem Wasser herauskatapultiert.
(Foto: Michael Bartnick)

» EINTEILUNG DER WALE MIT KENNZEICHEN

Heute gibt es zwei Großgruppen innerhalb der Wale, die Mysticeti oder Bartenwale mit 14 Arten und die Odontoceti oder Zahnwale mit 72 Arten. Mit insgesamt 86 Arten sind die Wale die größte Gruppe wasserlebender Säugetiere.

Bartenwale (Mysticeti)
Man unterscheidet innerhalb der Mysticeti vier Familien. Alle haben eine immense Körpergröße von mindestens 6 m Länge gemeinsam, wobei Weibchen in der Regel größer werden als Männchen. Der größte ist der Blauwal; mit bis zu 33 m Körperlänge ist er zugleich das größte Säugetier überhaupt. Bartenwale haben keine Zähne, sondern stattdessen die namengebenden Barten. Das sind Hornplatten im Oberkiefer, mit deren Hilfe sie Nahrung wie z. B. tierisches Plankton, Krill oder kleine Fische aus dem Wasser filtern. Sie haben ein doppeltes Blasloch, mit dem sie einen V-förmigen Blas erzeugen.

Zahnwale (Odontoceti)
Vom Pottwal abgesehen sind Zahnwale kleine bis mittelgroße Wale. Sie besitzen homodonte, also gleichförmige Zähne, wobei diese nicht in allen Fällen sichtbar sind. Zahnwale besitzen ein einzelnes Blasloch und einen asymmetrischen Schädel, der das Schlucken größerer Beute ermöglicht. Man nimmt an, dass alle Zahnwale Echoortung betreiben, nachgewiesen ist dies jedoch nur für wenige Arten wie den Großen Tümmler oder Orcas. Die meisten Zahnwale leben in großen Gruppen mit komplexen Sozialstrukturen.

Links: Barten
Rechts: Skelett eines Schwertwals
(Fotos: Sven Tränkner, Senckenberg Museum)

Tauch- und Schwimmleistungen der Meeressäuger.

	maximale Tauchtiefe	maximale Tauchdauer	Schwimmgeschwindigkeit
Nördlicher Seeelefant	1.530 m	77 min	19 km/h
Kalifornischer Seelöwe	482 m	15 min	21 km/h
Guadelupe-Seebär	82 m	18 min	keine Angabe
Walross	300 m	12,7 min	35 km/h
Pottwal	**3.000 m**	**138 min**	40 km/h
Entenwal	1.453 m	120 min	keine Angabe
Größer Tümmler	535 m	12 min	35 km/h
Orca	250 m	15 min	**45 km/h**
Finnwal	500 m	30 min	40 km/h
Grönlandwal	352 m	80 min	19 km/h
Karibik-Manati	600 m	6 min	22 km/h
Seeotter	100 m	keine Angabe	9 km/h

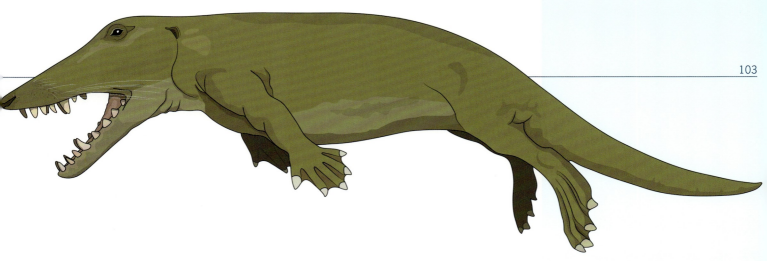

sächlich um einen Walartigen handelt. Der drei Meter lange *Ambulocetus*, der auch als „schwimmender Laufwal" bezeichnet wird, konnte sich ebenfalls an Land fortbewegen. Aufgrund der großen Füße mit Schwimmhäuten zwischen den Zehen ähnelte das Laufen an Land aber möglicherweise eher einem Watscheln. Im Wasser nutzte *Ambulocetus* eine Kombination aus Paddeln mit den Hinterbeinen und Auf- und Ab-Bewegen des Schwanzes. Vor 40 Millionen Jahren lebten der bis zu 35 Meter lange *Basilosaurus* und der kleinere *Durodon*. Sie waren beide komplett aquatisch, ihre Vorderbeine waren zu Flippern verbreitert und die winzigen Hinterbeine zu klein und schwach, um das Tier an Land zu tragen. Der Schwanz war wie bei heutigen Walen als Fluke ausgebildet.

Im Oligozän vor 35 bis 25 Millionen Jahren traten die ersten modernen Zahn- und Bartenwale auf. Zu dieser Zeit entstanden sowohl die Echoortung bei den Zahnwalen als auch die Barten bei den Bartenwalen. Im Miozän vor rund 15 bis 12 Millionen Jahren entstanden schließlich die ersten heutigen Gattungen wie Delfine und Buckelwale.

Damit es auch im Wasser klappt …

Das Medium Wasser unterscheidet sich erheblich vom Medium Luft, beispielsweise in Dichte und Viskosität. So ist der Reibungswiderstand bei der Fortbewegung im Wasser deutlich höher als bei der Fortbewegung an Land, was zu geringen Geschwindigkeiten und hohem Energiebedarf führt. Anderseits hat das Wasser auch Vorteile. Aufgrund der höheren Dichte lassen sich Antriebskräfte leichter erzeugen. Außerdem haben die meisten Säugetierkörper eine dem Wasser entsprechende Dichte, so dass sie einen neutralen Auftrieb haben. Dadurch müssen schwimmende Säugetiere keine Energie aufwenden, um ihre Position im Wasser aufrechtzuerhalten oder ihr Körpergewicht zu unterstützen.

Ein Nachteil des Wasserlebens ist jedoch die gute Wärmeleitfähigkeit des Wassers, durch die besonders in kalten Gewässern die Gefahr des Auskühlens besteht. Als Schutz vor Auskühlung haben die semiaquatischen Säugetiere einen besonders dichten Pelz, bestehend aus feiner Unterwolle sowie außenliegenden Deckhaaren. Dabei dienen die Deckhaare dem Schutz der Unterwolle unter Wasser, die eigentliche Isolation gegen das Auskühlen liefert die Unterwolle. Den

Ambulocetus, der „schwimmende Laufwal", lebte vor 50 Millionen Jahren im Tethys-Meer. (Zeichnung: Michaela Boschert)

A: *Durodon* lebte vor 40 Millionen Jahren. Obwohl er noch kleine Hinterbeine besaß, konnte er damit nicht mehr an Land laufen und verbrachte sein gesamtes Leben im Meer.
(Foto: Sven Tränkner, Senckenberg Museum)

B: Bartenwale haben zwei Blaslöcher auf dem Kopf. Der Blas ist feuchte Atemluft, die nach dem Ausatmen kondensiert und so als Nebel sichtbar wird.
(Foto: Ilka Weidig)

C: Seeotter haben das dichteste Fell aller Säugetiere und verbringen viel Zeit mit der Pflege ihres Felles. Winzige Luftbläschen im Unterfell dienen der Kälteisolierung, da Seeotter keine isolierende Fettschicht in der Haut besitzen.
(Foto: Sabine Stärker-Bross)

dichtesten Pelz aller Säugetiere hat der Seeotter mit 125.000 Haaren pro cm² im Bereich des Rückens. Robben haben eine unterschiedliche Behaarung: Das Fell der Ohrenrobben ist ähnlich aufgebaut wie bei anderen semiaquatischen Säugetieren, das der Hundsrobben und der Walrosse weist jedoch keine Unterwolle auf. Dafür haben Robben in ihrer Unterhaut eine Bindegewebsschicht aus Fettzellen und dazwischen liegenden Kollagenbündeln, den sogenannten Blubber, der der Isolierung dient. Dicke und Fettgehalt des Blubbers hängen neben Alter und Geschlecht des Tieres auch von Jahreszeit und individuellen Faktoren ab. Weiterhin ist die Dicke und Verteilung des Blubbers abhängig von der Tierart und dient neben der Isolierung auch der Optimierung der Stromlinienform des Körpers.

Wale haben das säugetiertypische Fell komplett verloren. Dafür besitzen sie einen besonders ausgeprägten Blubber, der bei manchen Zahnwalen bis zu 90 % der Hautdicke ausmacht. Der dickste Blubber kommt bei Bartenwalen vor: An manchen Körperstellen des Blauwals kann er bis zu einem halben Meter dick sein. Generell ist die Dicke der Blubberschicht auch vom Lebensraum abhängig: Arten wärmerer Meeresgebiete haben einen dünneren Blubber als die Bewohner kälterer Meere. Die in den Tropen und Subtropen lebenden Seekühe besitzen ebenfalls eine Blubberschicht, jedoch ist diese deutlich dünner als bei Walen.

Im Vergleich zu landlebenden Säugetieren sind marine Säugetiere recht groß, wodurch das günstige Verhältnis von Masse zu Volumen die Wärmeerhaltung unterstützt. Dabei können die Größen dennoch sehr unterschiedlich sein, von der Baikalrobbe mit etwas mehr als einem Meter Länge und 45 kg bis zum Blauwal mit über 30 Metern Länge und bis zu 160 Tonnen Körpergewicht. Meeressäuger haben außerdem ein Wärmetauschersystem. Dieses sorgt dafür, dass über das Blut weniger Körperwärme in Körperrandbereichen wie den Extremitäten, dem Blubber oder den Fortpflanzungsorganen verloren geht. Dabei laufen die Arterien, die das Blut in diese Bereiche bringen, gegenläufig zu den Venen, die das Blut zurück in den warmen Körperkern transportieren. Das kalte Blut in den Venen absorbiert dabei die Wärme des Blutes in den Arterien, sodass das in den Körper zurückfließende Blut gewärmt und damit der Wärmeverlust minimiert wird.

Da Säugetiere mit ihren Lungen Luft atmen, müssen die Atemwege gegen das Eindringen von Wasser beispielsweise bei Tauchgängen oder bei der Nahrungsaufnahme im Wasser geschützt werden. Aus diesem Grund liegen die Nasenöffnungen so, dass die Tiere beim Auftauchen gleich Luft holen können, ohne den Kopf weit aus dem Wasser strecken zu müssen. Bei den meisten wasserlebenden Säugetieren liegen die Nasenöffnungen an der Oberseite der Schnauze. Bei Walen sind die Nasenausgänge sogar auf den Kopf gewandert. Weiterhin können wasserlebende Säugetiere ihre Nasenöffnungen verschließen; bei Walen sind die Nasenöffnungen im entspannten Zustand geschlossen und müssen für das Atmen durch Muskeln geöffnet werden.

Beim Tauchen werden die Lungen komplett entleert, bis sie kollabieren; dies verhindert zum einen den Auftrieb durch die Luft in den Lungen, zum anderen wird so der Taucherkrankheit vorgebeugt, bei der Stickstoff aus den Lungen in das Blut und ins Gewebe aufgenommen wird. Dort kann es beim Auftauchen durch Bildung von Stickstoffbläschen zu Gewebeschäden kommen. Während des Tauchgangs kann jedoch kein Sauerstoff aufgenommen werden. Damit dennoch ausreichend Energie für das Tauchen zur Verfügung steht, weist die Physiologie der Wale einige Besonderheiten auf: Die Blutzufuhr zu Geweben, die für das Tauchen nicht wichtig sind wie Darm oder Haut, wird reduziert, der Stoffwechsel und die Herzfrequenz werden teilweise drastisch reduziert. Blut und Muskulatur sind besonders reich an den sauerstoffbindenden Stoffen Hämoglobin bzw. Myoglobin und tragen damit große Vorräte an Sauerstoff. Zudem sind viele Meeressäuger wesentlich toleranter gegenüber unter Sauerstoffmangel entstehender Muskelübersäuerung als Landsäuger. Trotz dieser Maßnahmen stellt langes und tiefes Tauchen eine erhebliche Belastung für die wasser-

lebenden Säugetiere dar, und sie benötigen daher ausreichende Erholungsphasen nach ihren Tauchgängen.

Das Leben im Wasser stellt auch besondere Ansprüche an die Sinnesorgane. Im Vergleich zu landlebenden Raubtieren haben Robben einen reduzierten Geruchssinn. Dafür haben sie ausgeprägte Schnurrhaare, die als Tastorgane dienen. Außerdem sind Sehsinn und Gehör gut entwickelt. Zahnwale haben keinen Geruchssinn, bei Bartenwalen ist er extrem schwach ausgebildet. Seekühe haben ebenfalls einen im Vergleich zu Landsäugetieren schwach ausgebildeten Geruchssinn. Die Augen müssen in der Lage sein, sowohl über als auch unter Wasser zu funktionieren. Damit auch bei schlechteren Lichtverhältnissen genug Licht ins Auge fällt, haben Robben im Verhältnis zur ihrer Körpergröße recht große Augen, eine Ausnahme bilden hierbei die Walrosse. Meeressäuger haben außerdem, wie manche Landsäuger, ein gut ausgebildetes Tapetum lucidum, eine reflektierende Schicht hinter der Netzhaut, wodurch das Auge selbst geringe Lichtmengen zum Sehen nutzen kann. Die Augen werden durch ein dickes Hornhautepithel und eine dicke Lederhaut vor Verformungen durch Wasserdruck beim Schwimmen und Tauchen bewahrt.

Auch die Hörorgane haben sich im Laufe der Evolution bei den wasserlebenden Säugetieren verändert. Robben besitzen vergrößerte Gehörknöchelchen, was die Übertragung von Geräuschen verbessert. Dazu besitzen sie ein blasiges Gewebe im Außen- und Mittelohr, das sowohl der besseren Übertragung hochfrequenter Töne auf das Innenohr als auch dem Druckausgleich beim Tauchen dient. Zahnwale sind in der Lage, sich durch Echoortung zu orientieren und nach Beute zu suchen. Dabei stoßen sie hochfrequente, kurze Töne, sogenannte Clicks, aus und werten das zurückgeworfene Echo aus. Die ausgesandten Töne werden von einer Struktur im Bereich der oberen Nasengänge produziert und über die Melone, ein fettreiches Organ über dem Oberkiefer, gebündelt. Die Geräuschwahrnehmung erfolgt über den Unterkiefer, der die Schallwellen aufnimmt und über ein Fettpolster auf das Mittelohr überträgt. Das Innenohr zeichnet sich dabei durch eine besonders hohe Anzahl von Hörsinneszellen, die Haarzellen, aus.

Den Weg ins „Bodenlose" gingen Säugetiere bereits vor über 160 Millionen Jahren – in den folgenden Jahrmillionen folgten *Castorocauda* zahlreiche weitere Gruppen. Bei den heutigen wasserlebenden Säugetieren sind alle „Abstufungen" des Wasserlebens zu

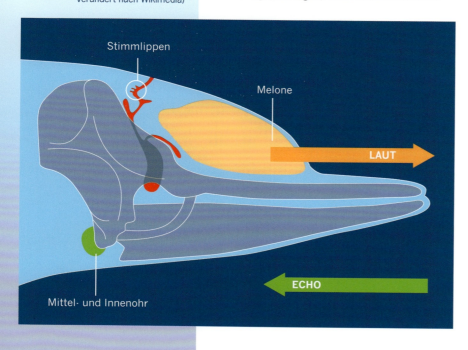

Die Echoortung bei Zahnwalen funktioniert nach dem folgenden Prinzip: Die Melone, ein fettreiches Organ, bündelt die Schallwellen aus den Stimmlippen und strahlt sie nach vorn ab. Die vom Zielobjekt reflektierten Schallwellen werden von einem Fettkanal im Unterkiefer aufgefangen und zum Mittelohr geleitet. (Grafik: Sabine Stärker-Bross, verändert nach Wikimedia)

erkennen. Die semiaquatischen Arten, die einen großen Teil des Lebens an Land verbringen, unterscheiden sich nur wenig von ihren landlebenden Verwandten. Sie bewegen sich im Wasser meist durch vierbeiniges Paddeln fort, wobei hier entweder die Vorderbeine oder aber die Hinterbeine je nach Körperbau stärker zum Einsatz kommen können. Tiere, die sich länger im Wasser aufhalten, wie Robben und Walrosse, haben einen anderen Konstruktionstyp. Sie paddeln nicht mit allen Vieren, sondern nutzen entweder nur die Vorderbeine (Ohrenrobben) oder nur die Hinterbeine (Hundsrobben), während das jeweils andere Beinpaar steuert. Die rein aquatisch lebenden Wale und Seekühe weisen keinerlei Ähnlichkeit mehr mit ihren landlebenden (entfernten) Verwandten auf. Hier liefern die Extremitäten keinen Antrieb, dieser wird allein von der zur Fluke umgestalteten Schwanzflosse erzeugt. Damit sind Wale und Delfine die schnellsten Schwimmer unter den wasserlebenden Säugetieren. Außerdem sind sie in der Lage, akrobatische und kraftvolle Sprünge zu vollführen und so das Wasser für zumindest einige Momente zu verlassen.

Literatur

Shirihai, H. & Jarret, B. (2008): Meeressäuger: Alle 129 Arten weltweit. – 384 S.; Stuttgart (Franckh-Kosmos).

Wandrey, R. (1997): Die Wale und Robben der Welt. – 384 S.; Stuttgart (Franckh-Kosmos).

Berta, A., Sumich, J. L. & Kovacs, K. M. (2005): Marine mammals: evolutionary biology. – 560 S.; Burlington (Academic Press).

Jean-Michel Mazin, J.-M. & de Buffrénil, V. (Hrsg.) (1996): Secondary adaptions of tetrapods to life in water: proceedings of the international meeting, Poitiers. – 367 S.; München (Verlag Dr. Friedrich Pfeil).

3.3 Vom Raubsaurier zum Federvieh – die Evolution der Vögel

von Eberhard Frey, Tina Roth und Helmut Tischlinger

Vögel besiedeln dank ihrer beachtlichen Flugfähigkeiten und Sinnesleistungen mit über 10.000 Arten selbst die entlegensten Lebensräume dieses Planeten. Damit sind sie die formenreichste Gruppe aller Landwirbeltiere vor den Amphibien mit etwa 6.500 und den Säugetieren mit 5.400 heute lebenden Arten.

Vögel haben vom Äquator bis zu den Polen alle Lebensräume der Erde besiedelt. Selbst aus Großstädten sind sie nicht wegzudenken. Das Größenspektrum reicht vom Bienenelfen-Kolibri mit 60 mm Länge und einem Gewicht von 2 g bis hin zum 2,8 m hohen und 155 kg schweren Strauß. Das Nahrungsspektrum reicht von Nektar, Früchten und anderer pflanzlicher Kost über Insekten, Aas und Fisch bis hin zu Vögeln und Säugern.

Vögel sind beliebt, weil viele von ihnen sehr farbenprächtig sind oder bezaubernd singen können. Vögel sind aber auch verhasst, weil sie unsere Felder und Obstplantagen plündern und schlimme Krankheiten übertragen können, wie zum Beispiel die Papageienkrankheit oder die Vogelgrippe. Stadttauben verdrecken, wo sie in Massen vorkommen, nicht nur Gebäude und Denkmäler, sondern machen durch Taubenmilben, die sich von den Nestern ausbreiten, ganze Wohngebäude unbewohnbar.

Vögel wurden domestiziert, entweder zum Gaudium, wie beispielsweise der beliebte „Kanari" und der Wellensittich oder aber als schnellwüchsiger, leicht zu züchtender Fleisch-, Eier- und Federlieferant, wie Haushuhn und Hausgans, um nur zwei Beispiele zu nennen. Hühnereier sind aus der Produktion von Antiseren und Impfstoffen nicht mehr wegzudenken. Straußenvögel werden seit einiger Zeit als Nutztiere gezüchtet, sind aber nicht domestiziert. Vögel sind begehrte und populäre Studien- und Beobachtungsobjekte für Laien und Naturwissenschaftler. Für kaum eine Wirbeltiergruppe gibt es so viele Vereine, Gesellschaften und Schutzorganisationen wie für die Vögel.

Vögel können fliegen, zumindest die meisten, und der Flug der Vögel hat uns Menschen stets fasziniert. So wurden die Vögel im Allgemeinen und Adler im Besonderen Symbole für Freiheit und Macht. Kein Wunder, dass Adler beliebte Wappentiere sind. Der Flug der Vögel hat auch den menschlichen Erfindergeist beflügelt (siehe Kapitel 4). Mit Maschinen haben wir die Fortbewegung durch die Luft in den Griff bekommen – und unsere Vorbilder, die Vögel, geschlagen, was die Geschwindigkeit und die Gleitleistungen angeht (siehe Kapitel 2). Aber die Anmut und die oft aberwitzige Manövrierfähigkeit eines Vogels werden wir mit unseren Maschinen niemals erreichen.

Der Adler als Wappentier: Byzantinischer Doppeladler (Palaiologos-Dynastie, 1259 – 1453); Deutscher Bundesadler (Wappenentwurf: Karl-Tobias Schwab, 1887 – 1967; entworfen 1926); polnischer Bundesadler (Wappenentwurf: Zygmunt Kamiski im Jahre 1927, modifiziert von Andrzeja Heidricha 1990); Mexikanischer Schlangenadler: Nach einer Aztekenlegende sollte die Stadt Tenochtitlan (heute Mexiko Stadt) an dem Platz gegründet werden, an dem ein Adler eine Klapperschlange zwischen Schnabel und Krallen hält.

Linke Seite:
Ein Hahn des Blauen Pfaus (*Pavo cristatus*) gibt mit seinen Federn an. Kaum zu glauben, dass das ein Raubsaurier sein soll! (Foto: Eberhard Frey)

A: Das Rotkehlchen (*Erithacus rubecula*; Foto: Werner Blischke) erfreut uns mit seinem melodischen Gesang.
B: Stadttauben (*Columba livia f. domestica*; Foto: Eberhard Frey), auch „Luftratten" genannt, ärgern uns mit Dreck, Milben und Krankheiten.

Es gibt über 10.000 beschriebene Vogelarten auf der Welt! Sie sind auf insgesamt 28 Ordnungen verteilt. Von diesen ist hier jeweils eine namensgebende Art abgebildet.

1) Mauersegler (*Apus apus*), Seglerartige (Apodiformes);

2) Bartkauz (*Strix nebulosa*), Eulenartige (Strigiformes);

3) Nazca-Tölpel (*Sula granti*), Tölpelartige (Suliiformes);

4) Blässgans (*Anser albifrons*), Gänseartige (Anseriformes);

5) Brillenpinguin (*Spheniscus demersus*), Pinguinartige (Sphenisciformes);

6) Ziegenmelker (*Caprimulgus europaeus*), Schwalmartige (Caprimulgiformes);

7) Weißkinn-Sturmvogel (*Procellaria aequinoctialis*), Röhrennasen (Procellariiformes);

8) Eistaucher (*Gavia immer*), Seetaucherartige (Gaviiformes);

9) Felsentaube (*Columba livia*), Taubenartige (Columbiformes);

10) Haubentaucher (*Podiceps cristatus*), Lappentaucherartige (Podicipediformes);

11) Rosaflamingo (*Phoenicopterus roseus*), Flamingoartige (Phoenicopteriformes);

12) Nama-Flughuhn (*Pterocles namaqua*); Flughuhnartige (Pterocliformes);

13) Gabelracke (*Coracias caudatus*), Rackenartige (Coraciiformes);

14) Schlangenhalsvogel (*Anhinga anhinga*), Ruderfüßerartige (Pelecaniformes);

15) Grünspecht (*Picus viridis*), Spechtartige (Piciformes);

16) Haussperling (*Passer domesticus*), Sperlingsvögel (Passeriformes);

17) Kanadakranich (*Grus canadensis*), Kranichartige (Gruiformes);

18) Kuckuck (*Cuculus canorus*), Kuckucksartige (Cuculiformes);

19) Hoatzin (*Opisthocomus hoazin*); Schopfhuhnartige (Ophistocomiformes);

20) Graupapagei (*Psittacus erithacus*), Papageienvögel (Psittaciformes);

21) Turmfalke (*Falco tinnunculus*), Greifvogelartige (Falconiformes);

22) Afrikanischer Strauß (*Struthio camelus*), Straußenartige (Struthioniformes);

23) Weißkehltinamu (*Tinamus guttatus*), Steißhuhnartige (Tinamiformes);

24) Halsbandtrogon (*Trogon caligatus*), Trogonartige (Trogoniformes);

25) Seeregenpfeifer (*Charadrius alexandrinus*), Regenpfeiferartige (Charadriiformes);

26) Weißstorch (*Ciconia ciconia*), Storchenartige (Ciconiiformes);

27) Rotschwanz-Tropikvogel (*Phaethon rubricauda*), Tropikvogelartige (Phaethontiformes);

28) Haushuhn (*Gallus domesticus*), Hühnervögel (Galliformes).

(Quellen in der Reihenfolge des Erscheinens: Paweł Kuźniar, Wikimedia: 1; Rosl Rößner: 2, 4, 5, 8 – 11, 13, 15 – 18, 21, 25, 26; Benjamint444, Wikimedia: 3; Jenny Th, Wikimedia: 6; Mjobling, Wikimedia: 7; Yathin sk, Wikimedia: 12; Alastair Rae, London, Wikimedia: 14; Bill Bouton, Wikimedia: 19; Dick Daniels, http://carolinabirds.org, Wikimedia: 20; Nevit Dimen, Wikipedia: 22; Wikimedia: 23; Dominic Sherony, Wiki-media: 24; Mike Baird, Morro Bay USA, Wikimedia: 25; Norbert Lenz: 27; Eberhard Frey: 28)

Domestizierte Vögel:
A: Kanarienvögel (*Serinus canaria*) werden auf Gesang oder Aussehen gezüchtet. (Foto: Wikimedia)
B: Das Haushuhn (*Gallus domesticus*) ist beliebt wegen der Eier, des Fleisches, manchmal auch wegen der Farbe und des Gefieders. (Foto: Eberhard Frey)
C: Carl von Linné (1707 – 1778), der Begründer der binären Nomenklatur und der Systematik.
(Porträt von Alexander Roslin, 1775, digital überarbeitet von Greg L., Wikimedia)

Ausschnitt aus der Elle eines Marabus (*Leptoptilos crumeniferus*) mit Knochenknötchen, an denen die Armschwingen befestigt waren. (Foto: Eberhard Frey)

Handschwingen eines Großen Brachvogels (*Numenius arquata*). (Foto: Eberhard Frey)

Der schwedische Biologe Carl von Linné (1707–1778), der Begründer der Taxonomie, fand die Vögel so besonders, dass er ihnen eine eigene Klasse zugedachte. Einige Forscher, wie der britische Paläozoologe Brian G. Gardiner, stellten die Vögel zusammen mit den Säugetieren in die Überklasse der Warmblüter, eine Hypothese, die sich zu Recht und aus vielerlei plausiblen Gründen nie durchgesetzt hat.

Vogelmerkmal Nummer eins: die Feder

Vögel haben Federn. Das weiß jedes Kind. Früher glaubte man, dass Federn modifizierte Schuppen seien, aber diese Ansicht wurde insbesondere durch die paläontologischen Befunde der letzten Jahre revidiert. Federn sind, wie auch die Haare der Säugetiere, eine eigenständige Entwicklung, die mit den Schuppen der Reptilien nichts zu tun hat. Die Evolution der Feder fand wahrscheinlich in mehreren Schritten statt. Fossil überlieferte Federn oder federartige Gebilde geben darüber allerdings keinen Aufschluss. Entweder sind die fossilisierten Hautanhänge zu undifferenziert, um Aussagen machen zu können, oder es handelt sich um sehr weit entwickelte Federn, die den Federn heutiger Vögel sehr ähnlich sahen. So besaß etwa *Archaeopteryx* bereits Deck- und Schwungfedern, die denen der heutigen Vögel entsprachen. Eine solch komplexe Struktur kann nicht mit einem Mal entstanden sein. Funde von Dinosauriern mit Borstenfedern und einfachen Federn wie *Sinosauropteryx* oder *Caudipteryx* bestätigen dies. Die Federn sind es, die einem Vogel Form und Farbe geben, ja, ihn eigentlich zum Vogel machen. So ein Vogelkörper wird von zahlreichen unterschiedlichen Federtypen bedeckt. Die größten und auffälligsten sind wohl die Schwungfedern, die einem Vogel seine Flugfähigkeit verleihen.

Die Schwungfedern, die an der Hinterkante der Handknochen sitzen, heißen Handschwingen. Diejenigen entlang des Hinterrandes der Elle nennt man Armschwingen. Die Armschwingen sind die einzigen Federn, die eine Verbindung zu Knochen haben. Ihre Ankerpunkte sind auf der Hinterseite der Elle in Form kleiner Höcker erkennbar. Schwungfedern sind immer asymmetrisch, wobei der kleinere Teil der Fahne immer der äußere ist. Am Oberarmknochen direkt sitzen keine Federn, aber er ist von Deck- und Schirmfedern eingehüllt, die eine geschlossene Flügelverbindung zwischen den Schwungfedern und dem Körper herstellen. Die Kiele der Schwungfedern sind ebenfalls mit Deckfedern abgedeckt, damit beim Flügelschlag keine Luft zwischen den Federkielen hindurchströmen kann.

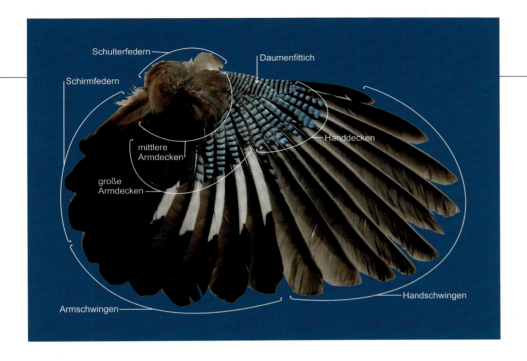

Federtypen an einem Vogelflügel, hier am Beispiel eines Eichelhäherflügels (*Garrulus glanadrius*).
(Sammlung: Günter Müller SMNK; Grafik: Eberhard Frey)

Der Bau einer Vogelfeder
(Grafik: Michaela Boschert)

» WUNDERWERK FEDER

Ähnlich wie unsere Haare bestehen Federn aus totem Horn, das von speziellen Drüsenzellen in der Unterhaut gebildet wird. Die meisten Federn eines Vogels besitzen Fahnen. Diese sind zusammengesetzt aus Federästen (Rami), die beiderseits des Federschaftes (Rhachis) entspringen. Die Bogenstrahlen (proximale Radii) zweigen von der dem Körper zugewandten Fläche der Rami und von den Flächen der Rhachis zwischen den Rami ab. Die Basallamellen der Bogenstrahlen sind entlang ihrer langen Achse so gebogen, dass die konvexe Seite zum Körper weist. Wasser wird so wie mit tausenden von Miniaturregenrinnen von der Vogelhaut ferngehalten. Zum Rand der Feder hin sind die Basallamellen der Bogenstrahlen leicht gezackt und laufen in einer der feinen, zur Federspitze hin umgebogenen Spitze aus, dem Pennulum. Das Pennulum leitet Wassertröpfchen, die sich in der Basallamelle gesammelt haben, nach außen ab. Die nach außen weisende Kante der Basallamellen ist stärker eingerollt als die nach innen weisende und bildet die sogenannte Krempe. Dort sind die Hakenstrahlen (distale Radii) mit ihren Häkchen, den sogenannten Hamuli, eingehängt. Rutschen die Häkchen aus der Krempe, haken sie sich von selbst wieder ein, wenn der Vogel die Feder von der Spule zur Spitze hin durch den Schnabel zieht. So kann ein Vogel sein Gefieder auch dann reparieren, wenn er beispielsweise von einer Katze völlig zerzaust wurde.

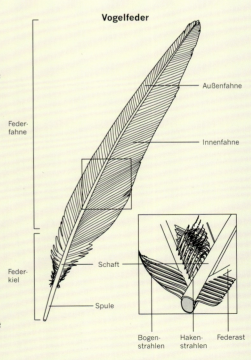

Die Vielfalt der Schmuckfedern von Adolphe Millot, dargestellt auf einer Tafel im Lexikon Le Larousse pour tous: Nouveau dictionnaire encyclopédique, Band 2, Bibliothek Larousse, Paris, 1907 – 1910, Seite 465.

Federn sind nämlich luftundurchlässig. Schwung- und Deckfedern zusammen geben einem Vogelflügel sein Tragflächenprofil. Die Schwung- und Deckfedern bei Laufvögeln sind oft nicht mehr als solche zu erkennen, helfen aber im schnellen Lauf beim Steuern und Balancieren des Körpers. Manchmal sind sie, wie beim Strauß (*Struthio camelus*), zu Schmuckfedern umgebildet.

Schwung- und Deckfedern sind wegen ihrer Funktionalität (siehe Kapitel 2) bei einem flugfähigen Vogel kaum variabel in ihrer grundsätzlichen Gestalt. Verlängerte Einzelfedern oder schmückende Auswüchse kommen zwar vor, dürfen die Flugfähigkeit aber nicht allzu negativ beeinflussen. Schwanzfedern dagegen sind aerodynamisch nicht so bedeutungsvoll und können daher dramatische Unterschiede in Form, Länge und Steifheit aufweisen. Manche Vögel, wie beispielsweise die zu den Rallen gehörenden Teichhühner (*Gallinula chloropus*), haben sehr kurze Schwanzfedern im Verhältnis zum Körper. Andere haben Schwanzfedern, welche fast doppelt so lang sind wie der Rumpf, beispielsweise der Jagdfasan (*Phasianus colchicus*). Unter den Wildvögeln hält der Argusfasan (*Rheinardia ocellata*) den Weltrekord, was die Schwanzfederlänge angeht. Die mittleren Schwanzfedern des Hahnes werden knapp 1,80 Meter lang und das bei einer Körperlänge von etwa 70 Zentimetern! Auch die Federn des bekannten Pfaus (*Pavo cristatus*) erreichen beachtliche Längen. Schwanzfedern sind meist annähernd symmetrisch, sitzen paarweise seitlich in der Bürzelhaut und können bei Bedarf auseinandergespreizt werden. Viele Vogelarten benutzen ihre Schwanzfedern zum Steuern und Manövrieren, weshalb sie auch Steuerfedern genannt werden.

A: Kopf eines Senegal-Furchenschnabels (*Lybius dubius*), ein Bartvogel mit Borstenfedern am Schnabelgrund.
(Foto: Pieter Debie, Wikimedia)

C: Daunen sind unschlagbare Wärmeisolatoren. Die Küken der Eiderente (*Somateria mollissima*) sehen in ihren Daunen äußerst plüschig aus.
(Foto: Rosl Rößner)

B: Ein Straußenhahn (*Struthio camelus*) mit Schmuckfedern. Der Gleitwinkel des Tieres beträgt 90°.
(Foto: Nevit Dimen, Wikimedia)

D: Körperfedern haben einen Wasser abweisenden und einen isolierenden, flaumigen Teil.
(Foto: Eberhard Frey)

» MAUSER

Das Wort Mauser ist an das lateinische Verb „mutare" angelehnt, was zu Deutsch „ändern" oder „tauschen" heißt. Bei der Mauser werfen Vögel abgenutzte Federn ab und ersetzen sie durch neue. Die Mauser ist hormonell gesteuert, kann aber durch ganz unterschiedliche Faktoren ausgelöst werden wie Temperatur, Nahrungsangebot, Tageslänge oder auch durch die Ausschüttung von Sexualhormonen. Bei den meisten Vögeln werden die Federn nach einem bestimmten Muster so gewechselt, dass die Flugfähigkeit erhalten bleibt. Bei einigen Vögeln, wie zum Beispiel den Entenvögeln, wird das Großgefieder innerhalb weniger Tage gemausert. Die Tiere sind dann eine Zeitlang nicht flug- und kaum schwimmfähig. Für einen Vogel ist die Mauser sehr kräftezehrend, weil für die Bildung neuer Federn eine große Menge an Eiweißen verfügbar sein muss. Daher findet die Mauser meistens außerhalb der Brutzeit statt. Bei Mangelernährung kann das Federwachstum ins Stocken geraten.

Es entstehen kahle oder mit nicht ausgereiften Federn versehene Stellen. Man spricht dann von einer Stockmauser. Bei einer Vollmauser werden alle Federn gewechselt, bei einer Teilmauser nur Teile des Gefieders. Bei der Permanentmauser werden ständig einzelne Federn gewechselt, wie z. B. bei Papageien. Von Jugendmauser spricht man, wenn sich Jungvögel nach dem Flüggesein mausern. Hierbei wird meist nur ein Teil des Gefieders ersetzt. Mausern sich erwachsene Vögel nach der Brutzeit, spricht man von einer Postnuptialmauser. Oft wird bei den Männchen dann das Prachtkleid durch ein Schlichtkleid ersetzt. Meist handelt es sich hierbei um eine Vollmauser, die bei Zugvögeln oft im Winterquartier stattfindet. Und dann gibt es noch die Schockmauser. Manche Vögel werfen Federn ab, wenn sie erschreckt werden. Das Äquivalent der Mauser bei den Säugetieren ist das Haaren, was meist weniger dramatisch abläuft.

A: Schlangenhalsvogel (*Anhinga anhinga*) in der Jugendmauser. (Foto: Rosl Rößner)

B: Bekassine (*Gallinago gallinago*) im Meckerflug. Das Geräusch wird mit den gespreizten äußeren Schwanzfedern erzeugt. (Foto: H.-W. Grömping, naturschule.com)

C: Die Federfüße dieses Hahnes zeigen, dass Schuppen leicht in Federn umzugestalten sind. (Foto: Eberhard Frey)

Die Kontur- oder Deckfedern geben dem Vogelkörper seine äußere Form. Obgleich sie den Vogelkörper oberflächlich betrachtet meist vollständig bedecken, sind sie doch auf sogenannte Federfluren (Pterylae) beschränkt, d. h., sie sprießen nur in bestimmten Bereichen aus der Haut, während andere Teile der Haut nackt bleiben. Diese Stellen heißen Federraine (Apteriae). Diese Federraine werden sichtbar, wenn man das Gefieder eines Vogels auseinanderbläst. Dennoch bilden die Konturfedern mit ihren einander dachziegelartig überlappenden Fahnen eine geschlossene Schicht um den Vogelkörper. Die Konturfedern auf dem Vogelrücken sind fester und dichter als diejenigen auf dem Bauch. Der Vogelrücken ist der

Witterung, besonders Regen und Schnee, wesentlich stärker ausgesetzt als der Bauch.

Daunenfedern sind fein verzweigte Federbüschelchen, die aus einer kurzen Spule entspringen. Sie sitzen bei erwachsenen Vögeln unter den Konturfedern und bilden zusammen mit der flauschigen Nachfeder eine Isolierschicht. Daunen bedecken auch den Körper von Jungvögeln und lassen die Tiere plüschig erscheinen. Neben diesen Hauptfedertypen gibt es zahlreiche andere, wie zum Beispiel Haarfedern an den Augenlidern und bei manchen Vogelarten entlang der Mundwinkel.

Federn schützen einen Vogel nicht nur vor Wärmeverlust oder ermöglichen ihm das Fliegen, sondern dienen der Tarnung und können sogar das Sozialverhalten steuern, denkt man an die Farben und Formenvielfalt der heutigen Vögel. Eine Vogelgruppe benutzt Federn sogar zur Lauterzeugung: Bekassinen spreizen beim Balzflug ihre äußeren Schwanzfedern seitlich ab und erzeugen damit meckernde Geräusche. Federn dienen manchen Vögeln als Stütze, wie beispielsweise die Schwanzfedern der Spechte und Baumläufer. In Federn werden aber auch Abfallstoffe wie in einem Mülleimer eingelagert. Bei jeder Mauser, bei der der Vogel sein Federkleid erneuert, werden mit den Federn auch die darin eingelagerten Abfallprodukte entsorgt, wie der deutsche Zoologe Josef Helmut Reichholf herausgefunden hat.

Obwohl die Wissenschaft davon ausgeht, dass Federn mit Schuppen nichts zu tun haben, scheint es sehr einfach zu sein, aus einer Schuppe eine Feder zu machen, wie man an Tauben- und Hühnerrassen mit Federfüßen sehen kann.

Vogelmerkmal Nummer zwei: der Schnabel

Alle modernen Vögel besitzen einen zahnlosen Schnabel. Dieser besteht aus einer Hornscheide (Rhamphotheka), die auf einem Knochenschnabel sitzt. Horn ist hart und zäh und kann beständig neu gebildet werden. Wie unsere Fingernägel wachsen auch die Schnabelscheiden der Vögel ständig und werden dabei abgenutzt. Kleine Schäden werden so ausgebessert, Spitzen, Schneiden und Lamellen bleiben scharf und funktionsfähig. Unübersehbar ist die Formenvielfalt der Vogelschnäbel, denken wir dabei an Extreme wie Kreuzschnäbel, Tukane und Nashornvögel. Die Form eines Vogelschnabels sagt einiges, aber nicht alles über die Nahrung der Tiere aus. Hier sind einige Beispiele:

Vögel mit Hakenschnäbeln können Beutetiere und Aas zerkleinern, wie Greifvögel, zu denen auch die Geier gehören, und Eulen, aber auch Samen und Nüsse knacken, wie die Papageien. Lange, schlanke Schnäbel sind bestens geeignet, um im Boden nach Nahrung zu stochern, wie es viele Watvögel tun. Meist wird nur die Spitze des Schnabels geöffnet, um zum Beispiel einen Wurm zu greifen (siehe auch Kasten). Kolibris, die am Grunde von Blüten nach Nektar suchen, haben eine ganz ähnliche Schnabelform. Kurze, kegelförmige Schnäbel kennzeichnen samen- und körnerfressende Vogelarten, wie z. B. die Finkenvögel, allen voran der Kernbeißer. Die Entenvögel und Flamingos haben breite Schnäbel mit Hornlamellen, mit denen sie Kleintiere aus dem Wasser filtrieren, aber auch nicht zu hartes Pflanzenmaterial und Weichtiere zerkleinern können. Pelikanschnäbel haben so biegsame Unterkieferäste, dass sich unter Wasserdruck zusammen mit dem Kehlsack ein riesiger Kescher bildet.

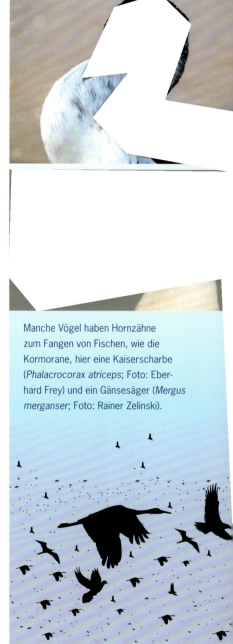

Manche Vögel haben Hornzähne zum Fangen von Fischen, wie die Kormorane, hier eine Kaiserscharbe (*Phalacrocorax atriceps*; Foto: Eberhard Frey) und ein Gänsesäger (*Mergus merganser*; Foto: Rainer Zelinski).

Nandu
Rhea americana

Gras, Kräuter

RUPFEN

Riesentukan
Rhamphastos toco

Früchte

QUETSCHEN

Mäusebussard
Buteo buteo

Königsgeier
Sarcoramphus papa

Fleisch, Aas

ZUPFEN

Haustaube
Columba livia

Blauracke
Coracias garrulus

Eisvogel
Alcedo atthis

Allesfresser **Kleinfische (Graben!)**

Graureiher
Ardea cinerea

Löffler
Platalea leucorodia

Fische, Fleisch **Fische, Fleisch**

GREIFEN

Wiedehopf
Upupa epops

Bekassine
Gallinago gallinago

Schwarzspecht
Dryocopus martius

Großinsekten (Bodenstreu) **Wirbellose (Boden)** **Insekten (Holz)**

STOCHERN

Beispiele verschiedener Schnabeltypen bei Vögeln. Nicht immer deutet die Form des Schnabels auf seine Nutzung hin. Bienenfresser bzw. Spinte, Eisvögel und Uferschwalben graben in steilen Sandwänden mit Hilfe ihres Schnabels Bruthöhlen – kaum zu glauben!
(Fotos: Eberhard Frey)

Kernbeißer
Coccothraustes coccothraustes
Harte Samen

Gelbmantellori
Lorius garrulus
Harte Samen, Früchte (Klettern!)

Fichtenkreuzschnabel
Loxia curvirostra
Zapfensamen

KNACKEN

SPREIZEN

Zaunkönig
Troglodytes troglodytes
Kleininsekten

Malaienspint
Merops viridis
Großinsekten (Graben!)

Stockente
Anas platyrhynchos
Plankton, Weichmaterial

Rosaflamingo
Phoenicopterus roseus
Plankton

FILTRIEREN

Gänsesäger
Mergus merganser
Fische

Scherenschnabel
Rhynchops niger
Kleinfische

Andenamazilie (Kolibri)
Amazilia franciae
Nektar, Kleinstinsekten (Blüten)

Uferschwalbe
Riparia riparia
Fluginsekten (Graben!)

Krauskopfpelikan
Pelecanus crispus
Fische

KESCHERN

Der Schnabel des Scheinzahnvogels *Dasornis emuinus* trägt zahnähnliche Knochenzinken. Damit konnte der ausgestorbene Gänsevogel auch große Fische sicher greifen.
(Foto: Volker Griener)

Der Schnabel als Musikinstrument, wenn die Stimme fehlt: klappernder Weißstorch (*Ciconia ciconia*).
(Foto: Rosl Rößner)

Für die allermeisten Vögel aber ist der Schnabel ein Universalwerkzeug, unabhängig von seiner Form. Ein Vogel kann damit Fett aus der Bürzeldrüse drücken und sein Gefieder einfetten und dabei auch reinigen. Er kann zerzauste Federn in Ordnung bringen, Nistmaterial und andere Dinge tragen, ja, sogar Werkzeuge herstellen, wie es manche Rabenvögel tun. Manche Vögel benutzen ihre Schnäbel zum Graben wie Eisvögel, Bienenfresser und Uferschwalben, oder, wie die Spechte, zum Hacken von Bruthöhlen oder zur Nahrungssuche in Holz, unter Rinde und im Boden. Einige Vögel wie Störche und junge Eulen benutzen ihre Schnäbel zur Lauterzeugung bei der Balz oder als Drohgebärde.

Den evolutiven Verlust ihrer Zähne haben die Vögel ganz offensichtlich verschmerzt, aber zwei Vogelgruppen haben sie sich in Form von Hornzähnchen wieder geholt: die zu den Entenvögeln gehörenden Säger und die Kormorane. Beide sind Fischjäger, die mit ihren Hornzähnchen ihre schlüpfrige Beute sicher packen können.

» BEWEGLICHE SCHÄDEL

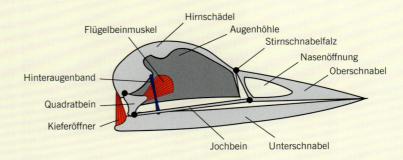

A: Prokinese

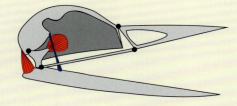

B: Amphikinese

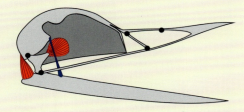

C: Rhynchokinese

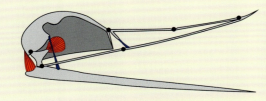

Der kinetische Schädel eines Vogels schematisch: Die schwarzen Punkte markieren die Gelenke, die wichtigste Muskulatur ist rot eingezeichnet. (Grafik: Eberhard Frey)

Der Schädel eines Säugetiers ist ein recht einfach funktionierendes Gebilde. Der Unterkiefer bewegt sich in seinem Gelenk gegen den Oberkiefer. Die Beweglichkeit des Unterkiefers wird lediglich durch die Form des Gelenks bestimmt. Der Oberkiefer aber ist ein starrer Bestandteil des Gesichtsschädels. Bei Vögeln ist das anders. Sie können nicht nur den Unterschnabel (Gnathotheca) absenken, sondern auch den Oberschnabel (Rhinotheca) nach Belieben anheben. Vögel haben also einen sogenannten kinetischen Schädel. Der Grund für diese Beweglichkeit ist das schwenkbare Quadratbein (Quadratum) und ein Knickgelenk im Oberschädel, das ein Auf- und Ab-Schwenken des Oberschnabels gestattet. Die Knochen an der Grenze zwischen Oberschnabel und Gaumendach bilden ein Gleitgelenk, in dem die Bewegung des Oberschnabels präzise geführt ist. Schub und Zug erfolgen über die Jochbeine (Jugalia), die vom Quadratbein an die unteren Ecken des Oberschnabels ziehen und biegsam sind.

Es gibt drei Haupttypen von Schädelkinetik bei Vögeln, die sich an der Lage des Falzgelenks unterscheiden lassen. Bei der **Prokinese (A)** bewegt sich der Oberschnabel in einem Falzgelenk, das an der Grenze zwischen Hirnschädel und Oberschnabel liegt, das Stirngelenk. Prokinetische Schädel hatten bereits einige Theropoda. Bei der **Amphikinese (B)** gibt es außer dem Stirngelenk noch eine zusätzliche Biegezone, die sich im Bereich der stark erweiterten Nasenzone befindet. Die erweiterten Nasenlöcher bei Vögeln mit einer solchen Schnabelkonstruktion werden von dünnen, biegsamen Knochenspangen eingefasst. Dadurch ist es nicht nur möglich, den Oberschnabel als Ganzes zu heben und zu senken, sondern unabhängig davon auch die Schnabelspitze ab dem Vorderrand der Nasenöffnung. Die komplizierteste Form der Schädelkinetik ist die **Rhynchokinese (C)**. Neben dem Stirngelenk und der nasalen Biegezone gibt es weitere Biegezonen im Oberschnabel, die vor den Nasenöffnungen liegen. Im Extremfall kann sogar nur die Spitze des Oberschnabels bewegt werden, wie das zum Beispiel bei Schnepfen und anderen langschnäbeligen Watvögeln der Fall ist. Diese Vögel können ihren geschlossenen Schnabel in ein Wurmloch stecken und die Beute mit der Schnabelspitze fassen, ohne den gesamten Schnabel öffnen zu müssen – was in dem engen Loch ja auch nicht ginge. Rhynchokinese kommt außer bei Watvögeln nur bei Kranichen, Seglern und Kolibris vor.

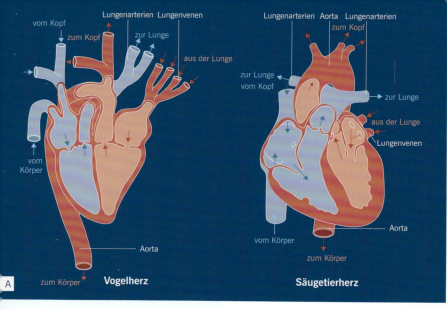
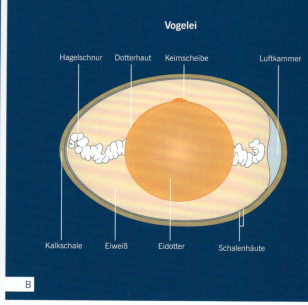

A: Die Herzen der Vögel und Säugetiere sind vierkammerig. Der Hauptunterschied zwischen den beiden ist die Aorta. Sie biegt bei den Vögeln nach rechts ab, bei Säugetieren nach links.
B: Ein Vogelei unterscheidet sich von einem Reptilienei durch die Hagelschnüre und die Luftkammer – und Vogeleier können im Vergleich zum Körper riesig sein, wie an diesem C: Kiwiweibchen (*Apteryx australis*) einen Tag vor der Eiablage gut erkennbar ist.
(Grafiken oben: Michaela Boschert; Grafik unten: J. Dumont d'Urville, Montage: Eberhard Frey)

Vogelmerkmal Nummer drei: die Warmblütigkeit

Wie die Säugetiere haben Vögel dauerhaft warmes Blut. Die Durchschnittstemperatur eines Vogels liegt mit etwa 42 °C etwa 4 °C über derjenigen der Säugetiere. Da Vögel nicht schwitzen können, bauen sie überschüssige Wärme durch Anlegen des Gefieders und Öffnen der Federraine ab. Wird es sehr heiß, öffnen Vögel den Schnabel und hecheln. Dabei wird der Luftdurchsatz durch das ausgedehnte Atmungssystem beschleunigt, was zur Abkühlung des Körpers führt. Voraussetzung für die Warmblütigkeit der Vögel ist nicht nur eine gute Isolation durch das Federkleid, sondern auch ein vierkammeriges Herz, das ganz ähnlich gebaut ist wie das Herz eines Säugetiers. Der Hauptunterschied ist, dass bei Säugetieren das sauerstoffreiche Blut über den linken Aortenbogen verteilt wird und bei Vögeln über den rechten.

Vogelmerkmal Nummer vier: das Ei

Die Kennzeichen eines Vogeleies kennt jeder vom Frühstückstisch. Umhüllt ist der Babybehälter der Vögel von einer harten, aber porösen Kalkschale. Diese ist mit einer festen Eihaut ausgekleidet, die Eiklar und Dotter birgt. Manchmal kann man diese Haut am Schalenrand eines aufgeschlagenen Hühnereis entdecken. Das Eiklar ist dickflüssig und enthält alle Salze und das Wasser, welches das Küken zum Wachsen braucht. Der Dotter ist das „Fresspaket", das dem Küken bis kurz nach dem Schlüpfen Eiweiße und Fette liefert, so lange, bis es andere Nahrung zu sich nehmen kann. Der Dotter, und das gibt es nur bei Vögeln, ist drehbar im Eiklar an den sogenannten Hagelschnüren aufgehängt. Diese sind bei einem frisch aufgeschlagenen Hühnerei als weißliche Verdichtungen im Eiklar erkennbar. Vogeleier werden von ihren Eltern immer wieder gedreht. Die Hagelschnüre sorgen dafür, dass der Dotter sich immer wieder mit der Keimscheibe oder dem jungen Embryo nach oben ausrichtet, damit der Embryo nicht an seinem eigenen Nahrungsvorrat erstickt. Eine weitere Besonderheit des Vogeleis ist die Luftkammer. Luftkammern finden sich auch in den Eiern einiger Reptilien, aber bei Vögeln befindet sie sich immer am stumpfen Ende, dort, wo später der Kopf des Kükens zu liegen kommt. Auf die Bedeutung dieses Umstands wird später noch ausführlich eingegangen. Und noch etwas kennzeichnet ein Vogelei: Im Vergleich zum Vogelkörper ist es riesig. Bei einem Kiwiweibchen füllt das Ei einen Tag vor dem Legen fast den ganzen Körper aus! Wie kommt aber ein derart riesiges Ei aus einem so kleinen Vogel heraus?

Vogelmerkmal Nummer fünf: das offene Becken

Riesige Eier können nur durch eine große Öffnung im Becken gelegt werden. Bei Säugetieren müssen sich die Jungen bei der Geburt durch den engen Geburtskanal des Beckens zwängen. Bei Säugetieren wie bei Vögeln besteht das Becken aus drei paarig angeordneten Knochen: Darmbein (Ilium), Sitzbein (Ischium) und Schambein (Pubis). Bei Säugern sind die beiden Schambeine durch die Beckenfuge, die Symphyse, faserknorpelig miteinander verbunden – sie haben ein bauchseitig geschlossenes Becken. Durch die elastische Verbindung der Schambeine ist der enge Geburtskanal wenigstens ein bisschen dehnbar, wenn der Embryo hindurchtritt. Aber selbst eine solche Dehnungsfuge würde es den Vögeln nicht ermöglichen, so große hartschalige Eier zu legen. Ihr Becken muss also grundlegend anders gestaltet sein als das der Säugetiere, obwohl es aus den gleichen Knochen besteht.

Im Verhältnis zum Rumpf sind die Darmbeine bei Vögeln groß und mit dem Kreuzbein über ihre gesamte Länge stabil verbunden. Anders als bei Säugern besteht das Kreuzbein bei Vögeln aus vielen miteinander verschmolzenen Wirbeln. Die auf der Bauchseite liegenden Schambeine und die Sitzbeine sind nicht miteinander verbunden. Es gibt also gar keine Symphyse. Schambeine und Sitzbeine liegen parallel zueinander und sind nach hinten gerichtet. Durch die fehlende Symphyse verliert das Becken zwar an Stabilität, erhält aber eine große Öffnung, durch die die großen Eier gelegt werden können. Diese Öffnung konnte aber nicht entstehen, solange die Oberschenkel von speziellen Haltemuskeln, den Ober-

» WIE KOMMT DIE LUFT IN DAS EI?

Werden Vogeleier gelegt, enthalten sie keine Luftkammer. Unmittelbar nach dem Legen beginnt das im Eiklar enthaltene Wasser durch die harte, aber poröse Schale zu verdunsten. Dabei wird Luft aufgenommen, die sich ausschließlich am stumpfen Ende des Eies sammelt. Warum das so ist, ist bislang nicht bekannt. Jedenfalls endet diese Luftaufnahme nach kurzer Zeit. Diese Art der Luftkammer gibt es nur in Vogeleiern – ein Vorrat für den ersten Atemzug im Ei.

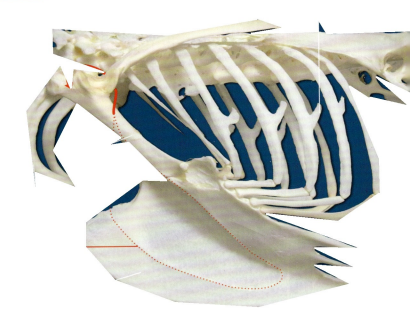

Der stabile Brustkorb am Beispiel eines Waldrapps (*Geronticus eremita*) in Seitenansicht. Deutlich ist das mächtige Brustbein mit seinem Kiel zu sehen. Hier setzt die Flugmuskulatur an.
(Foto: Eberhard Frey)

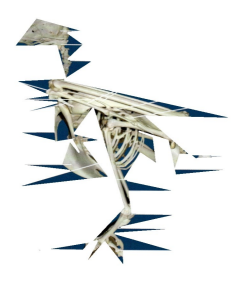

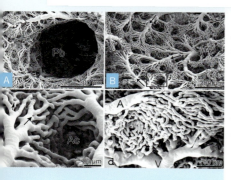

Oben: Am Skelett dieser Schneeeule (*Nyctea scandiaca*) ist die Trennung zwischen Lauf- und Flugapparat sofort zu erkennen.
(Foto: Eberhard Frey)

Unten: Blutgefäßausgusspräparate zeigen, wie kompliziert eine Vogellunge gebaut ist. A und B zeigen eine Innenansicht des Blutgefäßnetzes einer Lungenpfeife (Parabronchus, Pb). Die Pfeile zeigen die Abflussvenen aus der Lungenpfeifenwand. Auch sind bei stärkerer Vergrößerung die winzigen Luftkapillaren (air capillaries, Ac) zu erkennen.
(Verändert nach Makanya und Koautoren, American Journal of Physiology – Lung Cell Molecular Physiology, 2006).

schenkeladduktoren an den Körper gezogen wurden. Oberschenkeladduktoren sind Muskeln, die vom Oberschenkel aus zu den Scham- und den Darmbeinen ziehen und den Oberschenkel beim Stehen und Laufen an den Körper ziehen. Beim Vogel gibt es diese Muskeln nicht mehr (siehe unten).

Betrachtet man ein Vogelskelett, so fällt auf, dass die Oberschenkel nicht nach unten zeigen, sondern vom Hüftgelenk aus waagrecht nach vorne ausgerichtet sind. Auch wenn ein Vogel läuft, führt der Oberschenkel kaum Bewegungen aus. Vielmehr dient er als Ansatzstelle und Widerlager für die Muskulatur, die den Unterschenkel bewegt und entlastet so das Becken, das durch die Öffnung an Querstabilität verloren hat. Durch diese Anordnung kommen die Kniegelenke etwa auf der Höhe des Brustkorbs zu liegen. Sie haben bei Vögeln funktionell die Aufgabe der Hüftgelenke.

Durch diese Konstruktion sind die Hinterbeine auch völlig unabhängig von der Vorderextremität beweglich. Warum ist es für den Vogel aber nun so wichtig, große hartschalige Eier zu legen, dass er dafür einen Teil der Beckenstabilität aufgibt und sie nur durch komplizierte Umgestaltungen seines Beinskeletts wiederherstellen kann? Es ist kaum zu glauben, aber es hat mit der Atmung und dem speziellen Bau der Vogellunge zu tun.

Vogelmerkmal Nummer sechs: die Lunge

Säugetiere und Vögel atmen über eine Lunge. Allerdings gibt es zwischen der Vogellunge und der menschlichen Lunge sowie der aller Säugetiere große Unterschiede. Lungen von Menschen und allen anderen Säugern haben blind endende Lungenbläschen (Alveolen), die von einem feinen Kapillargespinst umgeben sind. Eingeatmete sauerstoffreiche Luft gelangt durch die Bronchien und Bronchiolen schließlich in die Alveolen. An ihrer dünnen und feuchten inneren Oberfläche geht der Sauerstoff aus der eingeatmeten Luft in das Blut der Kapillaren über. Gleichzeitig wird mit dem Blut aus dem Körper auch Kohlenstoffdioxid zu den Alveolen befördert. Kohlenstoffdioxid gelangt aus dem Blut in die Alveolen und wird beim Ausatmen mit der Luft aus dem Körper befördert. Da sich in den Alveolen immer Sauerstoff und Kohlenstoffdioxid vermischen, können wir nie den gesamten Sauerstoffgehalt unserer eingeatmeten Luft nutzen. Ein wenig Sauerstoff ist immer auch in der ausgeatmeten Luft enthalten. Dies lässt sich gar nicht vermeiden, denn unsere Atemluft muss sowohl beim Einatmen als auch beim Ausatmen den gleichen Weg nehmen.

Ganz anders als bei Menschen und allen anderen Säugern ist das Atmungssystem der Vögel gestaltet. Die eigentliche Lunge, wo die Sauerstoffaufnahme stattfindet, ist nur

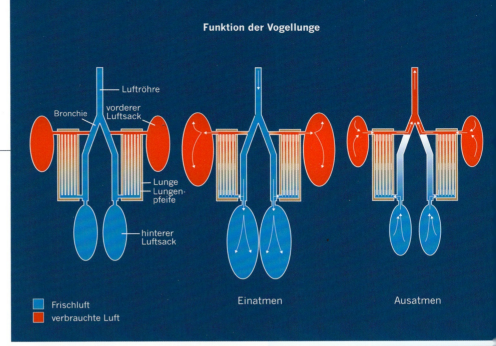

ein kleiner Teil, kaum ein Zehntel des Systems, das neben ihr auch noch Luftsäcke umfasst, die sich in den Hinterleib und sogar bis in die Knochen hinein ziehen. Dieses Luftsacksystem erlaubt es dem Vogel, dass seine Lunge von einem konstanten Strom sauerstoffreicher Luft durchströmt wird. Ein wirklich kompliziert gebautes System! Schon aus diesem Grund muss die Vogellunge auch völlig anders gebaut sein als die Säugerlunge. Durch blind endende Alveolen kann kein konstanter sauerstoffreicher Luftstrom geleitet werden! Daher muss die Vogellunge so gebaut sein, dass Luft durch sie hindurchströmen kann. Das ermöglichen Lungenpfeifen, die nach beiden Seiten offen sind, und ein mit den Luftsäcken verbundenes System aus parallel zueinander verlaufenden Luftkapillaren bilden.

Wie aber entsteht der Luftstrom, der kontinuierlich durch die Vogellunge strömt? Dafür sorgen hauptsächlich Pumpbewegungen der Brustbeinspitze. Durch ihre Tätigkeit werden die Luftsäcke in der Bauchhöhle wie Blasebälge auseinandergezogen und wieder zusammengedrückt. Beim Einatmen wird sauerstoffreiche Luft durch die Lunge hindurch in die hinteren Luftsäcke gezogen, weil sie durch die Abwärtsbewegung der Brustbeinspitze gedehnt werden. Gleichzeitig wird dadurch die in ihnen enthaltene Luft aus dem vorhergehenden Atemzug durch die Luftkapillaren der Lunge in die vorderen Luftsäcke gepumpt. In den Luftkapillaren wird der Sauerstoff aus der Luft ans Blut abgegeben und das im Blut enthaltene Kohlenstoffdioxid abgegeben. Atmet der Vogel aus, werden die hinteren Luftsäcke durch Heben der Brustbeinspitze zusammengepresst. Dabei strömt die immer noch sauerstoffreiche Luft aus ihnen durch die Lungenpfeifen und in die vorderen Luftsäcke hinein. In den Lungenpfeifen wird der Sauerstoff durch ein quer zu den Lungenpfeifen verlaufendes Blutkapillarnetz ins Blut aufgenommen. Die in den vorderen Luftsäcken noch aus dem vorangegangenen Atemzug enthaltene sauerstoffarme Luft wird durch die nachströmende Luft verdrängt. Sie strömt schließlich durch die Luftröhre aus. Das Volumen des respiratorischen Teils der

Oben: Schematische Darstellung der Ventilation einer Vogellunge. (Grafik: Michaela Boschert, Vorlage: Eberhard Frey)

Unten: Schematische Darstellung des Luftsacksystems und der Lunge einer Amsel (*Turdus merula*). (Foto: L. Kenzel, Wikimedia, Grafik: Eberhard Frey)

Der Brustkorb eines Waldrapps (*Geronticus eremita*) schräg von oben gesehen. Durch das Drei-Knochen-Loch zeigt die Sehne des Aufschlagmuskels vom Brustbein zur Oberseite der Oberarmknochens. (Foto: Eberhard Frey)

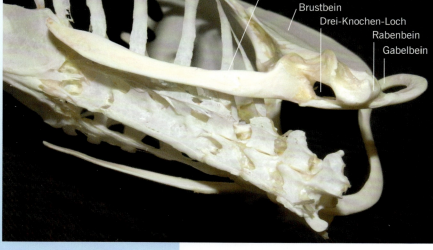

Schulterblatt
Brustbein
Drei-Knochen-Loch
Rabenbein
Gabelbein

Vogellunge muss immer konstant bleiben, damit sie durch den kontinuierlichen, stets in einer Richtung fließenden Luftstrom durchströmt werden kann. Keinesfalls dürfen die Luftkapillaren geknickt werden. Sie verkleben sonst, der Luftstrom stoppt und der Vogel erstickt.

Weil die empfindliche Vogellunge vor Druck und Quetschungen geschützt sein muss, sieht der Vogelbrustkorb völlig anders aus als der eines Menschen oder eines anderen Säugetiers. Am auffälligsten ist der tiefe Kiel des Brustbeins, der sogenannte Brustbeinkamm. Er vergrößert die Ansatzfläche der Flugmuskeln gewaltig. Die knorpelige Spitze des Brustbeins ragt weit in die Bauchhöhle hinein und sorgt so für die Pumpbewegung, die die Luftsäcke dort dehnt und zusammenpresst. Dabei schwingt das Brustbein um seine quer ausgerichteten Falzgelenke mit den Rabenbeinen. Die unteren Rippenspangen sind mit dem Brustbein und den Rippenbögen gelenkig verbunden. Da sich die Rippenbögen beim Atmen selbst kaum bewegen, wird die eigentliche Lunge keinem Druck ausgesetzt und die Lungenpfeifen werden nicht zusammengedrückt. Der Brustkorb wird durch eine besondere Rippenkonstruktion zusätzlich stabilisiert. In ihrem oberen Drittel haben die Rippen nach hinten gerichtete Hakenfortsätze, die immer der nachfolgenden Rippe seitlich aufliegen und mit dieser bindegewebig verbunden sind. Zweiköpfige Rippengelenke im Bereich der Brustwirbel und eine besonders starke Rippenwölbung gerade in diesem Gelenkbereich sorgen dafür, dass der Brustkorb genau dort, wo die Lunge sitzt, so gut wie starr ist. Die Rippenarkaden sind sogar als Abdrücke in der Vogellunge erkennbar! Damit ist nicht nur durch die Konstruktion des Brustkorbs, sondern auch durch die Lage der Lunge in ihm gewährleistet, dass die Lungenpfeifen weder beim Atmen noch durch Stöße von außen geknickt werden können. Dieses umfangreiche Atemsystem, das aus der Lunge im Brustkorb und den mit ihr verbundenen Luftsäcken besteht, die sich fast im ganzen Vogelkörper ausdehnen, konnte nur so entstehen, weil durch das offene Becken ausreichend Platz in der Bauchhöhle ist.

Erst wenn man das komplizierte Atmungssystem der Vögel verstanden hat, kann man nachvollziehen, warum Vögel diese riesigen hartschaligen Eier mit Luftkammer legen müssen. Atmung und Vogelei hängen nämlich eng zusammen: Die Lungenpfeifen müssen schon vor dem Schlüpfen des Kükens belüftet werden, da sie sonst nicht funktionsfähig sind, ja nicht einmal differenzieren können. Der Luftvorrat dafür ist in der Luftkammer des Eis vorhanden – und praktischerweise liegt sie immer am stumpfen Ende, wo auch der Kopf des Kükens liegt. Ist die Lunge des noch nicht geschlüpften Kükens bereit zum ersten Atemzug, durchstößt das Küken im Ei mit seinem Schnabel die innere Schalenhaut zur Luftkammer und kann so mit Hilfe der Luft das Wasser aus der kaum differenzierten Lunge entfernen, damit sich die Lungenpfeifen schon vor dem Schlüpfen fertig ausbilden können. Diese Luft in der Luftkammer und auch die dann mit Luft gefüllten Luftsäcke in der Bauchhöhle des Kükens nehmen ein bestimmtes Volumen ein, das nur in großen hartschaligen Eiern Platz finden kann. Daher brauchen Vögel ein offenes Becken, damit die großen Eier auch gelegt werden können.

Vogelmerkmal Nummer sieben: der Flugapparat

Wer hat nicht schon einmal Hähnchenbrust gegessen? Dabei wird allerdings kaum jemandem bewusst gewesen sein, dass er dabei wesentliche Teile des Flugapparats, nämlich Flugmuskulatur, verspeist hat. Fliegen können Vögel durch das Zusammenspiel von Flugmuskulatur und Skelettapparat. Da beim Fliegen große Kräfte auf das Skelett übertragen werden, muss die Konstruktion nicht nur leicht, sondern auch stabil sein und die auftretenden Kräfte abfedern können. Hier ist vor allem der Bau des Schultergürtels von Bedeutung. Dieser besteht bei Vögeln aus zwei paarigen Knochen, dem Rabenbein (Coracoid), das auch der stärkste Knochen im Schultergürtel ist, und

Schematische Darstellung der Arbeit der Flugmuskulatur eines Vogels.
(Grafik: Michaela Boschert, Vorlage: Eberhard Frey)

» ZWANGSGEFÜHRT

Der Flügelschlag erfolgt ausschließlich im Schultergelenk. Hier kann auch der Flügel als Ganzes vor und zurückgeschwenkt werden. Ellenbogen- und Handgelenk können nur in Abhängigkeit voneinander gebeugt und gestreckt werden. Elle und Speiche arbeiten dabei wie ein Parallelogramm, das gegen eine Platte aus verschmolzenen Handwurzelknochen drückt. Wird das Ellenbogengelenk gebeugt, so schwingt die Hand automatisch zurück. Wird es gestreckt, schwingt die Hand nach vorne.

So braucht ein Vogel kaum Muskeln, um die Bewegungen von Hand und Arm zu koordinieren. Die Knochen der Mittelhand sind fest miteinander verwachsen, Finger zwei und drei ebenfalls. Die äußeren Handwurzelknochen sind ebenfalls fest mit den Mittelhandknochen verschmolzen. Nur der eingliedrige Daumen ist noch beweglich. Er trägt den Daumenfittich. Hoatzins und die großen Laufvögel tragen Krallen am Daumen und dem zweiten Finger. Der dritte ist stets krallenlos.
(Grafik: Eberhard Frey)

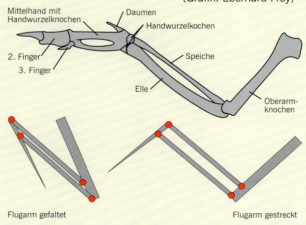

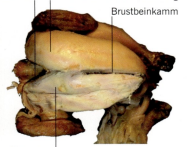

Gabelbein Großer Brustmuskel (Abschlagmuskel)
Brustbeinkamm

Oberer Rabenbeinmuskel (Aufschlagmuskel)

Oben: Vögel ohne Federn sehen merkwürdig aus. Das hier ist eine federlose Zuchtform des Haushuhns. (Foto: Avigdor Cahaner).

Unten: Bei jedem Brathähnchen vor dem Essen mit etwas Geschick leicht zu entdecken – die beiden Flugmuskeln. (Foto: Tina Roth, Eberhard Frey).

dem Schlüsselbein. Die Schlüsselbeine sind bei Vögeln gabelartig auf der Bauchseite miteinander verwachsen und bilden den sogenannten Wunschknochen, das Gabelbein (Furcula). Diese Knochenfeder stabilisiert die Schultergelenke durch eine elastische Verbindung gegeneinander und kann so die beim Flügelschlag auftretenden Kräfte abfangen.

Das Rabenbein stützt den kräftigen Auf- und Abschlag der Flügel im Schultergelenk ab. Es ist auf der Bauchseite über ein Falzgelenk mit dem Brustbein verbunden. Das Gabelbein bildet zusammen mit dem Schulterblatt und dem Oberarmknochen das Schultergelenk. Bei Vögeln sind die Schulterblätter schwertförmig und verlaufen beiderseits der Wirbelsäule parallel zu ihr nach hinten. Sie tragen also nicht nur zur Stabilität des Schultergelenks bei, sondern bilden auch eine paarige Schiene entlang der Rippenbögen, dort etwa, wo die Lungen sitzen. Die Flügel werden im Wesentlichen durch zwei Flugmuskeln bewegt, nämlich durch den Großen Brustmuskel und den Oberen Rabenbeinmuskel. Da jeder Muskel einen Gegenspieler haben muss, braucht es einen Muskel, der den Vogelflügel nach oben, und einen, der ihn nach unten bewegt. Obwohl diese beiden Muskeln gegenläufige Bewegungen erzeugen, liegen sie beide auf der Bauchseite des Vogels. Der Große Brustmuskel entspringt paarig rechts und links des großen Brustbeinkamms. Von dort aus zieht er nach vorne oben am Gabelbein vorbei an die Unterseite eines Hebelfortsatzes (Deltoidfortsatz) am Vorderrand des Oberarmknochens. Zieht sich der Große Brustmuskel zusammen, verkürzt er sich und übt dadurch Zug auf die Unterseite des Oberarmknochens aus. Dadurch wird der Oberarmknochen nach unten gezogen, der Flügel senkt sich, es kommt zum Flügelabschlag. Für die entgegengesetzte Bewegung, den Flügelaufschlag, ist der Obere Rabenbeinmuskel verantwortlich. Er entspringt paarig rechts und links des Brustbeinkamms und auf der Brustbeinplatte unter dem Großen Brustmuskel, von dem er verdeckt wird. Vom Brustbein, den Vorderflächen der Rabenbeine und den Seitenrändern des Gabelbeins ziehen der Obere Rabenbeinmuskel wie der Große Brustmuskel nach vorne oben. Um den Aufschlag des Flügels zu bewirken, muss er jedoch auf der Oberseite des Oberarmknochens ansetzen. Aber wie kommt ein Muskel, der auf der Bauchseite des Vogels entspringt, zur Oberseite des Oberarmknochens, ohne die Beweglichkeit des Flügels einzuschränken? Um diese Verbindung zu ermöglichen, muss es einen Durchlass im Bereich des Schultergelenks zur Oberseite des Oberarmknochens geben. Dieser Durchlass, das Drei-Knochen-Loch (Foramen triosseum), wird vom Schulterblatt, dem Schlüsselbein und dem Rabenbein gebildet. Durch dieses Drei-Knochen-Loch zieht allerdings nicht der Obere Rabenbeinmuskel selbst, sondern seine Zugsehne. Diese Sehne zieht nun also von unten durch das Drei-Knochen-Loch hindurch, biegt von dort nach der Seite um und setzt auf der Oberseite des Deltoidfortsatzes am Oberarmknochen an und zwar genau über dem Ansatz des Großen Brustmuskels. Kontrahiert der Große Rabenbeinmuskel und verkürzt sich dabei, wird der Zug über die Sehne umgelenkt und auf die Oberseite des Oberarmknochens übertragen. Dadurch wird der Knochen nach oben gezogen, obwohl der Muskel unterhalb des Schultergelenks liegt.

Der Große Brustmuskel ist ungefähr doppelt so groß wie der Obere Rabenbeinmuskel. Um diesen Größenunterschied zu verstehen, muss man die Form und Funktion des Vogelflügels betrachten: Der Flügel ist im Längsschnitt gewölbt. Durch die Wölbung wird im Flug Auftrieb erzeugt, der das Gewicht des Vogelkörpers trägt (siehe Kapitel 2). Wird der Flügel nach unten bewegt, erfordert das vom Vogel wesentlich mehr Kraft als der Aufschlag, der bei den meisten Vögeln – zumindest während des Streckenfluges – passiv erfolgt. Außerdem sorgt der Abschlag gleichzeitig auch für den Vortrieb. Diese vorwärts-abwärts gerichtete Kraft muss vom Großen Brustmuskel aufgebracht werden; verständlich, dass er deutlich größer sein muss als der Obere Rabenbeinmuskel. Man könnte den Großen Brustmuskel auch als „Flügelabschlagmuskel" bezeichnen und den Oberen Rabenbeinmuskel als „Flügelaufschlagmuskel". Die beiden auf der Bauchseite liegenden Flugmuskeln sorgen außerdem dafür, dass der Schwerpunkt des Vogels in der Brustregion unter den Flügeln liegt. Dadurch muss der Vogel kaum Energie aufwenden, um sich selbst während des Fliegens im Gleichgewicht zu halten.

Raubsaurier auf dem Hühnerhof?

Ein Vogel ohne Federn sieht merkwürdig, ja fremdartig aus. Seine Schuppenfüße mit den vier bekrallten Zehen, von denen drei nach vorne gerichtet sind, erinnern an die Füße eines Raubsauriers. Dazu kommt der lange, S-förmig gekrümmte, spindeldürre Hals, der ebenfalls saurierhaft wirkt. Wären da nicht der Bürzel, die krallenlosen Hände und die tiefe Brust, könnte man meinen, man hätte einen Raubsaurier vor sich und in der Tat hat man das auch, wie wir im Folgenden sehen werden.

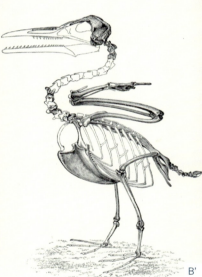

A: Thomas Henry Huxley (1825–1895; Wikimedia), die „Bulldogge Darwins", erkannte die Bedeutung von *Archaeopteryx lithographica* (Abguss, A'; Foto: Volker Griener) als Bindeglied zwischen Vögeln und Reptilien und schuf den Begriff vom „missing link".

B: Othniel Charles Marsh (1831–1899) fand den bezahnten Kreidevogel *Ichthyornis dispar* (B') und bestätigte, dass Vögel etwas mit Reptilien zu tun haben müssen. Die Abbildung stammt aus der Veröffentlichung von Marsh, 1886.
(Foto: Library of Congress Prints and Photographs Division. Brady-Handy Photograph Collection. http://hdl.loc.gov/loc.pnp/cwpbh.04124)

Der Künstler und Paläontologe Gerhard Heilmann (1859 – 1946; Selbstporträt) erkannte in *Archaeopteryx* einen Urvogel und rekonstruierte seinen reptilischen Vorläufer in seinem berühmten Buch über den Ursprung der Vögel, den hypothetischen *Proavis*. (Quelle: Wikimedia)

Nahezu alle Wissenschaftler sind sich heute einig, dass die Vögel direkte Nachfahren der Raubsaurier (Theropoda) sind. Taxonomisch würde das bedeuten, dass die Aves, also die Vögel, als Klasse nicht mehr existieren. Die Hypothese, dass die Vögel etwas mit den Dinosauriern zu tun haben könnten, brachte der britische Biologe und Mitstreiter Darwins, Thomas Henry Huxley (1825 – 1895), auf. Er erkannte, dass der Urvogel *Archaeopteryx* ein Bindeglied zwischen Vögeln und Reptilien ist und schuf den Begriff des „missing link", des fehlenden Bindeglieds zwischen Taxa hohen Ranges wie Reptilien und Vögel. Die Vögel aber blieben als Klasse erhalten und von Dinosauriern oder gar Raubsauriern war keine Rede, weil damals einfach zu wenige Fossilien bekannt waren. Huxley wurde von der Fachwelt unter anderem deshalb angefeindet, weil er mit seiner Hypothese vom „missing link" versuchte, Darwins junge Evolutionstheorie zu untermauern.

Der U.S.-amerikanische Paläontologe Othniel C. Marsh (1831 – 1899) hatte in den Vereinigten Staaten selbst genug Ärger mit seinem Erzrivalen Edward Drinker Cope, aber er hatte die Überreste eines Tieres gefunden, das er zunächst für ein Meeresreptil hielt. Nach weiteren Funden stellte sich das Meeresreptil zweifelfrei als Vogel heraus, der den Namen *Ichthyornis dispar* erhielt. Dieser Vogel hatte Zähne, genau wie *Archaeopteryx,* und die Zähne sahen denen von kleinen Theropoden ähnlich! Interessiert hat das damals niemanden so richtig.

Der dänische Maler und Hobbypaläontologe Gerhard Heilmann veröffentlichte im Jahre 1927 ein Buch über den Ursprung der Vögel (The Origin of Birds). Wieder spielte *Archaeopteryx* dabei eine Schlüsselrolle. Heilmann erkannte die Ähnlichkeit zwischen *Archaeopteryx* und den kleinen Theropoden, ja, er präsentierte sogar einen Vorvogel (*Proavis*), verneinte aber kategorisch die Verwandtschaft zwischen modernen Vögeln und Dinosauriern. Zwar waren kleine Dinosaurier wie *Compsognathus* bekannt, doch fehlten diesen Tieren Vogelmerkmale wie Gabelbeine und große Hände mit langen Fingern. In der Evolution einmal verloren gegangene Merkmale konnten nicht einfach wieder neu entstehen. Dennoch hatte Heilmann mit seinem Buch in zweierlei Hinsicht Zeichen gesetzt. Erstens präsentierte er ganz herausragende Rekonstruktionen von *Archaeopteryx* und *Proavis*, und zweitens beschrieb er diese Tiere einschließlich des kleinen Raubsauriers *Compsognathus* als agile, intelligente Tiere.

Man schreibt das Jahr 1964. Im U.S.-amerikanischen Bundesstaat Wyoming wird das Skelett eines mittelgroßen Theropoden ausgegraben. Die Kiefer haben für die Größe des Tieres kleine, aber scharfe Zähne. Die Hände tragen drei lange Finger mit scharfen Krallen. Ein Gabelbein ist vorhanden – kurz, die Ähnlichkeit zu *Archaeopteryx* ist nicht zu leugnen. Die Innenzehe des Fußes trägt eine große, scharfe Kralle, eine Kralle, die bestens geeignet war, einem Beutetier tödliche Wunden beizubringen, ein wahre Schreckenskralle. Entsprechend nannte der amerikanische Paläontologe John Ostrom das Tier *Deinonychus*, die Schreckenskralle. Robert Bakker, ein Schüler John Ostroms, rekonstruierte *Deinonychus* als warmblütigen, agilen und

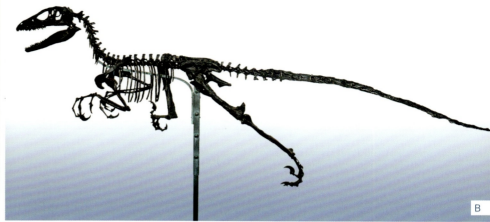

schlauen Beutegreifer. Aus dem schnellen Lauf heraus griff das Tier seine Beute. Bei den immer kleiner werdenden Nachfahren von *Deinonychus* entwickelten sich laut OSTROM an den Armen Federn, die das Fangen von Insekten ermöglichten, Fliegenklatschen aus Federn sozusagen. Dass die Schläge ein Insekt fortgetrieben hätten, hatte JOHN OSTROM nicht bedacht, aber was seine anatomische Analyse und den Vergleich mit *Archaeopteryx* angeht, brachte der Paläontologe den Stein ins Rollen: Vögel sind nicht nur mit bestimmten Theropoden verwandt, sie gingen aus ihnen hervor. *Deinonychus* war allerdings nur durch ein Skelett belegt. Anzunehmen, dass das Tier befiedert gewesen sein könnte, schien OSTROM zu vermessen.

Inzwischen gibt es zahlreiche Funde von gefiederten Theropoda, auch von Dromaeosauriern, zu denen auch *Deinonychus* gehört. Die meisten davon gehören nicht in die unmittelbare Verwandtschaft der modernen Vögel. Ein Blick auf die Systematik zeigt, dass Federn innerhalb der Theropoda weit verbreitet waren. Sogar die Tyrannosaurier und die Ornithomimosaurier hatten welche, wie Funde aus China belegen.

Fast jedes Jahr werden neue befiederte Raubsaurier gefunden, besonders in den Unterkreidefundstellen der chinesischen Provinz Liaoning. Fast jeder neue Fund beeinflusst oder verändert sogar den Stammbaum der Vögel. Das Gleiche gilt für die Position von *Archaeopteryx* innerhalb des Stammbaums und den Ursprung der modernen Vögel im LINNÉ´schen Sinne, den Aves. Stammbäume werden heute in Form von Kladogrammen dagestellt. Kladogramme sind Analysen, in denen von Wissenschaftlern festgelegte Schlüsselmerkmale nach ihrer Verteilung in den fraglichen Taxa gruppiert werden. Ein Rechnerprogramm erstellt daraus einen Verzweigungsbaum mit möglichst ausschließlich zweiteiligen Gabelästen. Die Verbindung zwischen den Gabelästen wird durch die mathematisch sparsamste Annahme bestimmt, wobei eine Ähnlichkeitshierarchie erstellt wird: je ähnlicher, desto enger verwandt. Neufunde können solche Stammbäume auf den Kopf stellen, besonders wenn neue Merkmale ins Spiel kommen. Zudem hängt die Auswahl der Merkmale oft von der Auffassung der Bearbeiter ab, weshalb es verschiedene „Stammbäume" über die „Evolution" der Vögel gibt, die mehr oder weniger von der wissenschaftlichen Gemeinde anerkannt sind. Keiner dieser Stammbäume vermag den Weg vom Theropoden zum Vogel zu erklären. Hier stellen wir ein evolutionäres Ablaufmodell vor, mit dem der konstruktive Wandel vom Theropoden zum Vogel anschaulich gemacht wird. Wird es damit möglich sein, die Vögel im LINNÉ´schen Sinne von den Theropoda abzugrenzen?

A: *Archaeopteryx lithographica,* Berliner Exemplar, Museum für Naturkunde, Berlin.
(Foto: Eberhard Frey)

B/B´: John H. Ostrom (1928 – 2005) entdeckte einen etwa drei Meter langen, vogelähnlichen Theropoden mit einer schrecklichen Kralle an den Innenzehen, *Deinonychus antirrhopus,* und entwickelte das erste Evolutionsmodell vom Raubsaurier zum Vogel.
(Foto: Harvard University, Wikimedia)

Gegenüberliegende Seite:
Diese stammbaumähnliche Übersicht zeigt, dass fast alle Merkmale der modernen Vögel in verschiedenen Theropodenlinien auftauchen. Einzig das offene Becken gibt es nur bei Vögeln!
(Grafik: Michaela Boschert, Vorlage: Eberhard Frey)

Noch gewöhnungsbedürftig, aber nach Funden aus China durchaus realistisch: *Tyrannosaurus rex* mit daunenartigen Federn.
(Rekonstruktion: Michaela Boschert)

» „EVOLUTIONÄRES ABLAUFMODELL", WAS IST DAS EIGENTLICH?

Kladogramme können zwar Ähnlichkeiten nach mathematischen Richtlinien gruppieren und Hinweise auf morphologisch oder genetisch begründete Verwandtschaftsbeziehungen liefern, aber die Rekonstruktion von Evolutionsprozessen ist problematisch. Es ist nämlich lediglich möglich, das Auftauchen einzelner Merkmale im „Stammbaum" zu konstatieren. Selbst wenn mehrere Merkmale an einem Knoten erscheinen, ist die Frage nach dem funktionellen Zusammenhang dieser Merkmale nicht erschließbar. Denn funktional miteinander gekoppelte Merkmale sollen in einem Kladogramm überhaupt nicht verwendet werden. Ein weiteres Problem liegt darin, dass Evolution ein Prozess ist, die Taxa (Art, Gattung, Familie usw.) aber statische Einheiten innerhalb eines Evolutionsprozesses sind, die uns helfen, Ordnung in die Vielfalt zu bekommen. Um Evolution als Prozess darzustellen, sind diese Taxa nutzbar, besonders wenn man sie unter dem Aspekt physikalisch-mechanischer Zwänge betrachtet (siehe auch Kapitel 2). Veränderungen können nur im Rahmen dieser Zwänge ablaufen und auf der Grundlage einer existierenden Tier- oder Pflanzenkonstruktion. Jede Veränderung muss während der Lebenszeit eines Organismus funktional sein – zumindest, bis er sich einmal reproduziert hat. Diese banale Erkenntnis war eine der Grundlagen des Methodengebäudes der Frankfurter Schule um WOLFGANG FRIEDRICH GUTMANN (1935 – 1997), die sich nicht mit dem Erstellen von Stammbäumen zufriedengeben wollte. Ungeachtet der Tatsache, dass die GUTMANN´schen Hypothesen in der wissenschaftlichen Gemeinde zum Teil auf heftige Ablehnung stoßen, gab es doch Ansätze in der Arbeitsgruppe, die für die Rekonstruktion und die plausible Darstellung von Evolutionsabläufen bestens geeignet sind. Einer davon ist das evolutionäre Ablaufmodell. Ein solches Ablaufmodell erklärt, wann welche Veränderung in einem Organismus stattgefunden hat. Der Organismus wird unter konstruktionsmorphologischen Aspekten analysiert, um herauszufinden, welches Teilsystem sich im Rahmen physikalisch-mechanischer Zwänge in welcher Form verändern kann. Meistens sind das ganz simple Zusammenhänge, die gut modellierbar sind, wie Fortbewegungs-, Fortpflanzungs- und Nahrungsaufnahmemechanismen. Diese Veränderungen sind immer dann besonders gut erkennbar, wenn sie nicht rückgängig zu machen sind, ohne die Vitalität eines Organismus zu beeinträchtigen. Eine solche „Rückveränderungssperre" markiert ein sogenanntes Konstruktionsniveau, das wiederum die Grundlage für weitere Veränderungsmöglichkeiten bildet.

Ausgangspunkt für die Rekonstruktion eines Evolutionsablaufes ist stets ein Organismus und eine Idee von seinen konstruktionsmorphologischen Zusammenhängen. Daraus lassen sich dann physikalisch zu begründende Vor- oder Folgekonstruktionen herleiten, die, wenn man Glück hat – wie im Falle der Vögel – auch fossil belegt werden können. Im Falle der Pterosaurier und der Fledermäuse hat man dieses Glück nicht.

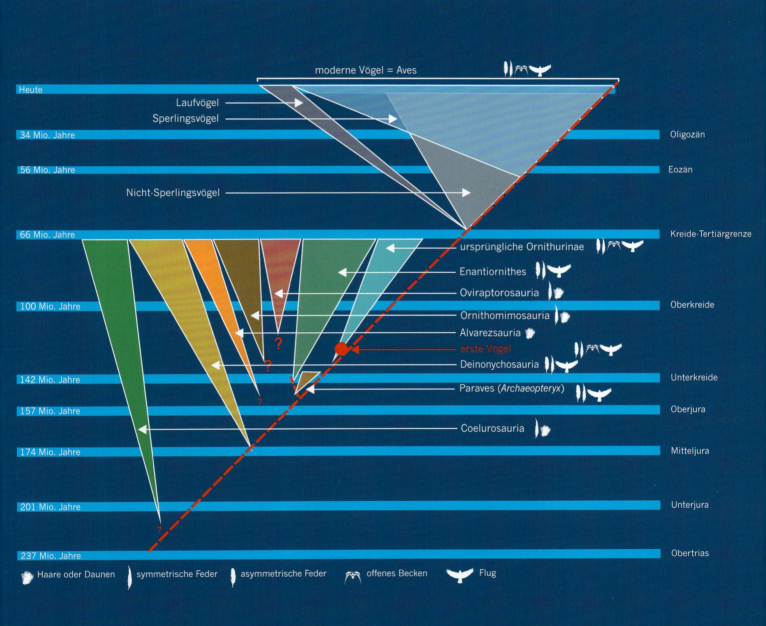

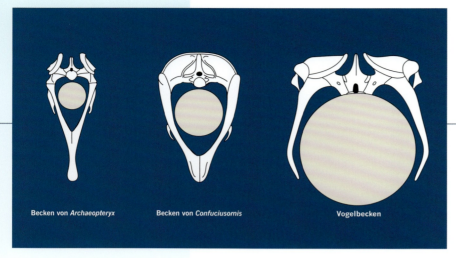

Das Becken des „Urvogels" *Archaeopteryx*, eines *Confuciusornis* und das eines Haushuhns auf gleiche Größe gebracht, macht den Unterschied in der möglichen Größe der Eier mehr als deutlich.
(Grafik: Michaela Boschert)

Ein Schlüsselmerkmal am Skelett der Vögel ist das bauchseitig offene Becken (siehe oben). Kein anderer Theropode hat ein solches Becken. Die Scham- und Sitzbeine sind über eine Naht, eine sogenannte Symphyse, miteinander fest verbunden. Die Öffnung des Beckens und damit die Eipassage ist schmal. Die Größe der Eier ist also bei allen „Nichtvogel-Theropoden" durch Knochen begrenzt. Das hat nicht nur Konsequenzen für die Größe des Embryos, sehr wahrscheinlich fehlte auch eine Luftkammer, die das Vorbeatmen der Pfeifenlungen ermöglichte. Das könnte bedeuten, dass besagte „Nichtvogel-Theropoden" gar keine Pfeifenlungen hatten. Also lautet die Kernfrage bezüglich der Evolution der Vögel: Ab wann kann sich das Becken bauchseitig öffnen?

Der Weg zum Vogel in sechs Schritten

Die Evolution der Vögel muss sich in sechs Schritten vollzogen haben. Bei jedem dieser Schritte fand mindestens eine Veränderung statt, die nicht rückgängig zu machen war und Konsequenzen für die Gesamtkonstruktion hatte. Wir sprechen dann von Konstruktionsniveaus, die wir aus der Zielkonstruktion Vogel herleiten können. Im Falle der Vögel findet sich für jedes dieser Konstruktionsniveaus mindestens ein fossiler Beleg. Für die Rekonstruktion des Evolutionsablaufes ist uninteressant, ob diese Tiere nun tatsächlich auch miteinander verwandt sind oder ob sie zeitlich in den Evolutionsablauf passen. Aber wer kann nach Jahrmillionen schon sagen, wer wirklich mit wem genau verwandt war und wie viele Schlüsselfossilien wir noch nicht gefunden haben?

Das erste Konstruktionsniveau: Zweifüßigkeit

Ausgangskonstruktion für die Vögel muss ein bis etwa einen Meter langes Tier gewesen sein, das sich permanent auf seinen muskulösen Hinterbeinen fortbewegte. Die Wirbelsäule stand horizontal und wurde in den Hüftgelenken ausbalanciert. Mindestens

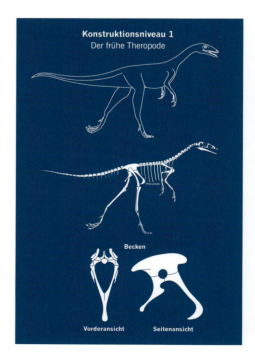

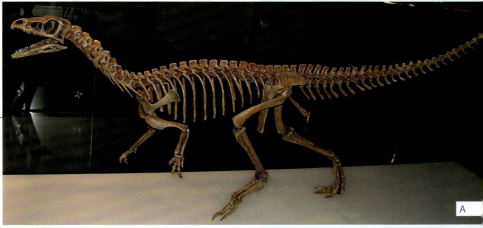

vier Zehen müssen vorhanden gewesen sein, von denen jeweils drei die Hauptlast des Körpers trugen. Die Arme müssen kräftig und beweglich gewesen sein, waren aber definitiv nicht an der Fortbewegung beteiligt. Sie hatten mindestens drei Finger mit scharfen Krallen, z. B. zum Festhalten von Beutetieren. Vermutlich war der Körper zunächst mit Schuppen bedeckt, und die Tiere waren wechselwarm. Das entscheidende Kriterium für das Konstruktionsniveau 1 ist die Fortbewegung ausschließlich auf den Hinterbeinen und kräftige, funktionelle Arme mit großen, bekrallten Händen. Ohne diese Merkmalskombination wäre die Entwicklung der Vogelflügel niemals möglich gewesen.

Es gibt zahlreiche kleine Raubsaurier, die diesem Konstruktionsniveau entsprechen. Einer davon wäre beispielsweise *Compsognathus longipes* aus den Oberjuraplattenkalken von Solnhofen. Allerdings hatte das etwa 1,5 Meter lange Tier sehr kurze Arme mit kleinen Händen. Ein anderer Kandidat ist 228 Millionen Jahren alt und stammt aus Argentinien. Dort wurden in Gesteinen der mittleren Triaszeit die Überreste eines kleinen Theropoden gefunden: *Eoraptor lunensis*, der Räuber der Morgenröte aus dem Mondtal. Dieser älteste bislang bekannte eindeutige Theropode lief ausschließlich auf seinen Hinterbeinen herum und erfüllte damit ein wesentliches Kriterium für den Beginn der Vogelevolution.

Das zweite Konstruktionsniveau: Warmblütigkeit

Mit zunehmender Agilität entstand Warmblütigkeit – zunächst vermutlich durch Muskelwärme bei der Dauerfortbewegung

und mit Hilfe von Sonnenwärme. Um von Sonnenwärme unabhängig zu werden, muss eine wärmeisolierende Körperbedeckung vorhanden sein. Dazu sind allerlei Hornstrukturen der Oberhaut nutzbar, wie spezielle Schüppchen, eingesenkte Fältchen oder Papillen, aus denen Protofedern entstehen. Werden diese verlängert, entstehen borstenartige Horngebilde, die entfernt an Daunenfedern erinnern. Damit lässt sich Wärme dauerhaft am Körper halten. Die Tiere

Beispiele für das Konstruktionsniveau 1.
A: *Eoraptor lunensis* (Abguss) aus der Untertrias Argentiniens.
(Foto: Don Hitchcock 2010, Australian Museum Sydney)
B: *Compsognathus longipes* (Rekonstruktion: Richard Hammond, Manchester, England) aus dem Oberjura Bayerns.
(Foto *Compsognathus*: Volker Griener, Hintergrundfoto und Montage: Eberhard Frey)

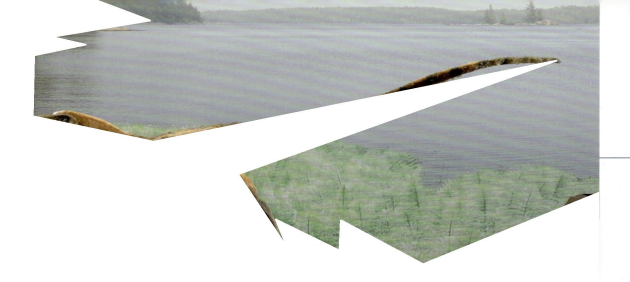

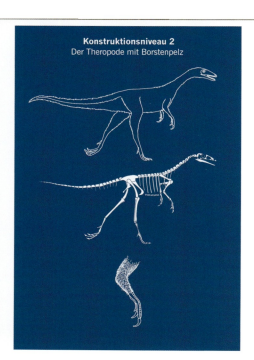

lange Theropoden gefunden, die zu den Compsognathiden gestellt wurden, und deren Körper vollständig von einer Art Pelz bedeckt war: *Sinosauropteryx primus*. Sogar die Farbe des Pelzes lässt sich aus den chemischen Signalen in den Borsten rekonstruieren: Kopf und Rücken waren orangerot, der Bauch weiß und der Schwanz orange-weiß geringelt. *Sciurumimus*, ein junger Theropode aus den oberjurasssichen Solnhofener Plattenkalken, kam richtig plüschig daher. Wie der Name „Eichhörnchennachmacher" schon besagt, besaß das Tier ein langes Fell und einen buschigen Schwanz. Der kleine Theropode gehört zu den Megalosauriern.

Das dritte Konstruktionsniveau: erste Federn

Unser kleiner warmblütiger Theropode ist nun in der Lage, seine Beutetiere im rasenden Lauf auch über lange Strecken zu verfolgen. Bei hohen Laufgeschwindigkeiten auf nur zwei Beinen nimmt aber die Manövrierfähigkeit ab. Außerdem macht sich speziell an Armen und Beinen der Luftwiderstand bemerkbar. Durch Verlängerung und Verbreiterung der Borsten im Bereich der Hände und Unterarme wird das Profil stromlinienförmig, und die Arme können zum Beutefang mit geringem Widerstand

können jetzt bei jedem Wetter jagen, und das müssen sie auch, denn der wärmeintensive Stoffwechsel fordert Brennstoff in Form von Nahrung. Dank der Wärmeisolation und der hohen Stoffwechselraten können kleine, noch wendigere Beutegreifer entstehen.

Borstige oder flaumige Raubsaurier sind aus der chinesischen Provinz Liaoning bekannt. Dort wurden in feinen Ablagerungsgesteinen aus der Unterkreidezeit etwa 60 Zentimeter

vorschnellen. Werden die Arme einseitig abgespreizt, unterstützen sie den Beginn eines Richtungswechsels und machen den Theropoden wendiger. Im Zusammenhang mit der Wendigkeit wird auch die Länge des als Balancestange genutzten Schwanzes reduziert. Das erhöht die Drehfreudigkeit des Tieres im Becken beim Rennen. Nahe der Spitze des verkürzten Schwanzes helfen verlängerte und verbreitete Borsten ebenfalls bei der Steuerung während des Rennens. Bei einem langen Schwanz wäre die Hebelwirkung solcher Strukturen zu groß. Sehr wahrscheinlich waren bereits die ersten verbreiteten und verlängerten Borsten wie einfache Federn gebaut. Der Rumpf war weiterhin mit einem Borstenpelz bedeckt.

Theropoden mit Borstenpelz und Federchen an Händen, Unterarmen und um die Schwanzspitze herum sind ebenfalls bekannt, ein Beispiel ist *Caudipteryx zoui*, von dem zahlreiche fast vollständige Skelette einschließlich Borstenkleid sowie symmetrisch gebauter Schwung- und Schwanzfedern gefunden wurden. Alle Funde stammen aus der chinesischen Provinz Liaoning. *Caudipteryx* hatte ein weiteres Vogelmerkmal: einen zahnlosen Schnabel. Solche Hornschnäbel entstanden jedoch mehrfach unabhängig voneinander und nicht nur innerhalb der Theropoda.

A/A': Das Fell des etwa 60 Zentimeter langen *Sinosauropteryx prima* aus der Unterkreide Chinas ähnelte einem Daunenkleid. Das Tier wird zu den Compsognathiden gestellt. (Modell Quagga, Foto: Volker Griener)

B: *Sciurumimus albersdoerferi* jagte im Oberjura an den Ufern der Solnhofener Lagune. Sein Haarkleid war besonders an der Schwanzwurzel extrem lang. Man könnte von einem „Angoratheropoden" sprechen. Kaum zu glauben, dass das knapp 40 Zentimeter lange Jungtier zu den Megalosauriden gehören soll. (Foto: Helmut Tischlinger)

Caudipteryx zoui:
C: Holotyp.
(Foto: Gareth J. Dyke & Mark A. Norell)
C': Rekonstruktion.
(Modell: Christiane Birnbaum, Foto: Volker Griener)

Der Körper des etwa 60 Zentimeter langen Oviraptorosauriden war mit zottigen Borsten bedeckt. An den Händen und dem äußeren Drittel der Unterarme und um die Schwanzspitze herum hatte das zahnlose Tier kurze, fast symmetrische Federchen.

Epidexipteryx und die Allesfresser- vögel

Er lebte vor rund 154 Millionen Jahren, und er war winzig klein, gerade mal einen viertel Meter lang – gemessen ohne die Schwanzanhänge. Mit Schwanzfedern war *Epidexipterx hui*, so der Name des kleinen Kerls, etwa doppelt so lang. Zu Deutsch bedeutet *Epidexipteryx* „Schmuckfeder". Man nimmt an, dass die vier überdimensionalen Schwanzfedern Schmuckfedern waren, die ersten der Erdgeschichte. *Epidexipteryx* lässt sich schwer einordnen. Heute stellt man ihn zu den Scansoriopterygidae (Kletterflügler), einer weiteren Gruppe vermutlich befiederter, teilweise gleitflugfähiger Theropoden, die den anderen gleitfliegenden Theropoden vom Skelett her ähnlich sahen und älter sind als *Archaeopteryx*. Wohin diese Gruppe nun im „Stammbaum" gehört, bleibt indes umstritten. Unabhängig davon ist *Epidexipteryx*, der 2007 im Grenzbereich Mitteljura/Oberjura der Inneren Mongolei (China) gefunden wurde, etwas ganz Besonderes: Die Schwanzfedern haben zwar Spule und Kiel, aber keine Äste. Sie sind bandförmig, etwa wie extradünne Nudeln! Ob so die Vorläufer der Schwung- und Schwanzfedern ausgesehen haben? Es wäre möglich, ist aber keinesfalls sicher. Wie sollte sich denn eine Hornlamelle in Äste, Haken- und Bogenstrahlen aufteilen? Schwungfedern sind keine nachgewiesen. Die Körperbedeckung gleicht einem Daunenkleid.

Der Schwanz von *Epidexipteryx* war etwa ein Drittel kürzer als der Rumpf, und die letzten Wirbel waren verschmolzen, ähnlich wie bei dem Oviraptorosauriden *Caudipteryx*. Bei *Scansoriopteryx*, der kleine Schwungfedern hatte, war er dreimal länger! *Epidexipteryx* war bezüglich dieses Merkmals den Vögeln näher als alle anderen jurassischen Federtheropoden.

Das Gebiss des Minimonsters besteht aus langen, vorstehenden Frontzähnen. Die vordersten Unterkieferzähne ähneln den Zähnen eines Nagetiers. Ähnlich sonderbare Gebisse finden sich hauptsächlich unter den Oviraptorosauriden und bei dem sonderbaren *Sapeornis chaoyangensis* aus der unteren Oberkreide der chinesischen Provinz Xinjiang. Auch sonst ähnelt das Skelett dieses voll befiederten Gesellen *Epidexipteryx*, nur der Schwanz mit seinen verwachsenen Wirbeln ist deutlich kürzer im Verhältnis zum Rumpf als bei *Epidexipteryx*, und das Gabelbein von *Sapeornis* ist dort, wo die beiden Schlüsselbeine verschmolzen sind, in einen Kiel ausgezogen. Der rätselhafte Federtheropode wurde im Jahre 2002 beschrieben und in eine eigene Gruppe, die Omnivoropterygiden („Allesfresserflügler"), gestellt. Auf den ersten Blick könnte man *Sapeornis* mit einem *Confuciusornis* verwechseln, denn beide haben große Schwungfedern und kurze, an einem Bürzel ansetzende Schwanzfedern. *Sapeornis* war aber mit einer Körperlänge von knapp 35 Zentimetern fast doppelt so groß wie *Confuciusornis* und hatte einen längeren Hals und längere Beine im Verhältnis zum Rumpf. *Sapeornis* hatte auch keinen Hornschnabel wie *Confuciusornis*, sondern Zähne und

A

vermutlich ein sehr kleines Brustbein, wenn überhaupt. *Sapeornis* konnte also bestenfalls Gleitfliegen. *Sapeornis* gehört – ebenso wie *Epidexipteryx* – womöglich zu den Oviraptorosauriden oder stand ihnen zumindest sehr nahe. So war bei *Sapeornis* der dritte Finger reduziert – wie bei *Caudipteryx*. Bei *Confuciusornis* und allen anderen Enantiornithes besteht hingegen eine Tendenz zur Verkürzung des Daumens, wobei bis zur Verschmelzung der Finger zwei und drei alle drei Finger erhalten bleiben. Gab es also womöglich zwei Gruppen von vogelähnlichen Theropoden, die vielleicht sogar vom Boden aus starten konnten? Wenn ja, warum hat dann nur eine am Ende das Rennen gemacht? Wir dürfen auf die Funde der kommenden Jahre gespannt sein!

B

Das vierte Konstruktionsniveau: tragende Federn

Hohe Laufgeschwindigkeiten sind für einen zweibeinigen, warmblütigen Renner nur in einem offenen Gelände zu halten. Federflächen an den Enden der Arme und entlang der Schwanzspitze helfen zunächst bei Richtungswechseln, wie man noch heute bei Laufvögeln beobachten kann, vergrößern aber auch die Oberfläche, wenn die Arme seitlich ausgestellt und die Schwanzfedern gespreizt werden. Damit wird aber auch die Sprungweite durch Gleiteffekte verlängert, und seien diese Federchen noch so klein. Schlägt ein Theropode mit einem derartigen Federbesatz rasch mit seinen Armen, kann er auch steile Hänge oder schräge Bäume erklimmen. Diese Fähigkeit ist nicht nur nützlich zur Jagd, sondern insbesondere zur Flucht vor Beutegreifern ohne solche Fähigkeiten. Eine Gruppe von amerikanischen Wissenschaftlern hat nachgewiesen, dass heutige Vögel beim Erklettern steiler Wände mit den Flügeln schlagen. Diese Fähigkeit zu klettern ermöglicht auch das Erschließen von sicheren Brutplätzen, die anderen Tieren der Dinosaurierzeit nicht so ohne Weiteres zugänglich waren. Jede Vergrößerung der Federn bringt eine Verbesserung dieser Leistungen. Asymmetrische Schwungfedern und ausladende Schwanzfedern entlang der gesamten Schwanzwirbelsäule bilden sich aus, ja sogar Federn entlang der Hinterseite von Ober- und Unterschenkel. Federn ersetzen nun auch die Borsten am Körper, weil mit Federn glattere und windschlüpfige Oberflächen bei ausgezeichneter Wärmeisolierung möglich sind. Die Gleitfähigkeit der gefiederten Theropoden muss beachtlich gewesen sein. Die schwedische Biologin ULLA NORBERG stellte zudem fest, dass das

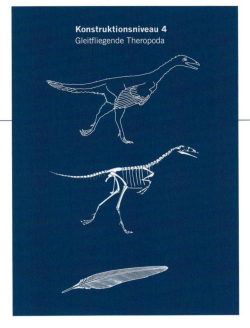

Konstruktionsniveau 4
Gleitfliegende Theropoda

Schlagen mit den Flügeln den Gleitflug stabilisiert. Die Muskulatur für den Abschlag war schon da: die Brustmuskulatur, welche die Arme zum Ergreifen und Festhalten der Beute einwärts zog.

Mit der Größenzunahme der Federn wird allerdings der Schwingwinkel der Hinterbeine begrenzt. Die Beweglichkeit des Oberschenkels im Hüftgelenk wird mehr und mehr eingeschränkt. Unterschenkel und Mittelfuß dagegen werden immer beweglicher, und das Knie übernimmt nach und nach die Rolle des Hüftgelenks.

A: *Sapeornis chaoyangensis*, vogelähnlicher Theropode, der den Oviraptorosauriden zugeordnet wird und bestenfalls Gleitflieger war. (Rekonstruktionszeichnung: Michaela Boschert)

B: *Epidexipteryx hui* aus dem unteren Oberjura Chinas war einer der ersten Theropoden mit einem Schwanz, der knapp die Hälfte der Gesamtkörperlänge ausmacht. (Rekonstruktionszeichnung: Michaela Boschert)

Rekonstruktion des weltberühmten *Archaeopteryx lithographica*. (Modell: Quagga, Foto: Volker Griener)

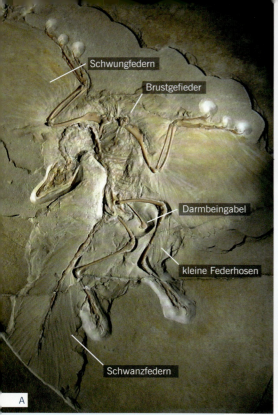

Bei Tieren des Konstruktionsniveaus 4 war der Körper ganz von Federn bedeckt. Mit den asymmetrischen Schwungfedern an Händen und Unterarmen, manchmal auch an den Beinen und dem langen befiederten Schwanz, konnten die Tiere ausgezeichnet gleiten, waren aber eher schlecht zu Fuß wegen der befiederten Beine. Das Beste ist, dass die Tiere trotz ihrer Ähnlichkeit zu drei verschiedenen Gruppen gestellt werden: *Archaeopteryx lithographica* (A) gehört in eine eigene Gruppe (Archaeopterygidae; Foto H. Raab), *Anchiornis huyxleyi* (B; aus der Sammlung Hanns G. Werner; B'; Rekonstruktion von Anchiornis: Matt Martyniuk, Wikimedia) ist ein Troodontide (Foto: Volker Griener), *Microraptor gui* (C) ist Beispiel für einen gleitflugfähigen Dromeaeosauriden (Foto: Helmut Tischlinger) und der umstrittene *Protoarchaeopteryx robusta* (D; aus Quang et al. 1998) gehört zu den Oviraptorosauriden.

Voll befiederte Theropoden sind im Fossilbericht erstaunlich häufig. *Archaeopteryx lithographica* aus dem Oberjura der Altmühltalregion (Bayern) ist einer der berühmtesten. Seine Stellung im System der Theropoden ist heute jedoch umstritten. Manche Autoren stellen *Archaeopteryx* in eine eigene Gruppe, die Archaeopterygidae. Gleitflugfähige Theropoden finden sich bei den Troodontiden (*Anchiornis* und *Jinfengopteryx*), den Dromaeosauriden (*Microraptor* und *Sinornithosaurus*) und möglicherweise auch bei den Oviraptorosauriden (z. B. *Protarchaeopteryx*). Das bedeutet, dass die Feder definitiv kein Vogelmerkmal ist!

Das fünfte Konstruktionsniveau: Fixierung des Oberschenkels

Während der Gleitflug bei gefiederten Theropoden am besten mit großen Federflächen an Armen, Beinen und Schwanz funktioniert, fordern Wendigkeit und Kletterfähigkeit möglichst kleine Gleitflächen an den Beinen und einen möglichst kurzen Schwanz, ohne jedoch die Gleitflächen allzu sehr zu verkleinern. Letzteres ist kein Problem, denn die Verkürzung des Schwanzes kann durch die Verlängerung der hinteren Schwanzfedern kompensiert werden. Federn sind leicht, biegsam, lassen sich leicht reparieren und stören nicht. Mit den Beinfedern ist die Sache nicht so einfach. Bei einem Gleitflieger, der sie bereits nutzt wie *Sinornithosaurus* oder *Anchiornis*, können sie nicht reduziert werden. *Archaeopteryx* jedoch hatte nie Schwungfedern an den Beinen, aber Federhosen ähnlich wie manche heutige Vögel. *Archaeopteryx* konnte also besser rennen und klettern als seine „vierflügelige" Verwandtschaft. Die Schwungfedern waren groß und wurden beim Laufen über die Flanken und den Oberschenkel zurückgefaltet. Die Oberschenkelknochen orientierten sich immer mehr nach vorne und wurden schließlich nicht mehr vor- und zurückgeschwungen, sondern nur noch leicht auf und ab bewegt. Das nach vorne unten orientierte Kniegelenk übernahm immer mehr die Rolle des Hüftgelenks und unterstützte den Rumpf der

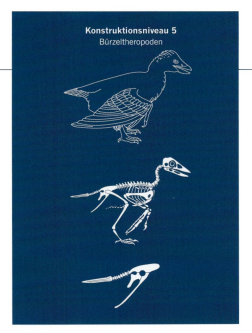

Konstruktionsniveau 5
Bürzeltheropoden

Tiere in der Brustregion. In dem Maße, wie der Oberschenkelknochen in Hockposition wanderte, wurde der Schwanz reduziert. So bleibt die Balance des Tieres gewahrt. In dem Moment, wo der Oberschenkelknochen in seiner Hockposition fixiert war, wurde er zum funktionellen Teil des Beckens. Die Muskulatur, die den Oberschenkelknochen an das Becken, besonders an Scham- und Sitzbein, heranzog (Adduktoren), wurde überflüssig. Die Schambeine konnten sich schräg nach hinten unten richten. Damit wurde das Pumpvolumen des Bauchraumes vergrößert und damit die Atemleistung, eine der Grundvoraussetzungen für den aktiven Flug. Für Dauerflüge aber reichte die Atemkapazität noch nicht aus.

Wenn nun die Kniegelenke die Körpermasse der Theropoden in der Brustregion unterstützten, konnte auch die Brustmuskulatur größer und stärker werden. Das Brustbein konnte jetzt einen Kiel bilden, der den Brustmuskeln Ansatzflächen bot. Der Abschlag der Flügel wurde so kräftig, dass sich diese um einen halben Meter langen Minitheropoden aktiv fliegend in der Luft halten konnten. Durch die Verlängerung der Rabenbeine lagen die Flügelgelenke nun auf halber Höhe des Brustkorbes und der Schwerpunkt des Tieres wanderte unter die Flügelgelenke. Das machte den Flug stabiler. Ob die Tiere allerdings vom Boden starten konnten, ist nicht sicher. Voraussetzung hierfür wäre ein entsprechender Aufschlagmuskel, wie ihn die modernen Vögel haben.

Das fünfte Konstruktionsniveau ist durch Fossilien reichhaltig belegt. Die Kurzschwanztheropoden einschließlich der modernen Vögel, werden zu den Pygostylia („Bürzler") zusammengefasst. Von denen ist der rabengroße *Confuciusornis* der bekannteste, weil er in den Unterkreideablagerungen von Liaoning massenhaft und hervorragend erhalten gefunden wurde – einschließlich der Federn.

E

F

Enantiornithes – manche von ihnen sehen einem modernen Vogel zum Verwechseln ähnlich, wie z. B. *Confuciusornis sanctus* aus der Unterkreide Chinas (E: Fossil, F: Rekonstruktion eines Männchens). Weil das Becken der Tiere bauchseitig geschlossen ist, konnten Eanantiornithes nur kleine Eier im Verhältnis zum Körper legen – vermutlich ohne oder mit sehr kleiner Luftkammer.
(Fotos: Volker Griener, Rekonstruktion: Quagga)

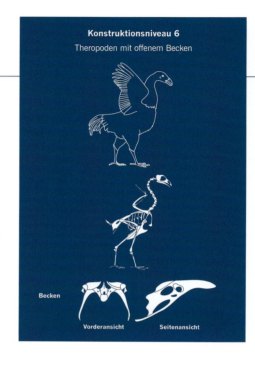

Confuciusornis sah einem Vogel sehr ähnlich, hatte aber eine dreifingerige Hand mit kräftigen Krallen, ein kurzes Rabenbein und ein flaches Brustbein. Auch die Enantiornithes hatten freie Finger mit kleinen Krallen, aber ein verlängertes Rabenbein, vermutlich verbunden mit einem Aufschlagmuskel und einem Kiel auf dem Brustbein. Ein Beispiel aus Europa wäre der amselgroße *Iberomesornis*. Er stammt aus der Unterkreide Spaniens. Die Pygostylia, insbesondere die Enantiornithes, waren weltweit verbreitet, doch die meisten der über 50 beschriebenen Arten sind nur fragmentarisch überliefert. Möglicherweise gibt es unter den Enantiornithes schon Formen mit verwachsenen krallenlosen Fingern, aber gesichert ist das nicht.

Konstruktionsniveau sechs: die Öffnung des Beckens

In dem Moment, wo der Oberschenkelknochen ein funktioneller Teil des Beckens ist und die Adduktorenmuskeln reduziert sind, kann die Bauchseite des Beckens geöffnet werden – und genau das passiert im Übergang von den „Nichtvogel-Theropoda" zu den „Vogel-Theropoda", den Vögeln oder Aves im Linné'schen Sinne. Die Öffnung des Beckens hat tief greifende physiologische Konsequenzen. Eine davon ist die Evolution der Hochleistungslunge mit Luftkapillaren der Vögel in Verbindung mit der Einbahnatmung. Wie amerikanische Wissenschaftler herausgefunden haben, gibt es die Einbahnatmung auch bei Krokodilen. Sie war also auch für die Theropoda möglich, vermutlich sogar mit Hilfe von Luftsäcken. Eine Pfeifenlunge mit ihren Luftkapillaren kann sich aber erst differenzieren, wenn sie beatmet ist. Dazu muss das Küken im Ei nicht nur eine Mindestgröße haben, sondern auch die Möglichkeit, im Ei Luft aufzunehmen. Dazu wird die Luftkammer genutzt, für die ein großes hartschaliges Ei eine Voraussetzung ist. Sind die Scham- und Sitzbeine bauchseitig offen, ist die Eigröße nur noch durch die Dehnbarkeit der Kloake begrenzt. Der erste echte Vogel ist also ein Theropode, bei dem die Schambeine und die Sitzbeine nicht mehr miteinander verbunden sind. Zunächst war die Schambeinfuge wohl lose, so dass sich die Schambeine während der Eipassage nach der Seite biegen konnten. Die unterkreidezeitliche Frühvogelwelt hält da einige Kandidaten bereit, wie z. B. *Gansus* oder Yanornis (vergleiche Seite 143, Abbildung A). Das offene Becken verbindet also alle Vögel miteinander. Alle anderen Vogelmerkmale, die oben aufgeführt sind, sind – mit Ausnahme des Schnabels – schon vor der Öffnung des Beckens entstanden. Und was ist mit dem Schnabel? Nun, es gibt Kreidevögel mit offenen Becken, die Zähne haben.

Eine sensationelle Entdeckung: Einbahnatmung gibt es nicht nur bei Vögeln, sondern auch bei Krokodilen. Sie wurde am Mississippialligator (*Alligator mississippiensis*) nachgewiesen. Das Bild zeigt die Ergebnisse einer aufwendigen Computertomografie. Die Luft strömt beim Einatmen von den Hauptbronchien in kleinere Nebenbronchien (blau) und von dort durch röhrenförmige Lungenpfeifen, wo der Gasaustauch stattfindet (nicht gefärbt). Das Ausatmen erfolgt dann über andere Nebenbronchien als das Einatmen (grün).
(Foto: C.G. Farmer and Kent Sanders, University of Utah)

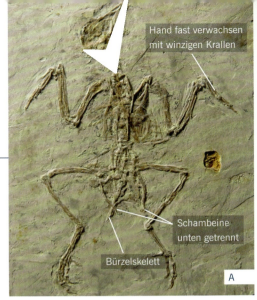

- Hand fast verwachsen mit winzigen Krallen
- Schambeine unten getrennt
- Bürzelskelett

A

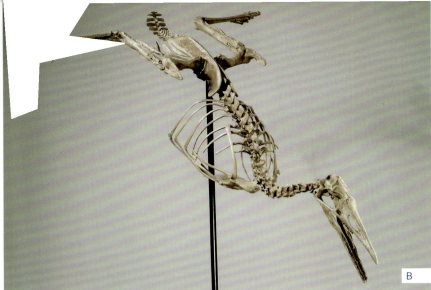

B

Hesperornis und *Ichthyornis* sind Beispiele dafür. Die Zähne gehen innerhalb der Vögel also erst in der Kreidezeit verloren. Viel später tauchen dann Riesenvögel auf, deren Schnabelränder sägezahnartige Knochenzinken tragen: die Scheinzahnvögel oder Pseudodontornithes, zu denen auch *Dasornis emuinus* gehört. Es besteht der Verdacht, dass diese Knochenzinken mit ehemaligen Zahnanlagen zusammenhängen. Die Untersuchungen, die von französischen Wissenschaftlern um Laurent Viriot und Antoine Louchart (Lyon) durchgeführt werden, laufen noch.

Die Hochleistungslunge aber ermöglicht den heutigen Vögeln die fliegerischen Höchstleistungen, die wir so an ihnen bewundern: der anmutige Segelflug der Albatrosse, der atemberaubende Schwirrflug der Kolibris, die rasanten Jagdflüge der Falken und Flugreisen der Zugvögel um die halbe Welt. Wir sollten also unser Hausgeflügel mit dem Respekt behandeln, der einem Dinosaurier gebührt!

A: Das offene Becken ist das Schlüsselmerkmal eines physiologisch modernen Vogels. Dieser unbestimmte „Kleinvogel" aus der Unterkreide Chinas mit seinem offenen Becken könnte ein solcher Kandidat sein. Das Becken könnte aber auch durch Verwesungsprozesse auseinandergedrückt worden sein. Das wäre dann immerhin der Beleg für eine lockere Verbindung der beiden Schambeine.
(Foto: Helmut Tischlinger)

B: Der Kreidevogel *Hesperornis regalis* beweist, dass die Vögel bereits in der Oberkreide zu flugunfähigen Wassertieren wurden. Die ersten Meeresdinosaurier waren entstanden.
(Foto: Volker Griener)

Anmutig in die Zukunft: ziehende Kraniche (*Grus grus*).
(Foto: Rosl Rößner)

» DAS ZEITALTER DER SÄUGETIERE?

Wir leben im Zeitalter der Säuger, so sagt man. Immerhin gibt es auf der Welt etwa 5.400 Säugetierarten. Die Mammalia sind die einzigen überlebenden Synapsida, jene Tiere, die auch fälschlich als „säugetierähnliche Reptilien" bezeichnet wurden. Man bezeichnet diese Tiergruppe, deren Schädel nur ein einziges Schläfenfenster hat, besser und korrekter als „Säugerschädel". Ihnen stehen die Sauropsida oder „Echsenschädler" gegenüber, die zwei übereinander liegende Schläfenfenster haben. Die Sauropsida werden auch Reptilia genannt, weshalb der Begriff „säugetierähnliche Reptilien" widersinnig ist. Moderne Sauropsiden sind die Krokodile mit 25 Arten, die Brückenechsen mit zweien, die Schuppenkriechtiere (Eidechsen und Schlangen) mit etwa 6.000 Arten und schließlich die Vogeldinosaurier mit über 10.000 Arten. Gut 16.000 Reptilienarten stehen heute also 5.400 Säugetierarten gegenüber. Es bleibt also dabei: Seit der Triaszeit beherrschen die Reptilien die Welt und das Zeitalter der Dinosaurier hat nie aufgehört.

Literatur

Es gibt unzählige Bücher und wissenschaftliche Veröffentlichungen zum Thema „Evolution der Vögel" oder „Evolution des Vogelfluges". Dies meisten sind einzelne Publikationen in speziellen Zeitschriften, andere sind unerschwingliche Lehrbücher. Die Auswahl hier bezieht sich auf Werke, die über fast jede Bibliothek zu bekommen ist. Leider sind die meisten in englischer Sprache.

Bollen, L. (2007): Der Flug des Archaeopteryx: Auf der Suche nach dem Ursprung der Vögel. – 272 S.; Wiebelsheim (Quelle & Meyer).

Bundle, M. W. & Dial, K. P. (2003): Mechanics of wing-assisted incline running (WAIR). – The Journal of Experimental Biology, 206 (Pt 24): 4553 – 64; doi:10.1242/jeb.00673.

Dreesmann, D. (2011): Evolution der Vögel – mehr als nur der *Archaeopteryx*! Evolutionsbiologie im Kontext von Ökologie und Verhalten. – Praxis der Naturwissenschaften – Biologie in der Schule, 60 (4): 2-5.

Frey, E., Roth, T. & Gegler-Tautz, R. (2013): Die Raubsaurier von der Grilltheke. Die Präparation eines Brathühnchens unter evolutionsmorphologischen Gesichtspunkten. – Praxis der Naturwissenschaften – Biologie in der Schule, 62 (1): 18-25.

Heidemann, C. & auf dem Kampe, J. (2006): Aufschwung gen Himmel. – GEOkompakt, 8: 110-115.

Kaiser, G. W. (2007): The inner bird: anatomy and evolution. – 386 S.; Vancouver (University of British Columbia).

König, H. E., Korbel, R. & Liebich, H.-G. (Hrsg.) (2009): Anatomie der Vögel. – 2. Auflage; 370 S.; Stuttgart (Schattauer).

Prum, O. R. & Brush, A. H. (2005): Zuerst kam die Feder. – Spektrum der Wissenschaften, Dossier, 2005 (1): 40-49.

Reichholf, J. H. (1996): Die Feder, die Mauser und der Ursprung der Vögel. – Archaeopteryx, 14: 27-38.

Stripf, R. (1986): Die Entdeckungsgeschichte der Urvögel. – Praxis der Naturwissenschaften – Biologie in der Schule, 35 (4): 1-11.

Tischlinger, H. (2011): Neues vom *Archaeopteryx*: Auch nach 150 Jahren ist der Urvogel eine Ikone der Evolution. – Praxis der Naturwissenschaften – Biologie in der Schule, 60 (4): 6-13.

Tischlinger, H. (2011): Vogelähnliche Dinosaurier und dinosaurierartige Vögel – Chinesische Fossilien gewähren Einblicke in die Vogelevolution. – Praxis der Naturwissenschaften – Biologie in der Schule, 60 (4): 13-17.

Wellnhofer, P. (2008): Archaeopteryx: Der Urvogel von Solnhofen. – 256 S.; München (Verlag Dr. Friedrich Pfeil).

Internet

Eine Internet-Vogelsammlung:
http://ibc.lynxeds.com/

Artenliste heutige Vögel:
www.worldbirdnames.org

Alles über Vögel:
http://people.eku.edu/ritchisong/ornitholsyl.htm

Vogelbestimmer von Naturschutzbund:
www.nabu.de/naturerleben/onlinevogelfuehrer

Schulmaterial zum Thema Vogelevolution
und Vögel über Stichwortsuche suchen:
www.aulis.de/items/view/praxis-der-natur-
wissenschaften-biologie-in-der-schule.html

3.4 Pterosaurier – die Welt der fliegenden Drachen

von Stefanie Monninger

Die Entdeckung der Flugsaurier, besser und korrekter „Pterosaurier" genannt, liegt nun fast 200 Jahre zurück. Der erste Pterosaurier, der beschrieben wurde, war ein *Pterodactylus* aus den Solnhofener Plattenkalken. Der italienische Gelehrte Cosimo Alessando Collini (1727 – 1806), Kurator des Naturalienkabinetts zu Mannheim unter dem Kurfürsten Carl Theodor (1742 – 1799), beschrieb im Jahre 1784 das Fossil zwar sehr genau, erkannte jedoch nicht, dass es sich dabei um ein fliegendes Tier handelte. Erst dreißig Jahre später zog der französische Naturforscher und Anatom Georges Cuvier (1769 – 1832) aus dem verlängerten Finger den Schluss, dass es sich bei diesem Fossil um ein fliegendes Reptil handeln muss. Er nannte es deswegen „ptérodactyle", zu Deutsch: Flugfinger. Seither wurden unzählige Pterosaurier ausgegraben, und mit fast jedem neuen Fossil werden weitere Details dieser faszinierenden Tiergruppe bekannt.

Die Drachen lernen fliegen

Pterosaurier waren die ersten Wirbeltiere, welche den aktiven Flug entwickelten und das über 50 Millionen Jahre bevor sich die Vögel in die Lüfte erhoben. Pterosaurier gehören wie die Dinosaurier, Krokodile und Vögel zu den Archosauriern, bilden aber eine eigenständige Reptiliengruppe. Die Archosaurier zeichnen sich durch tief in den Kiefern verankerte Zähne und zwei Öffnungen hinter den Augenhöhlen aus: das obere und untere Schläfenfenster sowie mindestens ein Schädelfenster zwischen Augenhöhle und Nasenöffnung.

Über die Entstehung der Pterosaurier wird bis heute spekuliert, da wir weder ihren Urahn noch irgendwelche Zwischenformen kennen. Vermutlich entwickelten sich die Pterosaurier aus kleinen, kletternden Reptilien, die in kurzen Gleitflügen von Baum zu Baum flogen. Dazu spannten sie Flughäute zwischen dem Vorder- und Hinterbein auf. Diese Flughäute entstanden vermutlich durch die Vergrößerung der Rumpfseitenfalte. Durch die Verlängerung des äußersten Fingers der Hand wurden die Flughäute im Laufe der Evolution stetig vergrößert und die Gleitstrecken zunehmend länger. Wann genau die Pterosaurier zum aktiven Flug befähigt waren ist zwar nicht bekannt, aber mit dieser Fähigkeit waren sie nicht länger nur auf die bewaldeten Gebiete der damaligen Erde beschränkt. Sie konnten nun in vegetationsärmere Gebiete vordringen und andere Nahrungsquellen erschließen. Mit der Verbesserung der Flugfähigkeit und der damit verbundenen Besiedelung verschiedenster Lebensräume explodierte die Artenvielfalt der Pterosaurier förmlich – so begann ihre Erfolgsgeschichte.

Pterodactylus antiquus. Er war der erste Pterosaurier, der beschrieben wurde, und zwar im Jahr 1784 durch Cosimo Alessandro Collini. Dieser wusste allerdings nicht, was er vor sich hatte. Erst der französische Anatom Georges Cuvier erkannte 1801, dass es sich bei dem Tier um ein fliegendes Reptil handeln musste und nannte es „ptérodactyle" (= Flügelfinger). (Foto: Daderot, Wikimedia)

» SCHÄDELTYPEN

Zur Klassifizierung und Rekonstruktion der Entwicklungsgeschichte der Landwirbeltiere werden Anzahl und Lage der sogenannten Schläfenfenster am Schädel herangezogen. Durch diese Öffnungen im hinteren Schädelbereich zog zu Lebzeiten der Tiere die Kiefermuskulatur und setzte an der Außenseite des Schädels und im Rahmen dieser Fenster an. Der ursprünglichste Schädeltyp der Wirbeltiere hat gar kein Schläfenfester (anapsider Schädeltyp). Die einzigen Öffnungen bei diesem Schädeltyp sind die Augenhöhlen und die Nasenöffnung. Heute findet man diesen Schädeltyp nur noch bei den Schildkröten. Als die Kiefermuskulatur der Landwirbeltiere im Laufe ihrer Entwicklung stärker wurde, entstanden an den Nahtstellen der einzelnen Schädelknochen Öffnungen, durch welche die Kiefermuskulatur an die Außenseite des Schädels zog. Beim synapsiden Schädel öffnete sich ein Fenster in der unteren Schläfenregion, während sich beim diapsiden Schädel zusätzlich in der oberen Schläfenregion eine Öffnung bildete. Den synapsiden Schädeltyp gibt es heute nur noch bei den Säugetieren. Den diapsiden Schädel findet man bei vielen urzeitlichen Reptilien, wie den Dino- und Pterosauriern, und heute noch bei allen Reptilien außer den Schildkröten.

p = Scheitelbein (Os parietale),
j = Jochbein (Os jugale),
qj = Os quadratojugale,
sq = Schuppenbein (Os squamosum),
po = Nachaugenbein (Postorbitale)
(Grafik: Stefanie Monninger)

anapsid   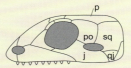 synapsid   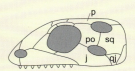 diapsid

» ALLES DINO ODER WAS?

Auch wenn die bekanntesten Tiere des Erdmittelalters zweifellos die Dinosaurier sind, so ist doch nicht jedes Urzeitreptil automatisch auch ein Dinosaurier. Dinosaurier entwickelten sich zur gleichen Zeit wie die Pterosaurier und auch die Meeressaurier, waren aber nicht sehr eng mit diesen verwandt. Während die Pterosaurier den Luftraum und die Meeressaurier die Gewässer besiedelten, lebten die Dinosaurier zunächst ausschließlich an Land. Erst die Vögel, die unmittelbaren Nachfahren der Raubdinosaurier, schwangen sich ab der Kreidezeit in die Lüfte auf und wagten sich ins Meer.

Auch heute gibt es noch einige Reptilien, welche mit Hilfe kleiner Flughautflächen gleiten können. Ein Beispiel hierfür ist der Kronenkopfgecko (*Rhacodactylus ciliatus*). Er hat zwischen den Hinterbeinen und dem Schwanz eine kleine Flughaut (Pfeil), welche ihm kurze Gleitsprünge erlaubt. Er segelt damit im tropischen Regenwald Neukaledoniens von Baum zu Baum.
(Foto: Eveha, Wikimedia)

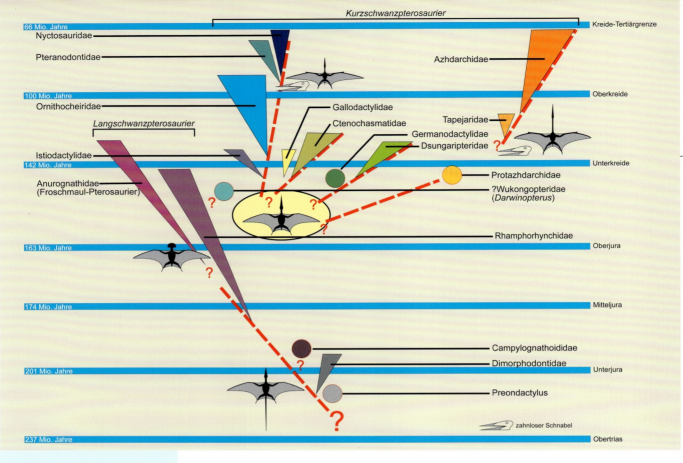

Auftreten und Verschwinden der bisher bekannten Pterosauriergruppen. Die vielen gestrichelten Linien und Fragezeichen zeigen, das viele Zusammenhänge strittig oder unklar sind. Die Zahnlosigkeit scheint dreimal unabhängig voneinander entstanden zu sein. (Grafik: Eberhard Frey)

Vom Kavaliersstart bis zum Ende mit Schrecken

Zum ersten Mal traten Pterosaurier in der Obertrias vor ungefähr 228 Millionen Jahren auf und beherrschten dann 150 Millionen Jahre lang den Luftraum. Ihre Blütezeit hatten die Pterosaurier am Beginn der Kreidezeit vor etwa 145 Millionen Jahren. Zu dieser Zeit hatten sie nicht nur die größte Artenzahl erreicht, sie waren auch über die gesamte Erde verbreitet. Gegen Ende der Kreidezeit vor 66 Millionen Jahren verschwanden die Pterosaurier zusammen mit den großen Dinosauriern mit Ausnahme der Vögel (siehe Kapitel 3.3) für immer von der Erde. Die Gründe für dieses Massensterben sind bisher noch nicht vollständig geklärt. Man zieht aber heute eine Kombination verschiedenster Faktoren als Ursache in Betracht. Als Hauptursache sieht man derzeit massive Klimaschwankungen am Ende der Kreidezeit, wodurch sich die Lebensbedingungen der damaligen Tier- und Pflanzenwelt dramatisch veränderten. Hinzu kamen vermutlich Seuchen, die sich unter den schon geschwächten Tieren rasend schnell ausbreiteten und die Populationen dermaßen dezimierten, dass sie sich nicht wieder erholten. Die Dinosaurier waren, mit Ausnahme der Vögel, lokalen Klimaschwankungen schutzlos ausgeliefert. Die Vögel flogen einfach weg. Pterosaurier mit ihrem hoch effizienten Flugapparat hätten das auch gekonnt. Warum sind sie dennoch ausgestorben und die Vögel nicht? Überlebte am Ende der schlechtere Flieger? Die sehr populäre Auffassung, dass ein Meteoriteneinschlag bei Yucatán in Mexiko für das Artensterben verantwortlich war, ist unwahrscheinlich. Nach derzeitigen Altersdatierungen schlug der Meteorit etwa 250.000 Jahre vor dem Ende der Kreidezeit auf der Erde ein. Somit kann der Meteorit für dieses Massensterben nicht allein verantwortlich sein.

Kurz oder lang, das ist die Frage

Im Laufe ihrer 150 Millionen Jahre andauernden Erfolgsgeschichte entwickelten die Pterosaurier eine stattliche Artenvielfalt. Mehr als 110 Pterosaurierarten sind bisher beschrieben. Wie viele es wirklich gab, ist unbekannt. Aufgrund ihrer Skelettmerkmale lassen sich die Pterosaurier in drei Gestalttypen einteilen: die Langschwanz-Pterosaurier, die Kurzschwanz-Pterosaurier und die Froschmaul-Pterosaurier.

Zu den Langschwanz-Pterosauriern gehören die frühesten Formen, die wir heute kennen. Sie zeichnen sich, wie der Name schon verrät, durch einen langen Schwanz aus. Ihr Schädel war ungefähr so lang wie ihr Körper und ihre Kiefer waren immer vollständig mit Zähnen besetzt. Alle Langschwanz-Pterosaurier haben ein Voraugenfenster. Die Halswirbelsäule besitzt acht Wirbel und setzt an der Hinterseite des Schädels an. Kopf und Hals bilden somit eine Linie. Die Mittelhand misst etwa ein Drittel der Länge des Unterarms. Der fünfte Strahl des Fußes ist bei den Langschwanz-Pterosauriern immer länger als der gesamte Fuß und mindestens zweiteilig. Die meisten Langschwanz-Pterosaurier hatten etwa die Körpergröße einer Taube oder Möwe, jedoch war ihre Flügelspannweite meist doppelt so groß wie bei Tauben oder Möwen. In der späten Jurazeit wurden die Langschwanz-Pterosaurier immer seltener und verschwanden in der Jurazeit schließlich ganz. Die genauen Gründe dafür sind nicht bekannt. Man vermutet aber, dass sie von den Kurzschwanz-Pterosauriern, die erstmals im Mitteljura auftraten, langsam verdrängt wurden.

» FAST WIE SCHWEIZER KÄSE

Der Schädel eines Pterosauriers hatte zahlreiche Öffnungen. Neben den Augen- und Nasenöffnungen sowie den beiden schon auf Seite 147 erwähnten Schläfenfenstern liegt bei den Pterosauriern direkt vor dem Auge eine weitere Schädelöffnung. Wegen seiner Lage wird es „Voraugenfenster" (Präorbitalfenster) genannt. Alle Langschwanz-Pterosaurier besaßen ein solches Voraugenfenster. Bei den Kurzschwanz-Pterosauriern sind Nasenöffnung und Voraugenfenster zu einer einzigen großen Öffnung, dem Nasenvoraugenfenster (Nasopräorbitalfenster) verschmolzen. Dieses Fenster nahm bei einer Gruppe von Kurzschwanz-Pterosauriern der Kreidezeit, den Azhdarchiden, mehr als die Hälfte der Kopflänge ein und überragte sogar die Augenhöhle dieser Tiere. Wozu dieses Schädelfenster diente und warum es bei den späten Pterosaurierarten so riesig wurde, ist bis heute völlig unklar.

Oben:
A: Schädel eines Langschwanz-Pterosauriers
B: Schädel eines Kurzschwanz-Pterosauriers
(Grafik: Stefanie Monninger)

Unten:
Der Schädel von *Tupuxuara leonardii*, einem Azhdarchiden aus der Unterkreide (110 Millionen Jahre), ist vor allem durch das riesige Nasenvoraugenfenster geprägt.
(Foto: Daderot, Wikimedia)

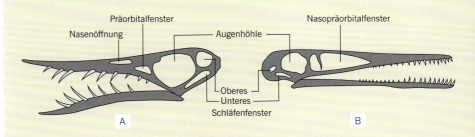

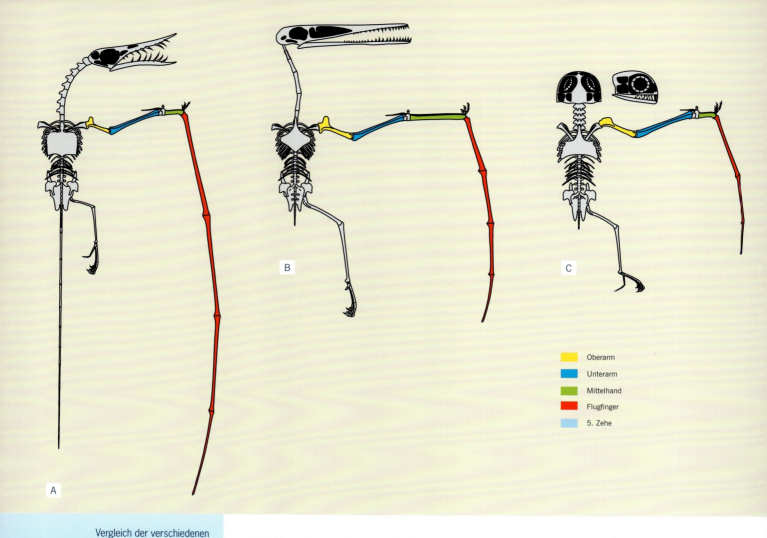

Vergleich der verschiedenen Flugsaurier-Gestalttypen:
A: Langschwanz-Pterosaurier,
B: Kurzschwanz-Pterosaurier,
C: Froschmaul-Pterosaurier.
Die Körperlänge wurde normiert, um die Unterschiede zwischen den Gruppen hervorzuheben.
(Grafik: Stefanie Monninger)

Oberarm
Unterarm
Mittelhand
Flugfinger
5. Zehe

Die Kurzschwanz-Pterosaurier haben sich aus den Langschwanz-Pterosauriern entwickelt. Kennzeichnend für die Kurzschwanz-Pterosaurier sind ein Voraugenfenster, das mit der Nasenöffnung verschmolzen ist, eine Mittelhand, die mindestens halb so lang ist wie der Unterarm, ein kurzer Schwanz und eine fünfte Zehe, welche zu einem kleinen Knochenstummel reduziert ist. Ihr Kopf ist mindestens genauso lang wie der Rumpf. Bei einigen Pterosaurierarten aus der Kreidezeit ist der Kopf sogar mehr als doppelt so lang wie der Körper, wie z. B. bei dem berühmten *Pteranodon*. Die Kiefer der Kurzschwanz-Pterosaurier waren zum Teil zwar genauso stark bezahnt wie diejenigen der Langschwanz-Pterosaurier, doch treten bei ihnen auch zahnlose Gattungen auf, wie *Pteranodon* und *Hatzegopteryx*.

Die Anzahl der Halswirbel ist bei den Kurzschwanz-Pterosauriern meist auf sechs reduziert, wobei die mittleren Halswirbel mehr als dreimal so lang wie die entsprechenden Wirbel der Langschwanz-Pterosaurier sind. Die Halswirbelsäule der Kurschwanz-Pterosaurier ist mehr als doppelt so lang wie der Rumpf und setzt an der Schädelunterseite an. Kopf und Halswirbelsäule bildeten also einen Winkel von ungefähr 90°. Die Kurzschwanz-Pterosaurier verschwanden vor etwa 66 Millionen Jahren von der Bildfläche. Es gab aber auch Pterosaurier, die sich nicht so einfach in das Raster Langschwanz-/Kurzschwanz-Pterosaurier einpassen lassen.

Kurzschwänzige Langschwänzler: die Froschmaul-Pterosaurier

Die Anurognathiden, zu Deutsch „Froschkiefer", sind von allen anderen Pterosaurier-Gruppen sofort an dem dreiteiligen Flugfinger und ihren kurzen, breiten Schädeln mit den stark gerundeten Kiefern zu unterscheiden. Die kurze Halswirbelsäule, die von hinten an den Schädel ansetzt, die von den Voraugenfenstern getrennten Nasenlöcher, eine Mittelhand, die knapp ein Drittel der Unterarmlänge beträgt, und die fünfte Zehe, die länger ist als der Fuß, sind typische Merkmale der Langschwanz-Pterosaurier. Aber sie haben den typischen kurzen Schwanz der Kurzschwanz-Pterosaurier. Trotzdem sind sie keine Übergangsform zwischen Lang- schwanz- und Kurzschwanz-Pterosauriern, sondern haben sich vermutlich schon sehr früh von den langschwänzigen Pterosauriern abgespalten und sich als eigene Gruppe weiterentwickelt.

Die Froschmaul-Pterosaurier hatten ausnahmslos geringe Flügelspannweiten. Mit 90 cm Flügelspannweite war *Jeholopterus ningchengensis* die größte Art dieser Gruppe, während die anderen Arten der Froschmaul-Pterosaurier meist nur Spannweiten von maximal 50 cm aufwiesen.

Riesen und Zwerge

Die Spannweite der Pterosaurier variiert zwischen der eines Kleinvogels und einem Segelflugzeug. Der kleinste bislang bekannte Pterosaurier heißt *Nemicolopterus crypticus*, was so viel wie „versteckt fliegender Waldbewohner" heißt. Er hatte eine Flügelspannweite von 25 cm und war damit un-

» DARWINOPTERUS: EINE PIKANTE MISCHUNG

Das Fossil eines mittelgroßen Pterosauriers aus den jurassischen Ablagerungen von China war für Pterosaurierforscher der Sensationsfund im Jahre 2009. Zu Ehren des zweihundertsten Geburtstages von Charles Darwin, dem Begründer der modernen Evolutionstheorie, wurde dieser Flugsaurier später *Darwinopterus modularis* getauft. Er hatte eine Flügelspannweite von ungefähr einem Meter und gehörte somit zu den kleineren Flugsaurierarten. Der Kopf dieses Pterosauriers war rund 1,5-mal so lang wie der Rumpf. Die mittleren Halswirbel waren fast doppelt so lang wie breit, und die Nasenöffnung war mit dem Präorbitalfenster zu einem Nasopräorbitalfenster verschmolzen. Dies alles sind klassische Merkmale der Kurzschwanz-Pterosaurier. Gleichzeitig aber hat dieser Pterosaurier auch Merkmale, die für Langschwanz-Pterosaurier typisch sind, wie einen langen Schwanz, eine kurze Mittelhand und eine lange, zweiteilige fünfte Zehe. *Darwinopterus modularis* wird von manchen Wissenschaftern als eine Übergangsform von den Langschwanz- zu den Kurzschwanz-Pterosauriern gesehen, was angesichts der Merkmalsmischung plausibel klingt, aber nicht bewiesen ist. Es gilt allerdings als sicher, dass die Kurzschwanz-Pterosaurier aus einer Teilgruppe der Langschwanz-Pterosaurier entstanden sind. Diese Tiere könnten *Darwinopterus* ähnlich gewesen sein.

Darwinopterus modularis könnte eine Übergangsform zwischen den Lang- und den Kurzschwanz-Pterosauriern gewesen sein.
(Foto: Didier Descouens, Wikimedia)

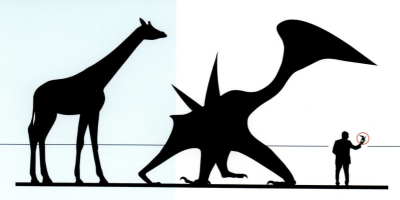

Der Riesenflugsaurier *Hatzegopteryx* hätte einer Giraffe problemlos in die Augen sehen können – wenn es Giraffen zu dieser Zeit schon gegeben hätte. Mit der Größe eines heutigen Spatzen hätte *Nemicolopterus crypticus* dagegen auf der Handfläche eines Menschen ausreichend Platz gefunden. (Grafik: Eberhard Frey)

Abbaugebiet der Solnhofener Plattenkalke. Die Platten werden bis heute als edle Fußbodenbeläge oder Wandfliesen verwendet. Weltruhm erlangten die Solnhofener Plattenkalke aber durch die exzellent erhaltenen Fossilien, die zahlreich in den Kalken zu finden sind. (Foto: PePeEfe, Wikimedia)

gefähr so groß wie ein heutiger Spatz. Der größte Pterosaurier war dagegen über 50-mal größer. Von Flügelspitze zu Flügelspitze maß *Hatzegopteryx thambema* zwischen 12 und 14 Meter. Dies entspricht ungefähr der Spannweite eines Standardsegelflugzeugs. Bewegte sich der *Hatzegopteryx* am Boden fort, war er so hoch wie eine Giraffe. Mit seiner Größe war dieser Gigant nicht nur der größte Pterosaurier, sondern auch das größte fliegende Tier, welches jemals auf der Erde existierte.

Berühmte Fundstellen

Überreste von Pterosauriern werden heute nahezu weltweit gefunden, aber eine der berühmtesten Fundstellen liegt direkt vor unserer Haustür. Im Süden von Deutschland bei Solnhofen (Bayern) wurden in den Solnhofener Plattenkalken bisher die am besten erhaltenen Pterosaurier gefunden. Durch die schnelle Einbettung in einem sehr feinen Kalkschlick am Boden einer Lagune der Oberjurazeit blieben nicht nur die Weichteile, wie z. B. die Flughaut, erhalten, es wurden auch feinste Strukturen innerhalb dieser Weichteile konserviert.

Weitere berühmte Fundstellen, aus denen zahlreiche, ausgesprochen gut erhaltene Pterosaurier stammen, sind das Araripe-Becken im Nordosten Brasiliens (Oberkreide) und die Provinz Liaoning (Oberjura bis Unterkreide) in China. An beiden Orten werden ebenfalls immer wieder Pterosaurier mit Weichteilerhaltung wie Haut, Schuppen, aber auch Blutgefäße und Muskeln gefunden, die uns helfen, diese Tiergruppe besser zu verstehen.

Woran man einen Pterosaurier erkennt

Als ausgestorbene Tiergruppe liegen uns von Pterosauriern ausschließlich versteinerte Überreste vor. Meistens bleiben allein die Knochen und einzelne Zähne erhalten. Nur in seltenen Fällen bleiben Abdrücke des ehemaligen Gewebes wie der Flughäute, der Körperbedeckung oder der Scheitelkämme erhalten. Aus diesem Grund können die meisten Pterosaurierarten nur anhand bestimmter Knochen und deren Merkmale bestimmt werden.

» VERSTEINERTES LEBEN

Die meisten Lebewesen werden nach ihrem Tod vollständig zersetzt. Nur unter ganz besonderen Bedingungen werden Tiere und Pflanzen zu Fossilien und bleiben so Millionen von Jahren erhalten. Wichtigste Voraussetzung dafür ist, dass die direkt nach dem Tod beginnende Verwesung ausbleibt. Am besten erhalten bleiben Lebewesen, die in den Ablagerungen eines stehenden oder sehr ruhig fließenden Gewässers schnell eingebettet werden. Geschieht dies nicht, beginnen Aasfresser recht schnell ihr zerstörerisches Werk. Die zweite wichtige Bedingung ist eine Sauerstoffarmut am Einbettungsort, oder noch besser die völlige Abwesenheit von Sauerstoff. Damit die Verwesung eines Körpers stattfindet wird nämlich Sauerstoff benötigt, der am Grund von Gewässern nicht immer vorhanden ist. Viele ruhige Gewässer wie Seen, abgeschnittene Flussarme und Lagunen haben in den bodennahen Schichten wenig oder gar keinen Sauerstoff. Damit die Weichteile der toten Tiere, wie beispielsweise die Haut, erhalten bleiben, müssen in den bodennahen Gewässerschichten zusätzlich Kalk oder Phosphate gelöst sein. Diese Minerale „überzuckern" die Weichteile der ehemaligen Lebewesen und bilden deren Strukturen durch ihre feinen Kristalle sehr gut nach. Eine weitere Möglichkeit sind Bakterien, die ohne Sauerstoff auskommen und mit dem Lebewesen eingeschlossen werden. Sie „fressen" die organische Substanz, bis sie selbst zu kleinen Gesteinskügelchen werden, weil sie das Gefängnis des umgebenden Schlicks nicht mehr verlassen können. So entsteht dann eine „bakterielle Fotografie" der Weichteile. Weil solche Bedingungen selten zusammentreffen, gehören Fossilien mit Weichteilerhaltung zu den großen Seltenheiten. Im Laufe der Zeit werden die Ablagerungen aus Schlamm, Sand oder ähnlichen Materialien über dem ehemaligen Lebewesen immer mächtiger. Durch den dabei auftretenden Druck und die erhöhten Temperaturen in den unteren Schichten wird aus den ehemals lockeren Ablagerungen festes Gestein. Aus dem Lebewesen ist dann ein Fossil geworden, und mit viel Glück wird es irgendwann gefunden.

A: Ein *Rhamphorhynchus muensteri* aus den Plattenkalken der südlichen Frankenalb mit sehr gut erhaltener Flughaut. Aufgrund der dunklen Farbe der erhaltenen Flughaut wird dieses Stück auch „Darkwing" genannt.
(Sammlung: Dieter Kümpe, Foto: Helmut Tischlinger)

B: *Rhamphorhynchus* aus den gleichen Schichten, mit komplett erhaltener Flughaut.
(Sammlung: Beat Imhof, Foto: Volker Griener)

» FOSSILIEN UNTER UV-LICHT

Ultraviolettes oder kurz UV-Licht gehört zum Spektrum des Lichts, welches außerhalb des menschlichen Sehvermögens liegt. Das menschliche Auge kann nur Wellenlängen zwischen 400 nm und 700 nm wahrnehmen, während das UV-Licht eine wesentliche kürzere Wellenlänge, nämlich zwischen 100 nm und 380 nm aufweist. Je kürzer die Wellenlänge einer Strahlung ist, desto energiereicher ist diese Strahlung. Das merken wir vor allem im Sommer, wenn wir uns durch zu langes Sonnenbaden Verbrennungen in Form eines Sonnenbrandes durch zu viel UV-Strahlung zugezogen haben. Diese Strahlung kann aber nicht nur Verbrennungen an lebendem Gewebe hervorrufen, sondern auch bestimmte Minerale zum Leuchten anregen. Diese Leuchterscheinung wird Fluoreszenz genannt. Bei der Fossilisation bilden sich in den Knochen und Weichteilen der toten Tierkörper oft winzige Kalziumphosphatkristalle, welche unter UV-Licht besonders gut fluoreszieren. Dabei werden Elektronen des Phosphats durch die Energie des UV-Lichtes (A) kurzfristig auf eine instabile höhere Energieebene gehoben (B). Beim Zurückfallen aus diesem instabilen Zustand auf ihr Ausgangsniveau geben die Elektronen Licht ab (C) – die Kristalle fluoreszieren. Da dieses Fluoreszenzlicht wesentlich energieärmer und damit auch langwelliger als das UV-Licht ist, können wir es sehen.
(Grafik: Stefanie Monninger)

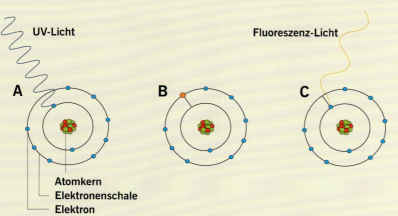

UV-Licht · Fluoreszenz-Licht
A · B · C
Atomkern
Elektronenschale
Elektron

Dorygnathus gehörte mit ungefähr einem Meter Flügelspannweite zwar zu den kleineren Pterosaurierarten, aber seine mit langen, spitzen Zähnen besetzten Kiefer machten sicherlich trotzdem mächtig Eindruck.
(Foto: Volker Griener)

Was aber macht einen Pterosaurier aus? Ihr auffälligstes Merkmal ist das Verhältnis zwischen Kopf- und Rumpflänge. Die Köpfe der Pterosaurier sind, außer bei den Froschmaul-Pterosauriern, mindestens so lang wie der gesamte Rumpf. Bei den Kurzschwanz-Pterosauriern der frühen Kreidezeit, wie z. B. *Anhanguera piscator*, ist der Kopf sogar mehr als doppelt so lang wie der Rumpf, der gegenüber dem Riesenschädel geradezu winzig wirkt. Markant ist auch das Nasenvoraugenfenster mancher Kurzschwanz-Pterosaurier (siehe oben). Besonders bei den Kurzschwanz-Pterosauriern der Kreidezeit nahm das Nasenvoraugenfenster mehr als die Hälfte der Kopflänge ein. Vermutlich ist dieses Fenster zur Gewichtsreduzierung so groß geworden.

Arten mit enorm großen Köpfen im Verhältnis zum Rumpf weisen nämlich immer auch riesige Nasenvoraugenfenster auf. Auch das Verhältnis zwischen Flügel und Rumpf ist außergewöhnlich. Der Körper eines *Pteranodon ingens* mit sieben Metern Spannweite ist grade einmal so groß wie der eines mageren Truthahns.

Kiefer und Bezahnung

Die Kiefer sind bei den meisten Pterosauriern schnabelartig ausgezogen und können mit langen, spitzen Zähnen besetzt sein. Die Zähne der Pterosaurier sind normalerweise einspitzig und kegelförmig.

Nur ganz frühe Pterosaurierarten wie *Eudimorphodon ranzi* und *Raeticodactylus filisorensis*, weisen in den hinteren Kieferbereichen dreispitzige Zähne auf. Anzahl, Stellung und Größe der Zähne waren bei

» MIT DER SPAGHETTIZANGE AUF FISCHJAGD – NAHRUNGSERWERB BEI PTEROSAURIERN

Pterosaurier waren wohl durchweg Fleischfresser. Allerdings gibt es nur wenige fossile Belege, die Aufschluss über die Nahrung dieser Tiere geben. Wenn Überreste der letzten Mahlzeit in den versteinerten Mägen der Tiere gefunden werden, handelt es sich meist um Fischreste. Hinweise darauf, was die Pterosaurier gefressen haben könnten und wie sie ihre Nahrung gefangen haben, geben manchmal auch die Zähne. Zähne sind die Werkzeuge, mit welchen Tiere ihre Nahrung ergreifen und festhalten können. Mit seinen langen, nach vorne gerichteten Nadelzähnen konnte ein *Rhamphorhynchus* kleine Fische aufspießen. Zusammen mit den gekrümmten Schnabelspitzen wirkten sie wie kleine Harpunen (A). Andere, wie z. B. *Gnathosaurus*, besaßen lange ineinandergreifende Zähne, die nach dem gleichen Prinzip wie eine Spaghettizange arbeiteten. Mit ihren langen, ineinandergreifenden Zinken hält die Zange die Spaghetti perfekt fest, und das Wasser tropft ab. Genauso machte es wohl auch *Gnathosaurus* (B). Was er einmal zwischen den Zähnen hatte, verlor er ungewollt sicherlich nicht mehr. Die zwar zahlreichen, aber sehr dünnen Zähne von *Pterodaustro guinazui* (C) waren dagegen hervorragend geeignet, kleine Nahrungspartikel wie Jungfische oder Kleinkrebse aus dem Wasser herauszufiltern. Aus der Größe und den Abständen der Zähne lässt sich bei diesen Tieren die minimale Größe der Beute berechnen, die ihr „Filterapparat" noch zurückhalten konnte. Die zahnlosen Arten, wie z. B. *Pteranodon* (D), benutzten ihren Schnabel wohl wie eine Art Pinzette: Sie klemmten ihre Beute wie heutige Vögel zwischen den Hornschneiden ein. Was sie damit aufpickten, ob ebenfalls Fische oder eher kleine landbewohnende Reptilien und vielleicht auch Insekten, wissen wir nicht.

A *Rhamphorhynchus muensteri*
B *Gnathosaurus subulatus*
C *Pterodaustro guinazui*
D *Pteranodon sternbergi*

Bezahnungstypen. (Grafik: Michaela Boschert)

Unten: Aus dem Jäger wurde Gejagter. Dieser *Rhamphorhynchus* endete im Maul eines großen Knochenfisches (*Aspidorhynchus* spec.), als er über dem Jurameer nach Fischen jagte. Im Rachen des *Rhamphorhynchus* steckt sogar noch seine Henkersmahlzeit – ein kleiner Fisch, den er unmittelbar vor seinem plötzlichen Ende wohl noch erbeutet hatte. (Sammlung: Wyoming Dinosaur Center, Foto: Volker Griener)

harte Schmelzkappe

elastisches Zahnbein

Die Zähne der meisten Pterosaurier haben nur auf den Zahnspitzen Schmelz. Der Rest des Zahns besteht aus dem weicheren Zahnbein. So blieb die Spitze des Zahns scharf, während der Rest des Zahns seitliche Lasten abfedern konnte.
(Foto: Eberhard Frey)

Ausprägung und Aufbau der Scheitelkämme verschiedener Pterosaurierarten. Hellgrau: Knochen, grau gestreift: faserige Knochensubstanz, dunkelgrau: Weichgewebe.
(Grafik: Michaela Boschert)

den einzelnen Pterosaurierarten sehr unterschiedlich. Vor allem die Anzahl der Zähne änderte sich im Lauf ihrer Entwicklung erheblich. Gerade bei den langschwänzigen Pterosaurierformen, wie bei den Arten der Gattung *Rhamphorhynchus*, trugen die Kiefer zahlreiche, lange Zähne. Doch schon im Verlauf der Jurazeit nahm die Anzahl der Zähne im Kiefer bei einigen Kurzschwanz-Pterosauriergruppen deutlich ab. Ab der Unterkreide tauchen dann völlig zahnlose Formen mit Hornschnäbeln auf, wie die sonderbaren Azhdarchoiden, aus denen in der späten Kreidezeit Riesenflieger wie *Quetzalcoatlus* und *Hatzegopteryx* hervorgingen. Nach wie vor gab es in der Kreidezeit aber auch Pterosaurier, deren Kiefer vor Zähnen starrten, wie *Coloborhynchus*.

Bei den meisten zahntragenden Pterosaurierarten sind die Zahnspitzen von einer harten Schmelzschicht bedeckt. Diese Schmelzkappe gab der Zahnspitze die nötige Härte, um in die Beute eindringen zu können, während das darunter liegende elastische Zahnbein die Biegekräfte abfederte, die beim Zubeißen entstanden. Diese Zahnkonstruktion verhinderte das Abbrechen der oft sehr langen und schlanken Zähne der Pterosaurier.

Scheitelkämme

Der Köpfe der Pterosaurier wurden von zum Teil recht befremdlich wirkenden Scheitelkämmen geziert. Diese Scheitelkämme waren sehr unterschiedlich geformt und bestanden bei manchen Arten, wie bei *Pteranodon*, ausschließlich aus knöchernen Auswüchsen am Schädel. Bei den meisten Arten bestand allerdings zumindest ein Teil des Scheitelkamms aus Bindegewebe.

Über den Zweck dieser Scheitelkämme wird bis heute spekuliert. Eine Theorie besagt, dass diese Kämme beim Fliegen den Geradeausflug stabilisierten. Bei einer

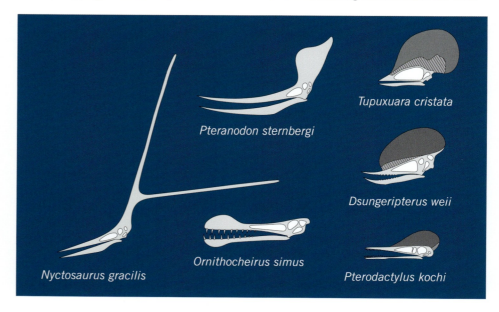

» EI, SCHAU MAL EINER AN

Erwärmte sich ein Pterosaurierweibchen für ein Männchen, so resultierte aus dieser Verbindung die Entstehung von kleinen Pterosauriern. Ob, und wenn ja, wie Pterosaurier brüteten, wissen wir nicht. Sicher ist aber, dass sie Eier legten. Im Jahre 2004 wurde in China das versteinerte Ei eines Pterosauriers mit einem Embryo darin entdeckt. Die Eierschale war ursprünglich weich und von einer ledrigen Haut umgeben, wie bei den meisten heutigen Eidechsen. Im Verhältnis zu dem ausgewachsenen Tier waren die Eier von Pterosauriern sehr klein, da sie ansonsten nicht durch die schmale Beckenöffnung der Tiere gepasst hätten. Nach dem Legen quollen die Eier offenbar etwas auf – ein Phänomen, das man auch heute bei vielen Reptilienarten, deren Eier nur von einer ledrigen Haut umgeben sind, beobachten kann. Durch den 2011 gemachten sensationellen Fund eines Pterosaurierweibchens mit einem Ei wissen wir

inzwischen auch, dass die Embryonen in den Eiern bereits vor der Eiablage fast vollständig entwickelt waren. Vermutlich schlüpften sie bereits kurz nach dem Legen und waren auch sofort flugfähig. (Grafik: Michaela Boschert)

leichten Kopfdrehung während des Fluges traf der Luftstrom schräg von der Seite auf den Kamm, wodurch er wie das Seitensteuer eines Flugzeuges gewirkt haben soll und dem Pterosaurier das Lenken in der Luft ermöglichte. Die aerodynamische Wirksamkeit dieser Kämme ist bis heute allerdings nicht bewiesen und spekulativ. Neue Funde belegen allerdings, dass zumindest bei einigen Arten die Ausprägung der Scheitelkämme auch vom Geschlecht des jeweiligen Tieres abhing. So hatten die Männchen von *Darwinopterus modularis* aus dem mittleren Jura Chinas größere Kämme als die Weibchen. Bei vielen heutigen Tierarten haben gerade die Männchen Attribute, wie ein prachtvolleres Gefieder oder ein größeres Geweih, die zum einen die Frauenwelt beeindrucken, zum anderen die männliche Konkurrenz warnen soll, sich besser nicht mit so einem Prachtburschen anzulegen.

Den Ferrari unter den Scheitelkämmen besaß sicherlich der Kurzschwanz-Pterosaurier *Nyctosaurus gracilis*. Sein Scheitelkamm bestand aus zwei knöchernen Leisten, von denen eine vom Scheitel ausgehend senkrecht nach oben stand. Die andere zweigte von dieser nahe der Basis nahezu rechtwinklig nach hinten ab. Die beiden Knochenleisten waren ungefähr eineinhalb Mal so lang wie der ganze Pterosaurier und machten sicherlich mächtig Eindruck.

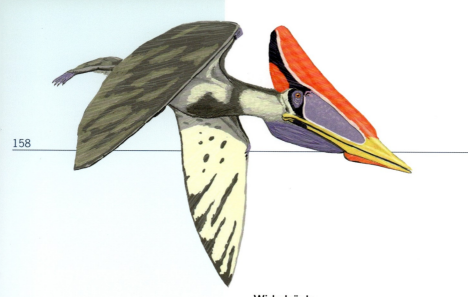

Links: Zu Lebzeiten waren die Scheitelkämme der Pterosaurier möglicherweise sehr auffällig gefärbt. Wissen tun wir es allerdings nicht, denn die ehemaligen Farben der Tiere sind in ihren fossilen Überresten nicht mehr zu sehen. Aus diesem Grund durfte der Gestalter der Rekonstruktionszeichnung dieser *Tupuxuara longicristatus* seiner Fantasie freien Lauf lassen – schön Aussehen tut es auf jeden Fall. (Grafik: Dmitry Bogdanov, Wikimedia)

Rechts: Der Kurzschwanz-Pterosaurier *Nyctosaurus gracilis* besaß den wohl skurrilsten Scheitelkamm unter den Flugsauriern. Bei den weiblichen Pterosauriern machte das gewebeähnliche Gebilde bestimmt mächtig Eindruck. (Grafik: Dmitry Bogdanov, Wikimedia)

Wirbelsäule

Wie bei allen Landwirbeltieren wird auch bei den Pterosauriern die Wirbelsäule in Hals-, Brust-, Lendenwirbelsäule, Kreuzbein und Schwanzwirbelsäule eingeteilt. Soweit bekannt, umfasst die Halswirbelsäule der ursprünglichen Pterosaurier acht Wirbel. Bei einigen Kurzschwanz-Pterosauriern aus der Kreidezeit war die Anzahl der Halswirbel auf sechs reduziert. Die mittleren Halswirbel waren bei manchen Kurzschwanz-Pterosauriern extrem verlängert. Die Halswirbelsäule der Kurzschwanz-Pterosaurier war der längste Abschnitt der Wirbelsäule. Die Halswirbelsäule war allerdings in der Horizontalen und vielfach auch in der Vertikalen nahezu steif. Der Hals konnte also vornehmlich in seinem Ansatz als Ganzes bewegt werden. Der Kopf war frei beweglich und konnte in alle Richtungen gedreht werden.

Pterosaurier hatten zwischen elf und sechzehn Brustwirbel. Bei einigen Arten der späten Kreidezeit, wie z. B. *Pteranodon*, sind die Dornfortsätze der Brustwirbel zu einer stabilen Knochenplatte, dem Schulterbecken (Notarium) miteinander verwachsen. Dieses Schulterbecken diente zum einen als Ankerfläche für den massiven Schultergürtel, zum anderen aber auch als Ansatzfläche für die enorme Flugmuskulatur. Je älter die Tiere waren, desto mehr Dornfortsätze waren in dem Schulterbecken integriert. Ein solches Schulterbecken gibt es übrigens nur bei den Pterosauriern. Die Brustwirbel tragen auch die Gelenke für die Rippen. Die ersten drei bis vier Rippenpaare waren mit dem Brustbein verwachsen und bildeten den Brustkorb. Die restlichen Rippenpaare endeten frei. Die Lendenwirbelsäule besteht bei den Langschwanz-Pterosauriern aus drei bis sechs Wirbeln, bei den Kurzschwanz-Pterosauriern aus zehn oder mehr Wirbeln, die zu einem massiven Kreuzbein (Sacrum) verschmolzen sind. Bei einigen Kurzschwanz-Pterosauriern der Kreidezeit, wie z. B. *Pteranodon*, gab es zwischen dem Kreuzbein und dem Schulterbecken nur noch einen beweglichen Wirbel, bei anderen gar keinen mehr. Bei manchen Arten verknöcherten sogar die Sehnen der Rückenmuskeln und versteiften die Wirbelsäule so völlig.

Der Verknöcherungsgrad der Sehnen scheint vom Alter des jeweiligen Tieres abhängig zu sein, bewiesen ist das aber noch nicht. Eine Versteifung der Wirbelsäule ist auch bei Vögeln zu finden. Durch diese Versteifung müssen die Kräfte, die auf den Rumpf während des Fluges einwirken, nicht muskulär abgefangen werden. Das Fliegen wird dadurch weniger energieaufwendig.

Die Schwanzwirbelsäule besteht bei den langschwänzigen Pterosauriern aus bis zu 40 Wirbeln. Lediglich die ersten fünf bis sechs Wirbel waren gegeneinander beweglich. Die darauf folgenden Wirbel werden immer schlanker und länger und ihre Gelenkfortsätze sind zunehmend nadelförmig ausgezogen. Diese Knochennadeln sind bei einigen Formen mehr als sechsmal so lang wie der dazugehörige Wirbelkörper. Weil die einzelnen nadelförmig verlängerten Gelenkfortsätze der Schwanzwirbel eng miteinander verflochten sind, war der Schwanz nahezu steif. Die Schwanzwirbelsäule der Kurzschwanz-Pterosaurier besteht nur aus sehr wenigen Wirbeln, die rasch kleiner werden. Bei *Pterodactylus* sind es bis zu sechzehn Wirbel, Pteranodon hat sogar nur fünf Wirbel, wobei der letzte in zwei lange Stilette ausgezogen ist. Die Wirbel der Kurzschwanz-Pterosaurier waren gegeneinander beweglich, soweit es die Schwanzflughäute erlaubten.

Bauchrippen

In der Bauchdecke zwischen Brustbein und Becken, lagen bei Pterosauriern Bauchrippen (Gastralia). Das hinterste Bauchrippenpaar war plattenförmig zu dem sogenannten Vorschambein (Präpubis) verbreitert und mit dem Becken gelenkig verbunden. Dieser flexible Korb wurde beim Einatmen ausgebeult. Dabei wurde die Leber zurückgezogen und beim Ausatmen wurde der Bauchrippenkorb durch die Rumpfwandmuskulatur hochgezogen. Dadurch verengte sich der Bauchraum, die Leber wurde nach vorne geschoben und drückte die Lungen leer. Nach dem gleichen Prinzip atmen heute noch die Krokodile.

Die Sehnen der Rückenmuskulatur verknöcherten bei manchen Pterosaurierarten völlig. Dadurch wurde die Wirbelsäule versteift, ohne dass für Muskelkraft Energie verschwendet wurde.
(Foto: Volker Griener)

Funktionsprinzip Pterosaurieratmung.
(Grafik: Eberhard Frey)

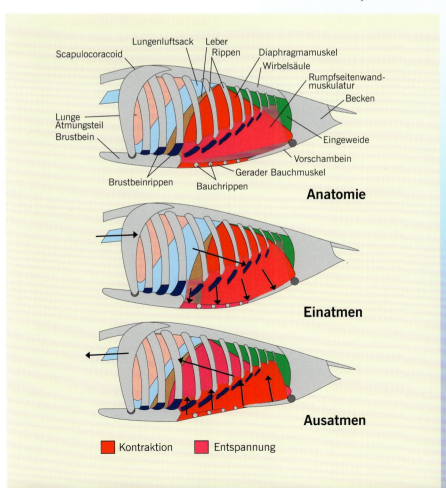

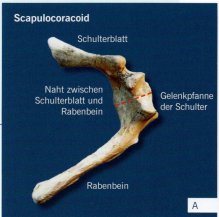
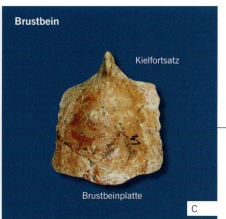
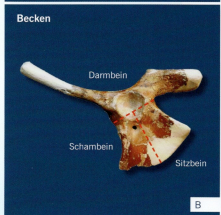
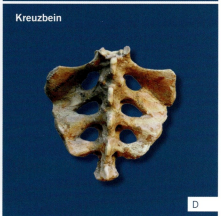

Vier Elemente aus dem Rumpfskelett brasilianischer Pterosaurier, die Besonderheiten zeigen:
A: Schulterblatt (Scapula) und Rabenbein (Coracoid); diese Knochen verwachsen zumindest bei den erwachsenen Pterosauriern zum Scapulocoracoid.
B: Beim Becken ist das Darmbein nach vorne sehr stark verlängert; Schambein und Sitzbein sind bei den erwachsenen Pterosauriern miteinander verwachsen.
C: Das Brustbein ist zweiteilig und besteht aus einem vertikal orientierten Kielfortsatz und einer horizontalen Brustbeinplatte.
D: Das Kreuzbein besteht bei jungen Pterosauriern aus drei bis vier Wirbeln, bei erwachsenen aus über 12!
(Fotos: Stefanie Monninger)

Becken

Wie das Becken aller Landwirbeltiere besteht auch das der Pterosaurier aus drei Knochen: dem Sitzbein (Ischium), dem Schambein (Pubis) und dem Darmbein (Ilium). Bei erwachsenen Pterosauriern sind Sitz-, Scham- und Darmbein meist nahtlos miteinander verwachsen. Das Darmbein der Pterosaurier ist knapp halb so lang wie der Rumpf. Sitz- und Schambein bilden zusammen eine nach hinten unten gerichtete Platte. Vermutlich saßen an allen drei Beckenkochen starke Oberschenkel-Rückziehmuskeln, mit denen sich die Tiere beim Losfliegen in die Luft katapultierten. Bei den Weibchen waren die Scham- und Sitzbeine bauchseitig voneinander getrennt – damit die Eier besser durchpassten. Das schon erwähnte Vorschambein saß vor dem Schambein und war über Knorpel oder Bindegewebe mit diesem gelenkig verbunden.

Harte Schale, hohler Kern

Die Reduktion des Körpergewichts ist eine der wichtigsten Voraussetzungen, um den aktiven Flug überhaupt entwickeln zu können. Um Gewicht zu sparen, waren die Kochen der Pterosaurier innen hohl. Ihre Außenwand war selbst bei den Langknochen der Riesenflieger oft weniger als einen Millimeter dick. Das Schwammgewebe im Inneren der Knochen ist auf wenige hauchdünne Stützstreben reduziert, die ihrerseits innen hohl sind. Nur in Gelenknähe wird die schwammartige Knochensubstanz dichter. Im Gegensatz zu einem kompakten Knochengewebe reduziert eine porige Knochensubstanz das Gewicht erheblich, weist jedoch die gleiche Stabilität gegenüber Druck- und Verwindungsbelastungen wie massive Knochen auf. Zusätzliche Stabilität ergab sich durch den Aufbau der äußeren Knochenwand. Diese war ähnlich wie Sperrholz aus mehreren Knochenlagen aufgebaut. Jede Lage ist ein Verbund aus kalkiger Knochensubstanz und spiralig um die Knochen verlaufenden Bindegewebsfasern, deren Richtung von Lage zu Lage wechselt. Wegen ihres extremen Leichtbaus wird die Masse eines *Quetzalcoatlus* mit 9 bis 10 Metern Flügelspannweite auf gerade einmal 100 bis 120 kg geschätzt – es handelt sich also um einen echten Ultraleichtflieger.

Flugapparat

Ein Rahmen für die Fluggelenke: der Schultergürtel

Der Schultergürtel wird bei den Pterosauriern vom Schulterblatt (Scapula) und dem Rabenbein (Coracoid) gebildet. Im Laufe des Erwachsenwerdens verschmolzen diese beiden Knochen meist zu einem einheit-

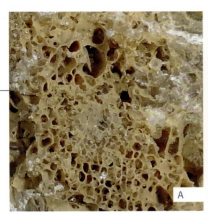 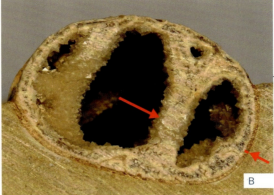

A: Luftgefülltes Schwammgewebe
B: Die äußere Knochenwand (Pfeil) war sehr dünn. Feine, hohle Knochenstreben stabilisierten die Knochen (Pfeil).
(Fotos: Stefanie Monninger)

lichen Knochen, dem Scapulocoracoid. Das Schultergelenk wird von Schulterblatt und Rabenbein gemeinsam gebildet. Die bauchseitigen Enden der beiden Scapulocoracoide setzten am Kielfortsatz am Vorderrand des Brustbeins (Sternum) an. Das plattenförmig verbreiterte Brustbein, an welchem die starke Flugmuskulatur ansetzte, war also stabil mit dem Schultergürtel verbunden. Zwischen Brustbein und den Rabenbeinen war nur eine leichte Kippung in der Vertikalen möglich. Von vorne betrachtet liefen die beiden Scapulocoracoide bei den meisten Pterosauriern v-förmig am Brustbein zusammen. Bei einer Pterosauriergruppe, den sogenannten Azhdarchoidea, liefen die Rabenbeine in einem weiten Bogen u-förmig auf das Brustbein zu. Bei den letzteren Pterosauriern sitzt das Schultergelenk tiefer, manchmal sogar in Höhe des Brustbeins. Das obere Ende des Schulterblattes ist bei einigen Pterosauriergruppen der Oberkreide, wie den Pteranodontiden und den Ornithocheiriden, mit dem Schulterbecken verwachsen. Schulterbecken, Suprocoracoide und Brustbein bildeten auf diese Weise einen stabilen Knochenring. Das Brustbein ist als Ansatzfläche für die kräftige Flugmuskulatur bei allen Pterosauriern groß und verknöchert. Es besteht aus der Brustbeinplatte und einem zum Kopf hin ragenden Kielfortsatz, dem Cristosternum. Die Form der Brustbeinplatte variiert zwischen dreieckig, herzförmig oder viereckig.

Drei Elemente aus dem Rumpfskelett brasilianischer Ornithocheiriden:
A: Notarium („Schulterbecken"); an den Dornfortsätzen setzten die Schulterblätter an.
B: Oberarmknochen mit dem dreieckigen Hebelfortsatz für die Abschlagmuskeln.
C: Der Mittelhandknochen eines Flugfingers.
(Fotos: Stefanie Monninger)

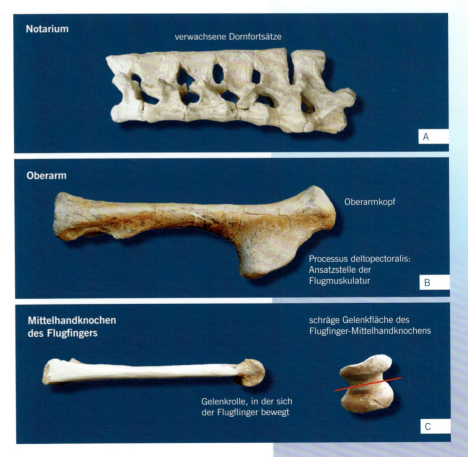

Bei den Froschmaul-Pterosauriern konnten die einzelnen Fingerglieder ein wenig gegeneinander abgewinkelt werden. (Foto: Helmut Tischlinger)

Mögliche Flugmuskeln der Pterosaurier (nach Chatterjee & Templin 2004). (Grafik: Stefanie Monninger)

Flugarm mit dem Riesenfinger

Die Vorderbeine der Pterosaurier sind zu Flugarmen umgebildet. Der kurze, aber kräftige Oberarmknochen (Humerus) saß mit seinem walzenförmigen Kopf in der Gelenkgrube im Schultergürtel. Der Oberarmknochen eines Pterosauriers lässt sich an seinem großen, nach vorne ragenden Hebelfortsatz (Processus deltopectoralis) am körpernahen Ende des Knochens gut erkennen. An diesem Fortsatz setzte die starke Flugmuskulatur an, welche den Flügel beim Schlagflug bewegte.

Der Unterarm ist bei allen Pterosauriern länger als der Oberarm. Er besteht aus zwei Knochen: der Elle (Ulna) und der Speiche (Radius). Die Elle ist dabei immer der kräftigere Knochen. Bei der Flügelfaltung spielten diese beiden Knochen eine wichtige Rolle, denn wenn der Ellbogen gebeugt wurde, schob sich die Speiche an der Elle entlang, beugte die Mittelhand. Diese mechanische Funktionskette tritt in Aktion, sobald der Ellbogen bewegt wird. Ein ähnlicher Mechanismus ist auch bei Vögeln zu finden (siehe Kapitel 3.3). Die Handwurzel (Carpus) ist das Verbindungsglied zwischen dem Unterarm und der Mittelhand. Bei Pterosauriern besteht die Handwurzel aus sechs Handwurzelknochen (Carpalia). Zwei davon liegen Elle und Speiche auf (proximale Reihe), vier bilden die körperferne (distale) Reihe. Die beiden körpernahen Handwurzelknochen und drei der körperfernen Reihe verschmelzen im Laufe des Wachstums jeweils zu einem Knochenkomplex (Syncarpale). Der vierte Handwurzelknochen aus der körperfernen Reihe, das präaxiale Carpale, bleibt beweglich mit dem körperfernen Syncarpale verbunden. Zwischen den Handwurzelknochen sitzt gelenkig eine anatomische Besonderheit der Pterosaurier: der Spannknochen (Pteroid). Dieser Spannknochen ist ein Knochensplint, der von den Handwurzelknochen in Richtung Körper zeigt und spitz ausläuft. Er spannte über eine Sehne, die von der Spitze des Spannknochen in die Schulterregion zog, die Flughautfläche zwischen Hals und Handwurzel und versteifte gleichzeitig auch die Vorderkante der Vorflughaut während des Fluges.

Die Mittelhand (Metacarpus) besteht aus vier Knochen, von denen der Mittelhandknochen des Flugfingers um ein Vielfaches kräftiger als die übrigen ist. Die Mittelhandknochen der drei kleinen Finger sind schlanke Knochenstäbchen, die der Vorderfläche des Flugfinger-Mittelhandknochens aufliegen. Pterosaurier hatten nur vier Finger. Die ersten drei Finger der Hand waren kurz und trugen jeweils eine scharfe Kralle. Die Finger zeigten in Flugposition vom Körper weg, die

Krallenspitzen wiesen nach vorne. Bei den Nyctosauriern fehlen diese Finger.

Der Flugfinger ist ungefähr zwanzigmal so lang wie die restlichen Finger und auch mehr als doppelt so dick. Er besteht in der Regel aus vier einzelnen Fingergliedern (Phalangen). Nur bei den Nyctosauriern und den Froschmaul-Pterosauriern besteht er lediglich aus drei Fingergliedern. Die einzelnen Fingerglieder waren nicht miteinander verwachsen, aber mit Bindegewebe doch so miteinander versteift, dass sie eine Einheit bildeten, die als Ganzes bewegt wurde. Eine Ausnahme bilden hier wieder die Froschmaul-Pterosaurier, deren Fingerglieder zumindest leicht gegeneinander abgewinkelt werden konnten.

Gelenke der Vorderextremität

Die Gelenke der Vorderextremität waren mit Ausnahme des Schultergelenks reine Scharniergelenke. Sie erlaubten nur eine Bewegungsebene, so dass die Kräfte, die während des Fluges auf den Flügel einwirkten, nicht muskulär kontrolliert werden mussten. Das sparte Gewicht. Nur das Schultergelenk ließ mehrere Bewegungsrichtungen zu. In diesem Gelenk musste sich der Oberarm während des Flügelschlags ungehindert bewegen können. Das Ellenbogengelenk war ein Scharniergelenk, während das kompliziert gebaute Handgelenk in beschränktem Maße Drehung und Beugung kombinierte. Der Flugfingermittelhandknochen hat am körperfernen Ende eine Gelenkrolle, in welcher der Flugfinger vor und zurück schwenken konnte. Die Gelenkrolle steht leicht schräg, sodass bei der Flügelfaltung eine schraubenartige Drehung des Flugfingers in Flugposition nach hinten oben, in Laufposition nach hinten innen erfolgte.

Flugmuskeln

Ähnlich wie bei den Fledermäusen bestand die Flugmuskulatur aus Abschlagmuskeln, die vom Oberarm an das Brustbein zogen und Aufschlagmuskeln, die vom Oberarm an Schulterblatt und Wirbelsäule zogen. Durch den Ansatzpunkt der Auf- und Abschlagmuskeln jeweils an Ober- und Unterseite des Hebelfortsatzes am Oberarmknochen (siehe oben) wurde der Oberarm beim

> #### » FAST WIE SHERLOCK HOLMES
>
> Muskeln sind als Weichteile – wenn überhaupt – bestenfalls als Schatten oder Streifen fossil überliefert. Um die Fortbewegung des ausgestorbenen Tieres zu rekonstruieren, stehen also in aller Regel nur die Knochen zur Verfügung und mit ganz viel Glück auch einmal verknöcherte Sehnen, wie im Falle des Mexikanischen Kreidepterosauriers *Muzquizopteryx* sowie einem unbekannten brasilianischen Pterosaurier. Liegen die verknöcherten Sehnen den Knochen an, lassen sich Muskelverlauf und Zugwinkel des jeweiligen Muskels exakt rekonstruieren.
>
> Sind diese Sehnen nicht erkennbar, so müssen Wissenschaftler manchmal ein wenig Sherlock Holmes spielen. In den Romanen von Sir Arthur Conan Doyle spürte der berühmte Detektiv im London des 19. Jahrhunderts auch die kleinsten Hinweise auf und war damit in der Lage, den genauen Tathergang zu rekonstruieren. Wissenschaftler tun im Falle der schon lange nicht mehr vorhandenen Muskeln fast dasselbe. Sie suchen mit der Lupe und heute natürlich auch mit dem Mikroskop nach winzigsten Hinweisen, die Rückschlüsse auf Verlauf und Ansatzpunkte der ehemaligen Muskulatur zulassen. Muskeln hinterlassen an ihren Ansatzstellen am Knochen winzige Spuren in Form von kleinen Rauigkeiten. Um herauszufinden, welche beiden Rauigkeiten zu einem Muskel gehören, wird oft die vergleichende Anatomie zu Rate gezogen. Man schaut sich hierbei die Muskeln und Knochen bauähnlicher heute lebender Tiere an und wendet diese Erkenntnisse auf ausgestorbene Formen an. Auf diese Weise gelang die Rekonstruktion der gesamten Brust-Schultermuskulatur und der wichtigsten Arm und Rückenmuskeln der Pterosaurier. Was nie rekonstruierbar ist, ist der Aufbau eines Muskels, der letztlich eine Aussage über seine Kraft zuließe. Anders als bei Sherlock Holmes bleibt in der Paläontologie so mancher Fall ungelöst.

Flügelaufschlag nicht nur nach oben gezogen, sondern auch nach hinten rotiert. Beim Abschlag rotierte der Oberarmknochen nach vorne. Diese Rotation des Oberarms beim Auf- und Abschlag erfolgt bei allen aktiv fliegenden Landwirbeltieren – egal ob in der Luft oder unter Wasser. (siehe Kapitel 1, 2, 3.2, 3.3, 3.5)

Die Hinterbeine als zweiter Flügelholm
Die Hinterbeine der Pterosaurier waren in die Flughaut voll integriert und stabilisierten als zweiter Flügelholm den körpernahen Teil der Flughaut. Im Vergleich zur Vorderextremität sind die Hinterbeine der Pterosaurier kaum halb so groß. Bei manchen Formen wie bei *Rhamphorhynchus* oder den Ornithocheiridae wirken sie geradezu winzig. Der Oberschenkelknochen ist bei diesen Pterosaurierarten etwa ein Drittel kürzer als der Oberarmknochen. Die kreidezeitlichen Azhdarchiden haben im Vergleich dazu lange Hinterbeine, bei denen der Oberschenkelknochen um gut ein Drittel länger ist als der Oberarmknochen. Sicherlich waren diese Pterosaurier flott zu Fuß unterwegs.

Flughäute
Zum Fliegen spannten die Pterosaurier eine Flughaut zwischen dem Körper und den Extremitäten auf, ähnlich wie es auch heutige Fledermäuse tun. Die Pterosaurier besaßen insgesamt drei Flughautflächen: die Vorflughaut (Propatagium) zwischen Halsansatz und Handwurzel, die Schwanzflughaut (Uropatagium) zwischen Schwanz und Hinterbein und die Armflughaut (Brachiopatagium) zwischen Vorder- und Hinterextremität. Vor- und Schwanzflughaut machten nur etwa 10 % der Gesamtflügelfläche aus. Die Vorflughaut war kaum verstellbar, half aber über die Sehne in ihrer Vorderkante und den Spannknochen beim Aufspannen des Flügels. Die Schwanzflughaut konnte zusammen mit dem körpernahen Teil der Armflughaut über die Hinterbeine bewegt werden und diente der Steuerung während des Fluges. Die Armflughaut war die größte Flughautfläche des Pterosaurierflügels und zog sich von der Spitze des Flugfingers bis zur Fußwurzel am Hinterbein. Sie erzeugte beim Flügelschlag sowohl den nötigen Auf- als auch Vortrieb für den Flug. Im körperfernen Bereich der Armflughaut verliefen in der Flughaut hunderte ungefähr 0,1 Millimeter dünne Fasern, die sogenannten Aktinofibril-

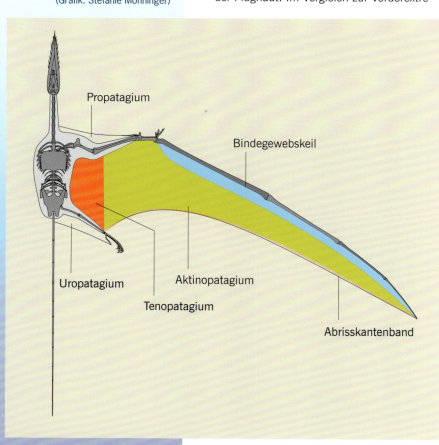

Schematische Darstellung der Flughäute und deren anatomische Gliederung von Pterosauriern, von oben betrachtet. (Grafik: Stefanie Monninger)

len. Diese Fasern verstärkten die Flughaut, die während des Fluges enormen Kräften ausgesetzt war. Während die Aktinofibrillen in der Flughaut bis auf Höhe des Flugfingergrundgelenks parallel zum Körper verliefen, änderten sie ab hier ihre Verlaufrichtung und verliefen zunehmend parallel zum Flugfinger. Der körpernahe Teil der Armflughaut im Bereich von Ober- und Unterarm war vermutlich wesentlich weicher und elastischer, da er die Bewegungen beim Flügelschlag und bei der Fortbewegung am Boden nicht behindern durfte (Tenopatagium). Hier sind die Aktinofibrillen auf kurze, schlanke Fäserchen reduziert. Als zusätzliches Versteifungselement lag direkt hinter dem Flugfingerknochen ein Keil aus Bindegewebe. Dieser Bindegewebskeil verstärkte zum einen den langen drei- oder vierteiligen Flugfinger gegen die von vorne wirkenden hohen Biegekräfte während des Fluges, zum anderen versteifte er die Armflughaut direkt hinter dem Knochen gegen die von unten gegen den Flügel drückenden Kräfte. Darüber hinaus sorgte dieser Keil für einen gleichmäßigen Übergang vom Flugfingerknochen in die Flughaut. Der Luftwiderstand des Flügels ist minimal und das Fliegen ist weniger kraftaufwendig, wenn der Luftstrom um den Flügel nicht durch Unebenheiten abgelenkt wird.

Um Vor- und Auftrieb zu garantieren, darf sich eine Flughaut während des Fluges nicht unkontrolliert aufwölben oder gar zu flattern beginnen. Bei den Pterosauriern verlief deshalb in der Hinterkante der Flughaut von der Flugfingerspitze bis zum Knöchel ein Bindegewebsstrang. Vermutlich bestand er aus Kollagen, einem Stoff, der bei allen Wirbeltieren im Bindegewebe, in Sehnen und Bändern vorkommt. Kollagen ist hoch reißfest, kaum dehnbar und kann Zugkräfte bis zum Zehntausendfachen seines Eigengewichts aufnehmen. Durch das Zusammenspiel der längenstabilen aber biegeelastischen Aktinofibrillen, dem Bindegewebskeil und dem zugfesten Band bildete die Flughaut während des Fluges ein stabiles Flügelprofil. Durch Nachspannen dieses Bindegewebsstranges mit Hilfe der Hinterbeine konnte die Wölbung des Flügelprofils während des Fluges verändert werden. Auftriebsleistung und Strömungswiderstand des Flügels wurden auf diese Weise kontrolliert.

Multifunktionell und hoch reißfest
Während in der Vor- und Schwanzflughaut der Pterosaurier bestenfalls einzelne faserige Strukturen im Innern der Flughaut nachgewiesen sind, war die Armflughaut aus mindestens sechs unterschiedlichen Gewebsschichten zusammengesetzt. Trotz dieses mehrschichtigen Aufbaus hatte die Armflughaut bei einem Pterosaurier von ungefähr 2,5 m Flügelspannweite gerade mal eine Dicke von knapp einem Millimeter. Die Oberhaut ist die äußerste Schicht der Flughaut und war mit einem feinen Riefenmuster überzogen. Diese Riefen erzeugten winzige Wirbel im Luftstrom, die während des Fluges über den Flügel hinwegstrichen. Manche Wissenschaftler vermuten, dass sich durch diese Wirbel eine turbulente Grenzschicht zwischen der Luft und dem Flügel bildete. Diese Grenzschicht hätte dann wie ein Kugellager auf die umgebende Luft gewirkt und so den Luftwiderstand reduziert. Wie hoch dieser aerodynamische Effekt bei Pterosauriern war, ist bis heute aber nicht geklärt.

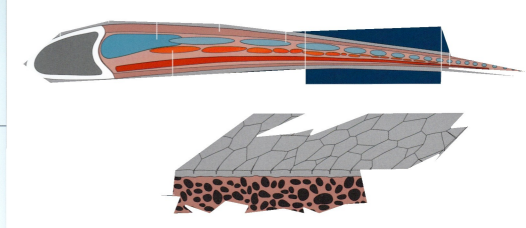

Schematischer Flughautaufbau der Pterosaurier im Querschnitt (oben) und als Blockdiagramm (unten). (Grafik: Michaela Boschert)

Unter der Oberhaut lag eine Gewebsschicht mit großen, vermutlich luftgefüllten Zellzwischenräumen, die dem Gewebe ein schaumartiges Aussehen verliehen. Darunter lagen die Aktinofibrillen, die von schräg dazu verlaufenden Muskelfasern unterlegt sind. Die unterste bekannte Gewebsschicht enthält ein Netz aus Blutgefäßen, über welche die Flughaut mit Sauerstoff und Nährstoffen versorgt wurde. Der Blutstrom in der Flughaut war über Ringmuskeln in den Wänden der großen Hauptblutgefäße regelbar, sodass Wärme dosiert aufgenommen oder abgegeben werden konnte. Da die meisten Pterosaurier höchstwahrscheinlich tagaktiv waren, konnten sie dadurch während des Fluges über ihre sonnenbeschienene Flughaut so viel Wärme aufnehmen wie sie benötigten und den Blutstrom dann drosseln, um nicht zu überhitzen. Während der kühlen Nachtstunden reduzierten sie den Blutstrom in den Flughautflächen auf das Versorgungsminimum, um unnötigen Wärmeverlust zu vermeiden. All das sind Hypothesen, die letztlich nicht beweisbar sind, aber sie stehen im Einklang mit den physikalischen Grundgesetzen und den anatomischen Befunden.

Der Flug der Drachen

Lang und schmal oder kurz und breit
Wie bei den Fledermäusen bestimmt auch bei den Pterosauriern das Verhältnis zwischen Flügel- und Beinlänge das Streckungsverhältnis des Flügels. *Rhamphorhynchus* oder die Ornithocheiriden beispielsweise hatten lange Flugarme, kombiniert mit kurzen Beinen und damit lange schmale Flügel. Das entspricht ungefähr dem gleichen Streckungsverhältnis wie bei einem Segelflugzeug. Diese Flügelform ist für den ausdauernden Segelflug im offenen Gelände oder über großen Wasserflächen ideal. Zum schnellen Manövrieren eignet sich diese Flügelform wegen der großen Spannweiten dagegen nicht. Bei den Ahzdarchiden, zu denen auch *Quetzalcoatlus* und *Hatzegopteryx* gehörten, waren die Flugarme im Verhältnis zu den Hinterbeinen kürzer. Die Flügel dieser Tiere waren kurz und körpernah sehr tief, die Flügelstreckung also gering. Diese Tiere konnten sicher auch segeln, aber nicht so ausdauernd wie *Rhamphorhynchus* oder die Ornithocheiriden, dafür aber besser manövrieren.

Die Froschmaul-Pterosaurier hatten einen gerundet dreieckigen Flügelumriss, der durch die gegeneinander leicht abgeknickten Fingerglieder vermutlich zusätzlich stumpf endete. Eine solche Flügelform deutet auf die Verwendung des Schlagflugs als Hauptfortbewegungsmethode bei gleichzeitig ausgezeichneter Manövrierfähigkeit hin. Für die Jagd nach Insekten oder kleinen Wirbeltieren in bewaldeten oder strauchreichen Lebensräumen wäre das ideal.

Wie viel Zeit Flugsaurier in der Luft verbrachten, ist unklar. Vermutlich gab es bei den Pterosauriern genauso wie in der heutigen Vogelwelt Arten, die auf der Suche nach Nahrung stundenlang fliegen konnten, während andere nur kurze, sehr gezielte Beuteflüge unternahmen. Gerade bei den Riesenflugsauriern wird von zahlreichen Wissenschaftlern eine sehr bodengebundene Lebensweise angenommen. Vielleicht benahmen sich diese Pterosaurierarten wie *Quetzalcoatlus* oder *Hatzegopteryx* ähnlich wie unsere heutigen Störche oder Reiher und verbrachten den Großteil ihrer Zeit am Boden, um dort auf Nahrungssuche zu gehen. Geflogen sind sie eventuell nur, wenn sie aufgescheucht wurden oder neue Nahrungsgründe suchten.

Schlagflug, der Trick mit der Membran
Den genauen Ablauf des Schlagzyklus eines Pterosaurierflügels kennen wir nicht. Allerdings ist es möglich ihn zu rekonstruieren, da er den gleichen physikalischen Zwängen unterliegt, denen jedes Tier unterworfen ist, welches sich flügelschlagend durch die Luft bewegt. Ein Pterosaurierflügel erzeugte während eines Flügelschlags gleichzeitig Auf- und Vortrieb. Der körpernahe, weniger

» AUF ALLEN VIEREN

Ob sich Pterosaurier am Boden zweibeinig (biped) oder vierbeinig (quadruped) fortbewegten, war lange Zeit sehr umstritten. Den unumstößlichen Beweis dafür, dass die Pterosaurier auf allen Vieren herumspazierten, brachten mehrere exzellent erhaltene fossile Fährtenabdrücke von Pterosauriern. Die Flugarme wurden nur mit den drei kurzen Fingern aufgesetzt (B). Dabei waren die Finger nach außen gedreht, und der dritte wies sogar nach hinten. Der lange Flugfinger wurde beim Laufen am Boden nach oben abgewinkelt und am Körper entlang nach hinten getragen (D). So störte er beim Laufen am wenigsten. Die Hinterbeine traten bei den Pterosauriern mit der gesamten Sohle auf (B), wie unsere Füße es auch tun. Im Gegensatz zu unseren Füßen waren die Sohlen der Pterosaurier allerdings vollständig mit rundlichen Schuppen besetzt (C). Diese Schuppen wirkten vermutlich wie die Stollen an Sportschuhen. Beim Losfliegen breiteten die Pterosaurier ihre Flügel aus und drückten sich mit beiden Hinterbeinen fest vom Boden ab. Die Schuppen gaben dem Pterosaurier den nötigen Halt, um beim Absprung nicht wegzurutschen.

(Zeichnungen A, B, D: Michaela Boschert, Foto: Stefanie Monninger)

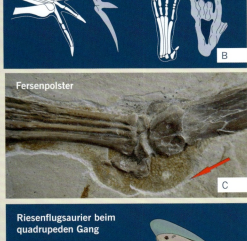

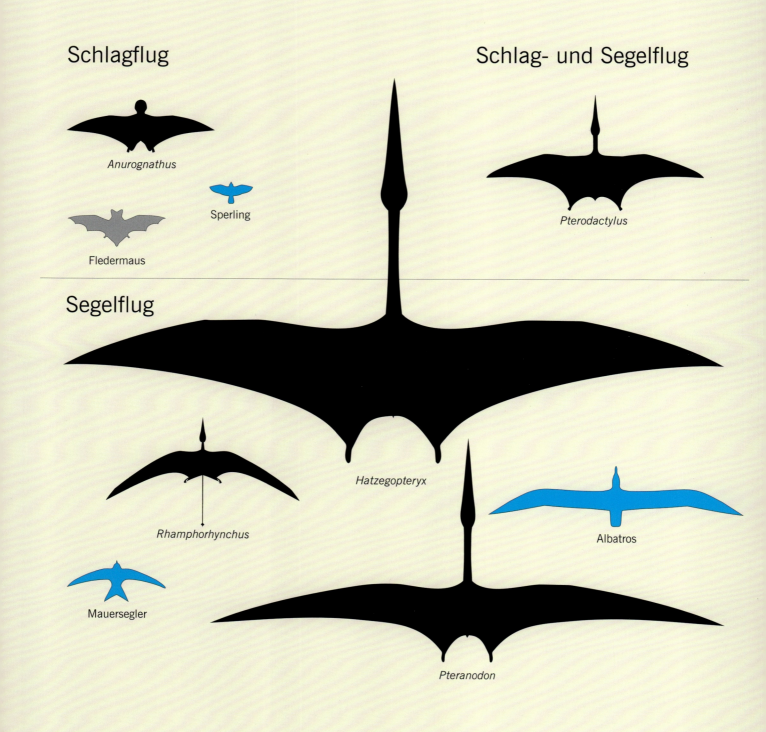

bewegte Armteil des Pterosaurierflügels lieferte dabei überwiegend Auftrieb, der stark bewegte körperferne Handteil überwiegend Vortrieb. Um Vortrieb erzeugen zu können, musste der Handteil des Flügels gegen den Armteil so verwunden werden, dass die dort erzeugte Auftriebskraft nach vorne gerichtet war und zur Vortriebskraft wurde (siehe Kapitel 2). Diese Verwölbung konnte bei Pterosauriern nicht nur durch die Drehmöglichkeit im Handgelenk erreicht werden, sondern geschah auch anatomisch durch die unterschiedliche Orientierung der Aktinofibrillen in der Flughaut. Während die körperparallel ausgerichteten Aktinofibrillen im körpernahen Handbereich das Flügelprofil stabilisierten, erlaubte die radiale Anordnung der Aktinofibrillen im Bereich des Flugfingers eine zur Flügelspitze hin zunehmende Verwölbung. Während eines Flügelschlagzyklus wurde der Flügel beim Abschlag voll ausgestreckt nach unten und vorne gezogen. Dabei hatte der körperferne Teil des Flügels einen steileren Anstellwinkel als der körpernahe und erzeugte den Vortrieb. Der körpernahe Flügelteil erzeugte durch den über ihn hinweg streichenden Luftstrom gleichzeitig den Auftrieb. Beim Aufschlag wurden der Flugfinger nach hinten angewinkelt und Ober- und Unterarm leicht gebeugt, um den Luftwiderstand während des Aufschlages so klein wie möglich zu halten. Die Flügelvorderkante wurde dabei nach oben gedreht und erzeugte durch den positiven Anstellwinkel etwas Auftrieb. Trotzdem ist der Aufschlag mehr ein Rückstellschlag, bei dem der Flügel in die Ausgangsposition zurückgebracht wurde. Vortrieb wurde dabei nicht erzeugt.

Gerade die kleinen Pterosaurierarten bewegten sich vermutlich ausschließlich im Schlagflug durch die Luft. Zu langen Gleit- oder Segelflügen waren sie aufgrund

Flügelformen und Flugstile der Pterosaurier. Zum Vergleich in hellblau und grau heute lebende, aktiv fliegende Tiere (nicht maßstabsgetreu).
(Grafik: Stefanie Monninger)

Flügelschlagzyklus der Pterosaurier am Beispiel eines Froschmaul-Pterosauriers von der Seite und von oben betrachtet.
(Grafik: Stefanie Monninger)

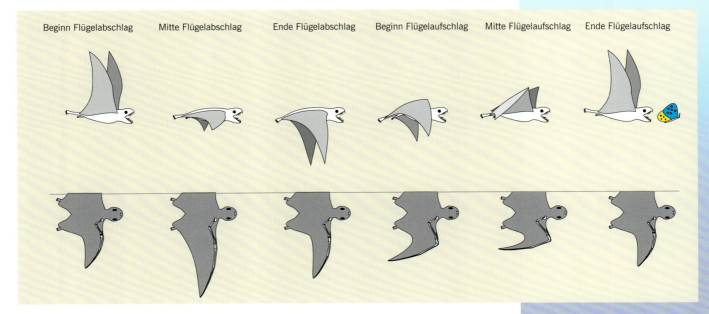

ihrer kurzen, tiefen Flügel nicht fähig (siehe Kapitel 2). Vermutlich lebten solche Arten in vegetationsreichen Lebensräumen und jagten dort, ähnlich wie unsere heutigen Waldvögel, nach Insekten.

Die mittelgroßen Arten, wie *Pterodactylus*, benutzten eventuell auch einen Schlagflug, welcher immer wieder von kurzen Gleitphasen unterbrochen wurde. Man kennt das heute auch von vielen Vögeln oder großen Flughundarten, die den hohen Energieaufwand des Fliegens reduzieren, indem sie immer wieder mehr oder weniger lange Gleitphasen in den Schlagflug einbauen. Da beim Gleiten die Gewichtskraft als Antrieb genützt wird, verliert das gleitende Tier dabei ständig an Höhe. Möchte es wieder an Höhe gewinnen, muss es mit den Flügeln schlagen, um Auftrieb zu erzeugen.

Segelflug
Einige Pterosaurier, gerade Gattungen wie *Anhanguera* oder *Rhamphorhynchus* mit ihren extrem langen und schmalen Flügeln, nutzten höchstwahrscheinlich überwiegend den Segelflug – genau wie die heutigen Seevögel. Im dynamischen Segelflug (siehe Kapitel 1) könnten sie auf diese Weise kräfteschonend stundenlang übers Meer dahin gesegelt sein und knapp über der Meeresoberfläche nach Fischen gejagt haben, ohne dabei einen einzigen Flügelschlag zu tun.

Die riesigen Pterosaurier der späten Kreidezeit nutzten vermutlich fast ausschließlich den Segelflug. Bei solch großen Flügelspannweiten wäre der ständige Flügelschlag einfach zu kräftezehrend gewesen. Sie nutzten eventuell die warmen Aufwinde über Land, um schwerelos in der Luft dahinzugleiten und nach geeigneten Nahrungsgründen zu spähen.

> **» AN DER NÄCHSTEN ABZWEIGUNG BITTE RECHTS ABFLIEGEN.**
>
> Die Hinterbeine der Pterosaurier waren zwar komplett in die Armflughaut integriert, konnten aber völlig unabhängig vom Flugarm bewegt werden. Mit den Hinterbeinen als Stellelement war es den Pterosauriern möglich, in der Luft zu manövrieren. Wurden die Hinterbeine gleichzeitig in der Hüfte nach oben oder unten bewegt, so wirkte die mitbewegte Flughautfläche wie das Höhenruder eines Flugzeugs. Bei wechselseitiger Bewegung, also ein Bein nach oben und das andere nach unten, wurde die Gesamttragfläche leicht verdreht und die Tiere flogen Kurven.

Der Riesenflugsaurier *Hatzegopteryx thambema* segelte vermutlich überwiegend auf seinen riesigen Schwingen durch die Luft. Das dauerhafte Schlagen mit den Flügeln war für ihn vermutlich zu kraftaufwendig.
(Grafik: Volker Griener)

Literatur

CHATTERJEE, S. & TEMPLIN, R. J. (Hrsg.) (2004): Posture, locomotion and paleoecology of pterosaurs. – The Geological Society of America, Special Paper, 376: 1-64.

FREY, E., TISCHLINGER, H., KRÜGER, R. & HONE, D. (2007): Pterosaurier als Flugmaschinen – bionische Forschung in der Paläontologie? Fossilien, 24 (2): 79-84.

UNWIN, D. (2005): The pterosaurs: from deep time. – 352 S.; Boston (Dutton Adult).

WELLNHOFER, P. (1980): Flugsaurier. – 192 S.; Wittenberg Lutherstadt (A. Ziemsen Verlag).

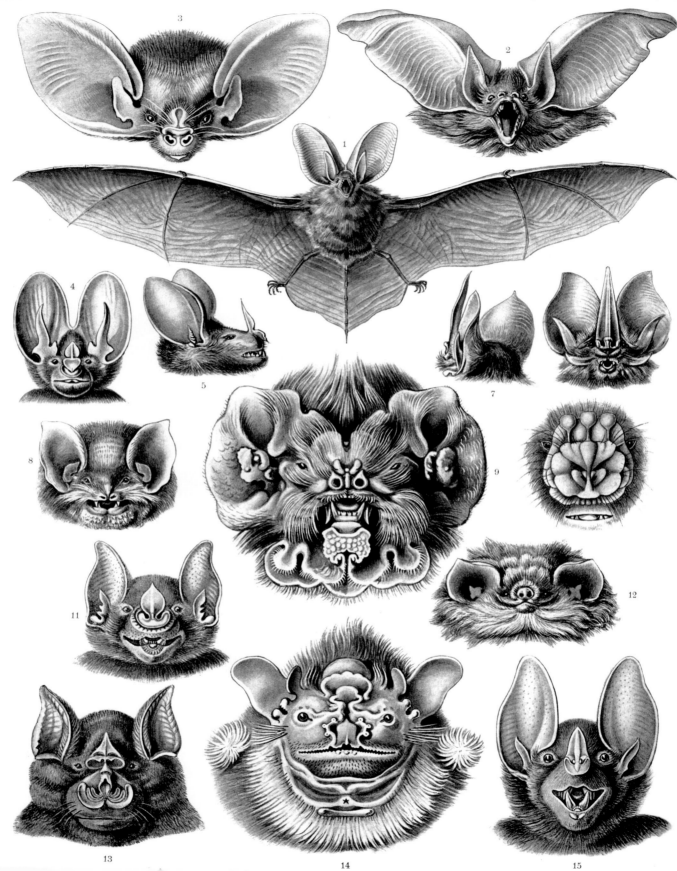

3.5 Der Ursprung der Fledermäuse – ein Buch mit sieben Siegeln?

von Norbert Lenz

Eine erstaunlich vielfältige Säugetiergruppe

Fledermäuse gelten vielen Mitteleuropäern noch immer als eher kuriose oder gar unheimliche Randerscheinung im Tierreich. Dabei wird ihr enormer Artenreichtum völlig verkannt. Zusammen mit den Flughunden der Tropen und Subtropen der Alten Welt bilden die Fledermäuse die Säugetierordnung der Fledertiere oder Chiroptera („Handflügler"). Nach einer alle Säugetierarten der Welt umfassenden Artenliste aus dem Jahr 2005 waren 1.116 der seinerzeit bekannten (inzwischen wurden weitere Säugetierarten beschrieben) 5.416 Arten Fledertiere. Mit anderen Worten: über 20 % oder gut jede fünfte Art! Nur die Ordnung der Nagetiere (Rodentia) erreichte mit 2.277 Arten (über 40 %) einen noch höheren Wert.

Manche Fledermäuse verbringen den Sommer jenseits des Nördlichen Polarkreises, wobei ihnen die Fähigkeit zur Reduktion von Stoffwechsel und Körpertemperatur (Torpidität) hilft, andere leben im südlichen Patagonien, wieder andere auf entlegenen Inseln in den Weiten des Pazifischen Ozeans. Am größten ist der Artenreichtum der fast weltweit verbreiteten Chiroptera in den tropischen Bereichen von Mittel- und Südamerika (über 300 Arten) sowie von Afrika und Madagaskar (über 200 Arten), in Südostasien und im australasiatischen Raum. Aber selbst in Europa sind sie artenreicher als viele vermuten: In einem 1999 veröffentlichten Atlas der Säugetiere Europas werden in einer insgesamt 292 Arten umfassenden Auflistung zwar nur 34 Fledermausarten genannt; inzwischen ist die Gesamtzahl der in Europa nachgewiesenen Arten aus der Ordnung der Chiroptera aber auf 52 angestiegen, in Deutschland sind es 24.

Doch nicht nur der Artenreichtum der Fledertiere ist erstaunlich, sondern auch ihre biologisch-ökologische Vielgestaltigkeit. Zwar sind alle Vertreter dieser Säugetierordnung leicht als Fledertiere zu erkennen, aber schon ihre Größenunterschiede sind verblüffend: Die kleinste Art ist die winzige Schweinsnasen- oder Hummelfledermaus (*Craseonycteris thonglongyai*) aus Thailand und Myanmar, mit etwa 2 g Gewicht, 3 cm Kopf-Rumpf-Länge und 13 cm Flügelspannweite, zusammen mit der Etruskerspitzmaus (*Suncus etruscus*) das kleinste Säugetier der Welt; als größte Arten gelten der Indische Riesenflughund (*Pteropus giganteus*) und der südostasiatische Kalong-Flughund (*Pteropus vampyrus*) mit bis zu 1.600 g Gewicht, 40 cm Kopf-Rumpf-Länge und 170 cm Flügelspannweite.

Gegenüberliegende Seite:
Vielfalt der Fledermäuse, dargestellt an beispielhaften Kopfporträts; Tafel von Ernst Häckel aus dem Werk „Kunstformen der Natur" von 1904.
(Quelle: Wikimedia)

Oben links:
Schwarzer Flughund (*Pteropus alecto*), weit verbreitet von Indonesien über Neuguinea bis Australien.
(Foto: Norbert Lenz)

Oben rechts:
Im Höhlensystem der Deer Cave im Gunung Mulu National Park (Sarawak/Borneo, Malaysia) leben 30 Fledermausarten, darunter etwa drei Millionen Faltlippen-Fledermäuse (*Tadarida plicata*) – Beutetiere u. a. für einen Greifvogel, den Fledermausaar (*Macheiramphus alcinus*).
(Foto: Norbert Lenz)

Zwerg-Dornschwanzhörnchen (*Anomalurus pusillus*) aus Zentralafrika im Gleitflug; Tafel von Joseph Smit aus einer Publikation in den Proceedings of the Zoological Society of London aus dem Jahr 1888.
(Quelle: Wikimedia)

Philippinen-Gleitflieger (*Cynocephalus volans*), eine der beiden Arten aus der Ordnung der Pelzflatterer (Dermoptera), mit Flughäuten vom Hals bis zum Schwanz; Zeichnung von Friedrich Specht aus einer Ausgabe vom Brehms Tierleben aus dem Jahr 1927.
(Quelle: Wikimedia)

Manche Fledermäuse sind Einzelgänger, die Mehrzahl aber lebt in Kolonien. Diese können mehrere Millionen Tiere umfassen, wobei oft verschiedene Arten im selben Quartier zu finden sind. Bei den meisten Fledermausarten bilden Insekten die Hauptnahrung. Das Nahrungsspektrum der Chiroptera umfasst aber auch Vertreter vieler anderer Tiergruppen sowie pflanzliche Kost. So dienen Skorpione und Spinnen afrikanischen Schlitznasen-Fledermäusen (Gattung *Nycteris*) und der nordamerikanischen Wüstenfledermaus (*Antrozous pallidus*) als Nahrung. Winkerkrabben und Fische werden von der mittel- und südamerikanischen Großen Hasenmaul-Fledermaus (*Noctilio leporinus*) erbeutet, Amphibien von der ebenfalls mittel- und südamerikanischen Fransenlippen-Fledermaus (*Trachops cirrhosus*). Reptilien, Vögel und Säugetiere gehören zum Beutespektrum der Australischen Gespenstfledermaus (*Macroderma gigas*) und der süd- und südostasiatischen Falschen Vampire (Gattung *Megaderma*). Der Riesenabendsegler (*Nyctalus lasiopterus*), die größte Fledermausart Europas, wurde während des Vogelzugs bei der Jagd auf Singvögel beobachtet. Pflanzliche Kost wie Früchte, Nektar und Pollen, gelegentlich auch Blätter und Samen, bildet die Nahrung bei den Flughunden der Alten Welt sowie bei den amerikanischen Blumen- oder Langzungen-Fledermäusen (Unterfamilie Glossophaginae). Blut schließlich ist die Nahrung von drei Arten der Neuen Welt: Gemeiner Vampir (*Desmodus rotundus*), Weißflügelvampir (*Diaemus youngi*) und Kammzahnvampir (*Diphylla ecaudata*). Ebenso vielfältig wie die Zusammensetzung der Nahrung sind auch die Orte der Nahrungssuche: über den Baumkronen, in der Vegetation, auf dem Waldboden oder sogar in der Laubstreu grabend wie bei der Kleinen Neuseeland-Fledermaus (*Mystacina tuberculata*).

Bemerkenswertes lässt sich auch über die Sinnesleistungen der Fledertiere berichten. So kann die Farbwahrnehmung bei Arten mit Nektarnahrung von Ultraviolett bis Rot reichen (z. B. bei der Eigentlichen Blütenfledermaus *Glossophaga soricina* und der Brillenblattnase *Carollia perspicillata*, zwei Arten aus Mittel- und Südamerika). Am bekanntesten ist aber die für dämmerungs-

und nachtaktive Lebewesen sehr vorteilhafte Fähigkeit der meisten Fledertiere zur Echoortung, bei der aktiv hochfrequente Schallwellen (Ultraschall) ausgesendet werden, deren Echo aufgenommen und ausgewertet wird. Eine Ausnahme bilden hier die Flughunde, unter denen lediglich die afrikanischen Rosetten- oder Höhlenflughunde der Gattung *Rousettus* in dunklen Höhlen eine Echoortung einsetzen. Bei den Fledermäusen aber ist Echoortung die Regel und von zentraler Bedeutung für ihre Nahrungssuche und überhaupt für ihr hoch entwickeltes Flugvermögen.

Flug- und Gleitvermögen bei Säugetieren

Fledertiere sind die einzigen Säugetiere mit der Fähigkeit zu echtem Fliegen. Das heißt, sie können Dauer, Höhe und Richtung des Fluges weitgehend selbst bestimmen. Der bei ihrem aktiven Flatterflug erzeugte Auftrieb vermag das durch Leichtbauweise reduzierte Körpergewicht deutlich zu übersteigen. Ein hochbewegliches Schulterskelett ermöglicht eine außerordentliche Wendigkeit beim Fliegen. Die Flügelform der Fledertiere ist – je nach bevorzugtem Flugraum – unterschiedlich: Vor allem im freien Luftraum jagende Arten haben schmalere, spitzere Flügel, während in dichter Vegetation jagende Arten breitere, rundere Flügel aufweisen. Ähnliche Unterschiede sind auch aus der Vogelwelt bekannt und bei Fledermäusen schon bei fossil überlieferten ausgestorbenen Arten festzustellen.

Die mit der Silbe „Flug-" beginnenden Namen einiger anderer Säugetierarten erwecken den Eindruck, es gäbe noch weitere Säuger mit der Fähigkeit zu echtem Fliegen. Doch kann z. B. das in Estland, Finnland und Russland heimische Europäische Flughörnchen (*Pteromys volans*) nur Gleiten, aber nicht fliegen, weshalb es auch Gleithörnchen genannt wird. Ebenso besitzen einige Beuteltiere (Marsupialia) wie der ostaustralische Riesengleitbeutler (*Petauroides volans*) und der in Australien und Neuguinea vorkommende Kurzkopf-Gleitbeutler (*Petaurus breviceps*) sowie die in Südostasien heimischen Pelzflatterer (Dermoptera) lediglich die Fähigkeit zum Gleitfliegen, nicht jedoch zum aktiven Flug. Von den Pelzflatterern, auch Colugos oder Flattermakis genannt, sind zwei Arten bekannt: der Philippinen-Gleitflieger (*Cynocephalus volans*) und der etwas größere Malaien-Gleitflieger (*Galeopterus variegatus*). Am artenreichsten sind Gleitflieger unter den Nagetieren. Dazu gehören neben dem bereits erwähnten Europäischen Gleithörnchen u. a. die Neuweltlichen Gleithörnchen (Gattung *Glaucomys*), die asiatischen Riesengleithörnchen (Gattung *Petaurista*) sowie die afrikanischen Dornschwanzhörnchen (Gattung *Anomalurus*) und Gleitbilche (Gattung *Idiurus*).

Malaien-Gleitflieger (*Galeopterus variegatus*) im Gleitflug mit voll ausgespannten Flughäuten. (Foto: Norman Lim, National University of Singapore)

Kurzkopf-Gleitbeutler (*Petaurus breviceps*) aus Australien; zwischen den Vorder- und Hinterextremitäten befindet sich die im Bild nicht ausgespannte Flughaut. (Foto: Norbert Lenz)

Die Lyrafledermaus (*Megaderma lyra*), auch Indischer oder Großer Falscher Vampir genannt, ist von Pakistan bis nach Malaysia und den Philippinen verbreitet. Sie ernährt sich u. a. von Reptilien, Vögeln und Säugetieren. Ihre Ruheplätze werden von anderen Fledermausarten gemieden.
(Foto: Harald Schütz)

Rechts oben:
Fossil von *Palaeochiropteryx tupaiodon*; Fundort: Grube Messel bei Darmstadt; Alter: 47 Millionen Jahre.
(Foto: Volker Griener)

Rechts unten:
Fossil von *Icaronycteris index* aus dem Bestand des Staatlichen Museums für Naturkunde Karlsruhe; Fundort: Green-River-Formation in Wyoming (USA), Alter: 52,5 Millionen Jahre
(Foto: Volker Griener)

Gemeinsam ist den Gleitfliegern unter den Säugetieren die Flughaut zwischen den Vorder- und Hinterextremitäten. Dieses gemeinsame Merkmal ist jedoch kein Ergebnis einer gemeinsamen Abstammung. Vielmehr entstand der Gleitflug mehrfach unabhängig voneinander durch Parallelentwicklungen (konvergente Evolution), wahrscheinlich ausgehend vom Springen von Baum zu Baum. Die meisten Gleitflieger weisen außerdem einen mehr oder weniger buschigen Steuerschwanz auf. Die Pelzflatterer oder Colugos hingegen haben neben der Flankenflughaut auch noch eine Vorder- oder Halsflughaut, eine Schwanzflughaut, und sogar zwischen den Fingern und Zehen befinden sich Flughäute.

Vor allem die größten Vertreter der Säugetiere mit der Fähigkeit zum Gleitflug erreichen beachtliche Flugweiten. Die wie ein Fallschirm ausgespannte Flughaut des Malaien-Gleitfliegers (bis zu 1.750 g Gewicht und 42 cm Kopf-Rumpf-Länge, über 100 cm Spannweite) ermöglicht Gleitflüge von durchschnittlich 50-70 m Länge; der weiteste jemals beobachtete Gleitflug soll 136 m Länge bei nur 12 m Höhenverlust aufgewiesen haben. Beim australischen Riesengleitbeutler (bis zu 1.100 g Gewicht und 46 cm Kopf-Rumpf-Länge) wurden Gleitflüge von bis zu 100 m und Richtungswechsel von 90 Grad beobachtet. Auch von den Dornschwanzhörnchen (bis zu 1.800 g Gewicht und 46 cm Kopf-Rumpf-Länge) sind Gleitflüge von 100 m belegt, berichtet wird aber auch von erstaunlichen 250 m Flugweite.

Der aktive Flug der Fledertiere – eine einmalige Entwicklung?

Doch wie sieht es mit dem aktiven Flug der Fledermäuse sowie der Flughunde aus? Ist dieser – wie der Gleitflug – mehrfach, unabhängig voneinander entstanden oder bildet die Gesamtheit der Fledertiere – also Fledermäuse und Flughunde – eine geschlossene Abstammungsgemeinschaft (monophyletische Gruppe)?

Jahrzehntelang ist diese Frage kaum gestellt worden, zu einzigartig erschien der aktive Flatterflug der Fledertiere, ermöglicht durch ihre Flughäute, deren Träger die Hände der Fledertiere (Chiroptera = „Handflügler"!) sind. Vorderarm und Fingergliedknochen (Phalangen) sind extrem verlängert. Der Daumen bleibt frei und trägt eine Kralle; bei den Flughunden kommt oft auch am 2. Finger eine Kralle vor. Die schmale Vorderflughaut zieht vom Hals zum Handgelenk, wo der Daumen absteht. Die Fingerflughaut erstreckt sich vom 2. bis 5. Finger. Entlang der Rumpfseite erstreckt sich vom 5. Finger bis zum Hinterbein die Armflughaut, die in die Schwanzflughaut übergeht, wobei der Fuß frei bleibt, während der Schwanz ganz oder teilweise umschlossen wird.

Der strukturelle Aufbau der Fledertierflügel ist unter den Chiroptera so einheitlich, dass über deren gemeinsame, monophyletische Abstammung lange Zeit weitgehend Einigkeit bestand. In der Säugetierordnung der Chiroptera wurden zwei Unterordnungen unterschieden: die Megachiroptera oder Flughunde und die Microchiroptera oder Fledermäuse. Megachiroptera ernähren sich von Früchten, Nektar und Pollen, Microchiroptera hingegen überwiegend von Insekten.

Bei Letzteren ist Echoortung die Regel, bei den Flughunden aber eine Ausnahme, da sie sich vor allem visuell orientieren. In der Ruhestellung neigen Flughunde ihren Kopf zur Brust, während Fledermäuse ihren Kopf zum Nacken hin biegen, wenn sie kopfunter hängen.

Während diese Unterschiede zwischen Mega- und Microchiroptera kaum als Argumente gegen eine gemeinsame Abstammung galten, schien sich das Blatt in den 1980er-Jahren zu wenden. Der Tierphysiologe JOHN DOUGLAS („Jack") PETTIGREW von der University of Queensland veröffentlichte, dass die neuronalen Verbindungen zwischen der Netzhaut (Retina) und dem Mittelhirn bei Augen der Flughund-Gattung *Pteropus* so organisiert seien wie bei der Säugetierordnung der Herrentiere oder Primaten (Primates; Gesamtheit der Affen und Menschenaffen einschließlich Menschen), aber nicht so wie bei Fledermäusen und allen anderen Säugetieren. Nach vergleichenden Untersuchungen von 24 Merkmalen des Nervensystems von 14 Säugetierarten behauptete PETTIGREW, dass Flughunde, Pelzflatterer und Primaten Abkömmlinge derselben Gruppe baumbewohnender Säugetiere seien ('Flying-primate'-Hypothese), auch seien Flughunde viel später entstanden als die stammesgeschichtlich vergleichsweise frühe Gruppe der Microchiroptera. Die Idee, dass Flughunde eng mit Primaten verwandt sein könnten, hatte übrigens bereits CARL VON LINNÉ, der im 18. Jahrhundert die Grundlagen für die biologische Klassifikation bzw. Systematik (Taxonomie) schuf.

Umfassende molekularbiologische Untersuchungen haben jedoch seit den 1990er-Jahren eine Fülle an Daten produziert, die viel eher

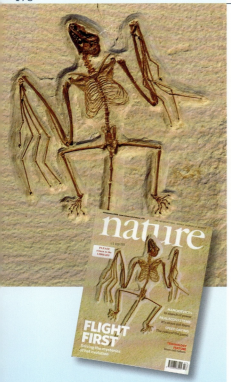

Fossil-Abguss von *Onychonycteris finneyi*, derzeit die Fledermausart mit den meisten ursprünglichen Merkmalen; Fundort: Green-River-Formation in Wyoming (USA), Alter: 52,5 Millionen Jahre.
(Foto: Arvid Aase, National Park Service, U.S. Department of the Interior)

Titelseite der Nature-Ausgabe vom 14. Februar 2008 mit der Erstbeschreibung von *Onychonycteris finneyi*.
(Quelle: Wikimedia)

für eine gemeinsame, monophyletische Abstammung aller Fledertiere sprechen. Allerdings sieht es derzeit nicht danach aus, dass die in fast allen Büchern stehenden Bezeichnungen der beiden Unterordnungen der Chiroptera – Mega- und Microchiroptera – Bestand haben werden. Vielmehr deuten die molekularbiologischen Daten darauf hin, dass die Fledermäuse der Überfamilie der Hufeisennasenartigen (Rhinolophoidea) viel näher mit den Flughunden verwandt sind – trotz großer Unterschiede in ihrer Nutzung der Echoortung – als mit den übrigen Fledermäusen. Somit wären die bisherigen Bezeichnungen der Unterordnungen veraltet, weshalb zwei neue Bezeichnungen geprägt worden sind, nämlich die Yinpterochiroptera (bisherige Megachiroptera bzw. Flughunde plus Hufeisennasenartige) und die Yangochiroptera (bisherige Microchiroptera abzüglich der Hufeisennasenartigen).

Evolution des Flugs der Fledermäuse

Wenn wir nun von einem Konsens über die gemeinsame Abstammung aller Fledertiere ausgehen, so bleiben noch einige wichtige Fragen dieser Abstammung zu klären: Wer waren die Vorfahren der Chiroptera, und wie und warum ist ihr aktiver Flatterflug entstanden? Die Beantwortung dieser Fragen ist alles andere als einfach.

Schauen wir uns zunächst den Fossilbefund an. Dieser ist nicht generell schlecht, aber doch zu lückenhaft, um bei der Beantwortung der Frage nach dem Ursprung der Fledermäuse eine große Hilfe sein zu können. Thomas P. Eiting von der University of Massachusetts und Gregg F. Gunnell von der University of Michigan haben 2009 mit aufwendigen statistischen Methoden ermittelt, dass der Fossilbefund der Fledertiere in der systematischen Kategorie der Gattung nur einem Anteil von 12 % entspricht. Besonders unvollständig ist der Fossilbefund bei den Flughunden, relativ gut hingegen bei den Hufeisennasenartigen und den Glattnasenartigen (Vespertilionoidea).

Weltweit wurden bislang Fossilien von fast 200 Fledertierarten gefunden. Vielfach liegen nur Kiefer(-Fragmente) vor, es gibt aber auch vollständig erhaltene Fledermausfossilien, z. B. aus dem UNESCO-Weltnaturerbe-Denkmal „Grube Messel" bei Darmstadt. Fledermäuse sind hier die mit Abstand häufigsten Säugetierfossilien. Die etwa 47 Millionen Jahre alten Funde sind oft erstaunlich detailreich, einschließlich Weichkörper-Erhaltung. So gibt es insbesondere von *Palaeochiropteryx tupaiodon*, der häufigsten Messel-Fledermaus, Funde, die nicht nur die Flughaut zeigen, sondern auch die durch fossilisierte Bakterienrasen bis in feinste Details nachgezeichneten Umrisse der äußeren Ohren, aber auch Nahrungsreste und selbst Föten im Körper trächtiger Weibchen. Durch diesen Detailreichtum lassen sich viele Einzelheiten der Biologie der Fledermäuse aus Messel rekonstruieren. Doch über die Entstehung des aktiven Flugs der Fledertiere vermögen diese Fossilfunde nichts auszusagen, da der Flugapparat der Messeler Fledermäuse bereits vollkommen entwickelt war.

Die ältesten heute bekannten Fledermausfossilien wurden in der Green-River-Formation in Wyoming gefunden. Sie stammen wie die Messeler Funde aus der Epoche des Eozän, sind mit einem Alter von etwa 52,5 Millionen Jahren jedoch noch über 5 Millionen Jahre älter. *Icaronycteris index* galt lange Zeit als die älteste bekannte Fledermausspezies, bis Nancy B. Simmons vom American Museum of Natural History und Kollegen im Jahr 2008 mit *Onychonycteris finneyi* eine neu entdeckte Art von derselben Lokalität beschrieben, die einige noch ursprünglichere Merkmale aufwies, z. B. die Proportionen der Gliedmaßen und das Vorhandensein von Krallen an allen Fingern. Nach der Anatomie der Vorderextremitäten war *Onychonycteris finneyi* – wie die anderen bekannten Fledermäuse aus dem Eozän – bereits zu aktivem Flatterflug imstande, doch deutet die Morphologie der Ohren darauf hin, dass noch keine Fähigkeit zur Echoortung vorhanden war. Dies wird aus dem Befund geschlossen, dass die Hörschnecke (Cochlea) relativ klein war, ähnlich wie bei anderen Fledertieren ohne Fähigkeit zur Echoortung. Dieser Befund unterstützt die Hypothese, dass bei den Fledertieren die Flugfähigkeit vor der Echoortung entstand ('Flight-first'-Hypothese) und nicht etwa umgekehrt ('Echolocation-first'-Hypothese) oder gleichzeitig ('Tandem-development'-Hypothese). Von großem Interesse für die Frage nach dem Ursprung des aktiven Flugs der Fledertiere sind die Proportionen der Gliedmaßen sowie das Vorhandensein von Krallen an allen Fingern. Dies sind wichtige Befunde, da sie andeuten, dass *Onychonycteris finneyi* ein agiler Kletterer war. Die rekonstruierte Form der Flügel deutet auf einen Flugstil hin, der aus einer wellenförmigen Mischung aus Gleiten und Flattern bestand.

Echtes Fliegen ist im Tierreich viel seltener entstanden als Gleitflug. Letzterer entstand – wie wir schon gesehen haben – unter den Säugetieren mehrfach unabhängig voneinander. Gleitflug entstand aber auch bei anderen Wirbeltierklassen, unter den Reptilien bei den Flugdrachen (Gattung *Draco*) und den Schmuckbaumnattern (Gattung *Chrysopelea*), unter den Amphibien bei den Flugfröschen (Gattung *Rhacophorus*) und unter den Fischen z. B. bei den Fliegenden oder Schwalbenfischen (Gattung *Exocoetus*). Die Tatsache, dass Gleitflug mehrfach unabhängig voneinander entstand, ist ein interessanter Befund für die Theoriebildung zur Entstehung des echten Fliegens.

Grundsätzlich könnten sowohl kletternde, Bäume oder Felswände bewohnende Tiere als auch Bodenbewohner Ausgangspunkt für die Entstehung von aktivem Flug gewesen sein. So haben neue Fossilfunde von bodenbewohnenden Dinosauriern mit Federn in den letzten Jahren immer wieder die Möglichkeit in Erinnerung gerufen, dass laufende bzw. hüpfende Bodenbewohner mit Phasen des Fallschirm- bzw. Gleitflugs in ihrer Fortbewegung bei der Evolution des Vogelflugs eine Rolle gespielt haben könnten.

Insekten bilden die Hauptnahrung der meisten Fledermausarten, so auch beim Braunen Langohr (*Plecotus auritus*). (Foto: Dietmar Nill)

Bei der Evolution des Flugvermögens der Fledertiere sieht dies jedoch anders aus. Schon CHARLES DARWIN ging Mitte des 19. Jahrhunderts von baumbewohnenden Vorfahren der heutigen Fledermäuse aus. *Onychonycteris finneyi*, die fossil überlieferte Fledermausart mit den meisten ursprünglichen Merkmalen, war – mit Krallen an allen Fingern – vermutlich ein guter Kletterer. Andererseits fällt es bei einem Blick auf die Hinterextremitäten aller heute bekannten Fledertierarten schwer, sich „Ur-Fledermäuse" vorzustellen, die über schnelles Laufen bzw. Hüpfen mit Phasen des Fallschirm- bzw. Gleitflugs die Fähigkeit zu aktivem Flug entwickelt haben.

Gleitflug ist – wie wir gesehen haben – mehrfach bei baumbewohnenden Säuge- und anderen Wirbeltieren entstanden. Gerade Baumbewohner können vom Gleitflug – mit möglichst wenig Höhenverlust – enorm profitieren. Von einem Baum zu einem anderen zu gelangen, kostet Tiere mit der Fähigkeit zum Gleitflug viel weniger Energie als jene Tiere, die von einem einmal erklommenen Baum erst herabsteigen müssen, um energieaufwendig einen anderen Baum erneut – z. B. auf der Nahrungssuche – zu erklimmen. Physikalisch ausgedrückt entsteht beim Erklimmen eines Baumes aus Muskelenergie potentielle Energie (Gewicht bzw. Masse des Tieres x Erdbeschleunigung bzw. Gravitationsfeldstärke x Höhe über dem Boden), die von Tieren mit der Fähigkeit zum Gleitflug effektiv genutzt wird, während Tiere ohne diese Fähigkeit selbst für das Herabsteigen von einem Baum noch weitere Energie aufwenden müssen. Nach dieser einfachen Überlegung kann es kaum mehr überraschen, dass Gleitflug mehrfach im Tierreich entstand.

Doch warum ist echtes Fliegen nur so selten (Insekten, Pterosaurier, Vögel, Fledertiere) entstanden? – Ein einfaches Maß für Vergleiche der Aerodynamik verschiedener Flügel- und Flughautformen bietet die sogenannte Flügelstreckung (Englisch: 'aspect ratio'), das Quadrat der Spannweite dividiert durch die Flügelfläche (siehe Kapitel 2). Relativ kurze und abgerundete Flügel wie z. B. bei einer Meise bewirken eine geringe Flügelstreckung, geringe aerodynamische Leistungen und hohe Stoffwechselkosten, ermöglichen aber sehr gute Manövrierfähigkeit, z. B. in dichter Vegetation. Auch Säugetiere mit der Fähigkeit zum Gleitflug weisen eine geringe „Flügel"- bzw. Flughaut-Streckung auf. Das Gegenmodell liegt z. B. bei einem Albatros mit seinen relativ langen und zugespitzten Flügeln vor – ideal für einen Seevogel, für den es vorteilhaft ist, große Strecken im Segelflug, bei geringem Energieaufwand, zurücklegen zu können. Mit anderen Worten: Die spezifischen Qualitäten flugfähiger bzw. zum Gleitflug fähiger Tiere haben viel mit ihren jeweiligen Lebensräumen sowie ihren Nahrungspräferenzen zu tun.

Unter den Fledertieren gelten die sich überwiegend von Insekten ernährenden Fledermäuse gegenüber den Flughunden als stammesgeschichtlich ältere Gruppe. Die Evolution der Flugfähigkeit der Fledermäuse ist somit im Zusammenhang mit der Erschließung der – ebenfalls flugfähigen – Nahrungsressource Insekten zu sehen. Um aus einer lediglich zum Gleitflug fähigen „Ur-Fledermaus" eine zu echtem Fliegen befähigte Fledermaus entstehen zu lassen, war vor allem eines erforderlich: eine Flügelstreckung durch Verlängerung von Vorderarm und Fingergliedknochen. Wie KAREN E. SEARS von der University of Colorado und Kollegen

Flügelschlagsequenz einer Großen Bartfledermaus (*Myotis brandtii*). (Foto: Dietmar Nill)

2006 feststellten, kann dafür eine erhöhte Bildung von Knorpelzellen (Chondrozyten), ausgelöst durch das Signalprotein Bmp2, verantwortlich sein – genetisch kein großer Schritt, aber einer mit weitreichenden Konsequenzen.

Es ist darüber spekuliert worden, dass die ersten Fledermäuse bereits in der erdgeschichtlichen Periode der Kreide (Zeitabschnitt vor etwa 145 bis 66 Millionen Jahren) lebten. In diesem Zeitabschnitt entfalteten sich die Insekten, die Hauptnahrung der Fledermäuse, parallel zu den Blüten- bzw. Bedecktsamigen Pflanzen zu großer Formenvielfalt. Nach jüngsten, im Februar 2013 veröffentlichten Forschungsergebnissen von Maureen A. O'Leary von der Stony Brook University in New York und Kollegen begann die Entwicklung der auch als Plazentatiere bezeichneten Höheren Säugetiere – einschließlich der Fledertiere – aber erst nach dem Aussterben der Dinosaurier am Ende der Kreide vor etwa 66 Millionen Jahren. Der Urahn aller Höheren Säugetiere soll etwa so groß wie eine Ratte und Insektenfresser gewesen sein. Zwischen dessen vor etwa 65 Millionen Jahren vermutetem Auftreten und dem Alter der Fossilien von *Onychonycteris finneyi* (52,5 Millionen Jahre), der Fledermausart mit den meisten ursprünglichen Merkmalen, klafft im Fossilbefund eine Lücke von 12,5 Millionen Jahren. Vielleicht wird eines Tages – ob in Wyoming oder anderswo – ein weiteres Fossil mit den versteinerten Resten einer heute noch unbekannten „Ur-Fledermaus" oder eines Vorfahren der Fledertiere entdeckt, durch das ein weiteres Kapitel im Buch der Fledermaus-Naturgeschichte aufgeschlagen bzw. mit neuen, zusätzlichen Fakten gefüllt werden kann.

Fledermäuse – die mit den Händen fliegen

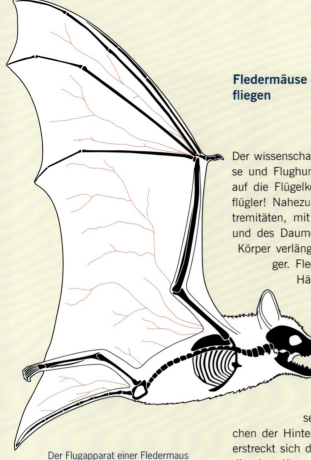

Der Flugapparat einer Fledermaus mit Blutgefäßen; Arme und Beine bilden jeweils zwei Flügelholme, die unabhängig voneinander bewegt werden können – wenn es sein muss.
(Grafik: Michaela Boschert)

Flügelschlagsequenz einer Fledermaus.
(Grafik: Michaela Boschert)

Der wissenschaftliche Name der Fledermäuse und Flughunde, Chiroptera, bezieht sich auf die Flügelkonstruktion der Tiere: Handflügler! Nahezu alle Knochen der Vorderextremitäten, mit Ausnahme der Handwurzel und des Daumens, sind im Verhältnis zum Körper verlängert, ganz besonders die Finger. Fledermäuse haben also riesige Hände. Zwischen den Fingern 2 bis 5 und den weit auseinanderspreizbaren Mittelhandknochen befindet sich eine extrem dünne, elastische Flughaut, die Handflughaut. Vom 5. Finger bis zur Rumpfseitenwand, den Seitenflächen der Hinterbeine bis hin zur Fußwurzel erstreckt sich die Arm- oder Körperflughaut, die eine dünne Lage von Muskelfasern enthält. Der Daumen der Fledermäuse ragt während des Fluges nach vorne. Sein Grundglied ist in eine Vorflughaut eingebettet, die am Halsansatz entspringt und an der Spitze des 2. Fingers endet. Der eigentliche Holm eines Fledermausflügels wird also von den Ober- und Unterarmknochen und dem 2. Finger einschließlich seines Mittelhandknochens gebildet. Zwischen Hinterextremitäten und Schwanz befindet sich die Schwanzflughaut, die bei Federmäusen sehr variabel sein kann. Bei manchen Arten wird der Hinterrand der Schwanzflughaut von einer Knorpelspange gestützt, die an der Innenseite der Fußwurzel entspringt. Die Hinterbeine bilden einen zweiten Holm im Fledermausflugapparat, der beim Flügelschlag sozusagen nachgeschleppt wird und sich weniger bewegt als der Flugarm. Die Bewegung erfolgt im Hüftgelenk. Die Hinterbeine kontrollieren zudem die Spannung der Armflughaut.

Fledermäuse sind extreme Schlagflügler. Nur wenige Großfledermausarten können für kurze Strecken dahingleiten. Beim Abschlag wird der Flügelvorderrand, die Flügelnase, nach vorn unten gedreht, beim Aufschlag nach vorne oben (siehe Kapitel 2). Dabei wird, genau wie bei den Vögeln, der Handteil des Flügels gegen den Armteil verwunden, wobei die Flügelspitze die Form einer schräg liegenden Acht beschreibt (siehe Kapitel 2). Der Handflügel der Fledermäuse sorgt also überwiegend für Antrieb, der Armflügel überwiegend für Auftrieb. Im Langsamflug und im Landeanflug klappt eine Fledermaus den Daumen nach unten und erhöht so die Trag-

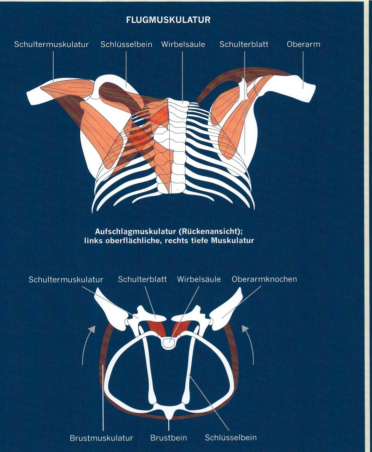

Aufschlagmuskulatur (Rückenansicht);
links oberflächliche, rechts tiefe Muskulatur

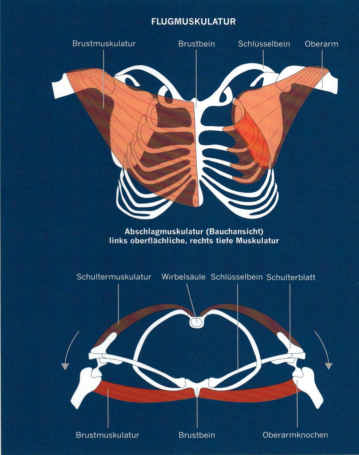

Abschlagmuskulatur (Bauchansicht)
links oberflächliche, rechts tiefe Muskulatur

flächenwölbung, was das Abreißen der Strömung verhindert. Der Vorflügel funktioniert also ähnlich wie der Vorflügel eines modernen Verkehrsflugzeugs. Die Wölbung des Fledermausflügels kann durch die Beugung der Finger noch verstärkt werden. Diese außerordentliche Verstellbarkeit der luftundurchlässigen, elastischen Flughaut verleiht den Fledermäusen eine extreme Wendigkeit, besonders den Kleinfledermäusen. Manche von ihnen können um die Flügelspitze wenden.

Der Abschlag der Flügel erfolgt hauptsächlich durch das Zusammenziehen der paarigen großen und kleinen Brustmuskeln und des ebenfalls paarigen Sägemuskels. Die Brustmuskeln entspringen einem nach vorne gerichteten Fortsatz des Oberarms (Deltoidfortsatz) und setzen am sägezahnartig gekielten Brustbein an. Der Sägemuskel hingegen nimmt seinen Ursprung auf der Innenfläche des Schulterblattes und zieht zu den Rippenbögen. Der Aufschlag erfolgt über die rückenseitigen Schultermuskeln, wie zum Beispiel den Deltamuskel, der vom Deltoidfortsatz des Oberarmknochens über das Schulterblatt hinweg an die Brustwirbelsäule zieht. Auch die Rautenmuskeln, die von der Innenkante des Schulterblattes an die Seitenflächen der Dornfortsätze der Brustwirbelsäule ziehen,

Bei den Fledermäusen und Flughunden sitzen die Abschlagmuskeln unter, die Aufschlagmuskeln über dem Flügelgelenk. Beim Flügelschlag rotiert der Flugarm um das Gelenk zwischen Schlüsselbein und Brustbein – ein einzigartiger Mechanismus.
(Grafik: Michaela Boschert)

Die Große Fruchtfledermaus (*Artibeus lituratus*) aus Mittel- und Südamerika gehört zu den Fruchtfressern unter den Fledermäusen. Sie verschläft den Tag oft in kleinen Gruppen auf der Unterseite großer Blätter.
(Foto: Brian Gratwicke, Wikimedia)

sind am Flügelaufschlag beteiligt, ebenso der Trapezmuskel, der am Oberarmkopf ansetzt und hinter dem Deltamuskel an die Brustwirbelsäule zieht. Im Gegensatz zu den Vögeln (siehe Kapitel 3.3) werden die Flügel der Fledermäuse durch eine ganze Anzahl an Brustschultermuskeln bewegt und kontrolliert.

Beim Auf- und Abschlag bewegt sich der gesamte Flügel zunächst im Oberarmgelenk, und zwar genau so lange, bis der Oberarmknochen von den Bändern des Schultergelenks abgefangen wird. Dann geschieht etwas Einzigartiges unter den aktiv fliegenden Wirbeltieren: Das Schulterblatt setzt die Bewegung fort und gleitet dabei über den Brustkorb! Geführt werden sie dabei von den Schlüsselbeinen, die bei Fledermäusen stabile Knochenstäbe sind, die gelenkig mit dem vordersten Brustbeinsegment verbunden sind. Am oberen Umschlagpunkt der Flügel schwingen die Schulterblätter fast bis an die Wirbelsäule heran, am unteren nähern sie sich dem Brustbein. Dabei werden diejenigen Muskelgruppen, die gerade nicht arbeiten, vorgespannt und können so die Schlagbewegung in die Gegenrichtung schneller einleiten. Fledermäuse arbeiten also mit einem elastischen Muskelschlingensystem, mit dem extreme Ausschlagwinkel (Amplituden) der Flugarme möglich sind, die die waghalsigsten Flugmanöver erlauben, besonders bei der Jagd oder auf der Flucht vor Beutegreifern.

In Ruhe werden die Flughäute eingefaltet, wobei die Fingerglieder scharf gegeneinander angewinkelt werden. Die Hände werden sozusagen zur Faust geballt und die Arme angewinkelt. Die Flughaut verliert zwar jede Spannung, behält aber ihre Form, weil sich die Hautfelder zwischen den netzartig verwobenen Bindegewebsfasern zu kleinen Taschen wölben. Die gefaltete Flughaut sieht also schrumpelig aus.

» DIE FLUGHAUT GANZ NAH

Die Flughaut einer Fledermaus ist extrem dünn. Sie misst maximal 30 bis 40 µm und besteht dennoch aus zwei Hautschichten, die von einem komplizierten, mehrschichtigen Maschenwerk aus Bindegewebsfasern stabilisiert werden, das auf den Synchrotronaufnahmen zu sehen ist. Zwischen den beiden Hautschichten laufen nicht nur Blutgefäße und Nerven, sondern auch Muskelfasern, besonders in der Armflughaut. Auch die Knochen sind zwischen ihnen eingebettet. Eine Besonderheit im Fledermausflügel sind die Venen, die genau wie die Arterien eine dicke Wandmuskulatur aufweisen. Sie können also aktiv Blut pumpen. So bleiben die Venen auch dann offen, wenn die Flügel zusammengefaltet sind.

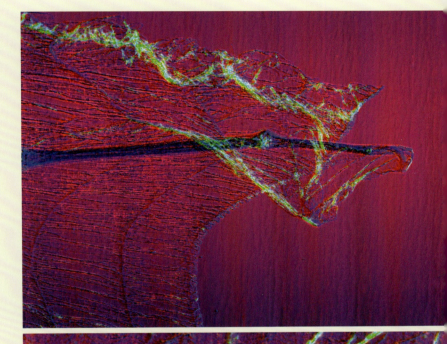

Hier ist das filigrane Bindegewebsnetz in einem Fledermausflügel zu sehen. In der oberen Abbildung sind ein Finger und die fein gezackte Hinterkante der Flughaut im gefalteten Zustand erkennbar. Die untere Abbildung zeigt das Netz im gespannten Zustand. Erschlafft die Flughaut, bildet sie winzige Falten. Sie schrumpft sozusagen. Die Aufnahmen wurden an der European Synchrotron Radiation Facility (ESRF) in Grenoble durchgeführt. (Fotos: Verena Altopova)

Literatur

Adkins, R. M. & Honeycutt, R. L. (1991): Molecular phylogeny of the superorder Archonta. – Proceedings of the National Academy of Sciences of the United States of America (PNAS), 88: 10317-10321.

Altringham, J. D. (2011): Bats: from evolution to conservation. – 2. Aufl.; XV + 324 S.; Oxford (Oxford University Press).

Eiting, T. P. & Gunnell G. F. (2009): Global completeness of the bat fossil record. – Journal of Mammalian Evolution, 16 (3): 151-173.

Gruber, G. & Micklich, N. (2007): Messel: Schätze der Urzeit. – 159 S.; Darmstadt (Hessisches Landesmuseum).

Gunnell, G. F. & Simmons, N. B. (2005): Fossil evidence and the origin of bats. – Journal of Mammalian Evolution, 12 (1/2): 209-246.

Gunnell, G. F. & Simmons, N. B. (Hrsg.) (2012): Evolutionary history of bats: fossils, molecules and morphology. – XII + 560 S.; Cambridge (Cambridge University Press).

Habersetzer, J., Richter, G. & Storch, G. (1988): Fledermäuse – bereits hochspezialisierte Insektenjäger. – In: Schaal, S. & Ziegler, W. (Hrsg.): Messel: ein Schaufenster in die Geschichte der Erde und des Lebens. – 179-191. Senckenberg-Buch 64; Frankfurt am Main (Verlag Waldemar Kramer).

Jones, G. & Teeling, E. C. (2006): The evolution of echolocation in bats. – Trends in Ecology and Evolution, 21 (3): 149-156.

Mitchell-Jones, A. J., Amori, G., Bogdanowicz W., Kryštufek, B., Reijnders, P. J. H., Spitzenberger, F., Stubbe M., Thissen, J. B. M., Vohralík, V. & Zima, J. (1999): The atlas of European mammals. – XI + 484 S.; London (T & AD Poyser Ltd.).

O'Leary, M. A. et al. (22 Mitautor(inn)en) (2013): The placental mammal ancestor and the post-K-Pg radiation of placentals. – Science, 339: 662-667.

Pettigrew, J. D. (1986): Flying primates? Megabats have the advanced pathway from eye to midbrain. – Science, 231: 1304-1306.

Pettigrew, J. D., Jamieson, B. G. M., Robson, S. K., Hall, L. S., Mcanally, K. I. & Cooper, H. M. (1989): Phylogenetic relations between microbats, megabats and primates (Mammalia: Chiroptera and Primates). – Philosophical Transactions of the Royal Society London B: Biological Sciences, 325: 489-559.

Sears, K. E., Behringer, R. R., Rasweiler IV, J. J. & Niswander, L. A. (2006): Development of bat flight: morphologic and molecular evolution of bat wing digits. – Proceedings of the National Academy of Sciences of the United States of America (PNAS), 103: 6581-6586.

Simmons, N. B. & Geisler, J. H. (1998): Phylogenetic relationships of *Icaronycteris*, *Archaeonycteris*, *Hassianycteris*, and *Palaeochiropteryx* to extant bat lineages, with comments on the evolution of echolocation and foraging strategies in Microchiroptera. – Bulletin of the American Museum of Natural History, 235: 1-182.

Simmons, N. B., Seymour, K. L., Habersetzer, J. & Gunnell, G. F. (2008): Primitive Early Eocene bat from Wyoming and the evolution of flight and echolocation. – Nature, 451: 818-822.

Wible, J. R. & Novacek, M. J. (1988): Cranial evidence for the monophyletic origin of bats. – American Museum Novitates, 2911: 1-19.

Wilson, D. E. & Reeder, D. M. (Hrsg.) (2005): Mammal species of the world: a taxonomic and geographic reference. – 2 Bände, 3. Aufl.; XXXV + XVII + 2142 S.; Baltimore (Maryland) (Johns Hopkins University Press).

Internet

www.der-baff.de/fledis_europa

www.eurobats.org/about_eurobats/protected_bat_species

http://pterosaurheresies.wordpress.com/2011/09/21/the-origin-of-bats/

3.6 Hauchdünn und transparent: wie Insekten zum Erfolg fliegen

von Fabian Haas

Zottenschwänze (Thysanura) sind sehr ursprüngliche Insekten und häufig in Wohnungen anzutreffen. Sie sind primär flügellos, d. h. sie hatten nie Flügel.
A: Unbestimmtes Silberfischchen (Zygentoma) aus Kenia. (Foto: Fabian Haas)
B: Heimisches Silberfischchen, auch Zuckergast genannt (*Lepisma saccharina*). (Foto: Aiwok, Wikimedia)

Was sind Insekten?

Kopf, Bruststück, Hinterleib: An diesen drei durch Einkerbung voneinander abgesetzten Körperabschnitten erkennt man zuverlässig ein Insekt, auch wenn die einzelnen Abschnitte gelegentlich nicht auf den ersten Blick als solche erkennbar sind. Alle Insekten haben immer einen Kopf, ein Bruststück mit genau sechs Beinen und einen Hinterleib, aus dem manchmal eine Zange oder ein Legestachel herausragt.

Selbst die ursprünglichsten Insekten wie Springschwänze im Garten oder Silberfischchen im Badezimmer, haben diese Körpergliederung und sie hat sich seit vielen Millionen Jahren nicht verändert. Diese Insekten führen ein kaum beachtetes und unspektakuläres Leben in Ritzen und Spalten des Bodens oder in den Höhen von Baumwipfeln. Springschwänze und Silberfischchen werden zusammen auch öfter „Urinsekten" oder „Apterygota", die Flügellosen, genannt. Denn die ursprünglichsten Insekten haben primär gar keine Flügel!

Die Gruppe der Urinsekten umfasst etwa 10.000 Arten und erreicht somit die gleiche Artenvielfalt wie Vögel. Da Urinsekten aber klein und unscheinbar sind und auch nicht wie die Vögel zwitschernd auf Bäumen sitzen, nimmt man von ihnen kaum Notiz. Die Urinsekten haben einen Fossilnachweis, der mindestens 400 Millionen Jahre zurückreicht, und dieser beeindruckt die Paläontologen! Die flugunfähigen Springschwänze, Felsenspringer und Silberfischchen sind zwar die ursprünglichsten heute noch lebenden Insekten, aber im Vergleich zu den geflügelten Insekten, den Pterygota, ist ihre Artenzahl geradezu kümmerlich. Es gibt allein etwa 5.000 Arten von Läusen, etwa 6.000 Arten von Libellen und etwa 11.000 Arten von Köcherfliegen. Die größte Gruppe der Insekten sind die Käfer mit über 350.000 Arten. Das ist ein bedeutender Anteil an der gesamten Biodiversität und in etwa so viele wie die Gefäßpflanzen, die auf 260.000 bis 400.000 Arten geschätzt werden. Hinzu kommen noch Schmetterlinge mit etwa 160.000 Arten, Fliegen mit rund 125.000 Arten und Hautflügler (Ameisen, Bienen und Wespen) mit etwa 100.000 Arten.

B

Beispiele für die wichtigsten und artenreichsten Gruppen von geflügelten Insekten. A: Wanzen (Baumwollwanze, Heteroptera); B: Schnabelfliegen (Skorpionsfliege, Mecoptera); C: Wespen und andere Hautflügler (Hornisse, Hymenoptera); D: Schmetterlinge (Spanische Flagge, Lepidoptera), E: Käfer (Maikäfer, Coleoptera). (Fotos: A, B: Fabian Haas; C: R. Altenkamp, Berlin, Wikimedia; D: Eberhard Frey; E: Enrico Mevius, Wikimedia)

Dieser vereinfachte Stammbaum der Neuflügler unter den Insekten zeigt, dass die verschiedenen Möglichkeiten der Flügelfaltung (gelbe und grüne Blöckchen) in mehreren Insektengruppen unabhängig voneinander entstanden sind. Die Flügel der ursprünglichen Fluginsekten (Libellen und Eintagsfliegen, hier nicht eingezeichnet) sind grundsätzlich starr. Flügellose Formen gibt es in fast allen Gruppen der Neuflügler (schwarze Blöckchen) – zumindest bei den Larven.
(Grafik: Fabian Haas)

Gläserne Schwingen im Steinkohlenwald

Die geflügelten Insekten sind geologisch jünger als Urinsekten. Sie haben folglich in viel kürzerer Zeit eine viel höhere Artenzahl erreicht. Man könnte daher von einer Artenexplosion sprechen. Die Frage ist: Wann, wo und warum hat diese Explosion stattgefunden? Das „Wo" lässt sich nicht beantworten – die Fossilfunde sind zu selten und zu weit verstreut. Die Frage nach dem „Wann" lässt sich aber schon beantworten. Fossile Urinsekten wie *Rhyniognatha hirsti* kennt man aus dem Unteren Devon, sie sind etwa 410 Millionen Jahre alt. Sie sind heute lebenden Springschwänzen verblüffend ähnlich.

Erst 80 Millionen Jahre später, d. h. aus dem Karbon (Kasten rechts) sind wieder reichhaltige Funde bekannt. Überraschenderweise ähneln diese Funde den Insektengruppen, die wir heute als Libellen, Schaben und Heuschrecken bezeichnen. Die ersten Käfer stammen aus dem Perm und sind etwa 275 Millionen Jahre alt. Hautflügler gibt es seit der Trias und damit seit 240 Millionen Jahren und Ohrwürmer sind seit 160 Millionen Jahren nachweisbar – ein sehr hohes Alter. Demgegenüber sind die Dinosaurier (mit Ausnahme der Vögel) gewissermaßen erst kürzlich ausgestorben, und zwar vor rund 66 Millionen Jahren.

In nur 80 Millionen Jahren sind aus den primär flügellosen Insekten voll flugfähige

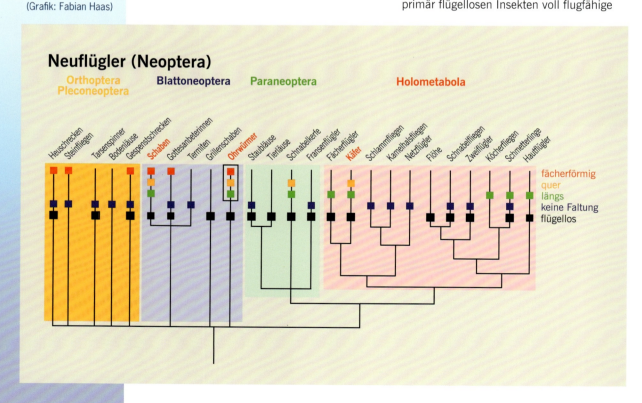

Tiere geworden und haben sich in etliche zum Teil noch heute existierende Gruppen differenziert. Die Flugfähigkeit ist mit einem tief greifenden strukturellen Umbau des Insektenkörpers verbunden. Nicht nur die Flügel mussten gebildet werden, sondern auch die entsprechende Muskulatur, um sie zu bedienen. Das Bruststück musste versteift werden, und neuronale Steuerungsnetzwerke mussten geknüpft werden. Daher sind 80 Millionen Jahre für solch einen Umbau eine sehr kurze Zeit. Und natürlich ist da die Frage: Warum sind die Fluginsekten so viel artenreicher als die ungeflügelten Insekten?

Streng genommen kann man eine Frage nach dem „Warum" in einem evolutiven Kontext nicht beantworten. Mutationen passieren immer wieder zufällig und finden nicht zielgerichtet statt. Wissenschaftler erkennen meist nur die augenscheinlichen Ergebnisse bedeutender Mutationskomplexe. Sie rekonstruieren, wie die Umstände gewesen sein könnten, dass sich diese Mutationen durchgesetzt haben. Vieles hätte auch ganz anders kommen können. So lässt sich nicht schlüssig darstellen, warum keine andere Arthropodengruppe als die Insekten aktive Flugfähigkeit entwickelte.

Krebse dominieren den Salzwasserbereich, in dem es fast keine Insekten gibt, und sind keine Luftatmer. Luftatmung ist aber eine der Voraussetzungen, wenn man sich in die Lüfte schwingen will. Spinnentiere (Skorpione, Spinnen, Milben, Zecken) atmen zwar Luft, führen aber im Wesentlichen ein lauerndes Dasein, das nur von kurzen Sprints unterbrochen wird. Eine ausdauernde physische Leistung, wie sie beim Laufen oder gar beim Flug nötig wird, ist dazu nicht erforderlich. Hingegen haben einige Spinnentiere das Material Seide bis zur Perfektion entwickelt, ein Mehrzweckmaterial, mit dem unter anderem der Luftraum „abgefischt" wird, Kinderstuben gewoben und per Fadenfloß Fernreisen unternommen werden (siehe auch Kapitel 1). Ein Fadenfloß ist ein in den Wind ausgeschiedener Seidenfaden, der bei genügender Länge so viel Luftwiderstand erzeugt, um eine kleine Spinne in die Luft zu tragen. Im sogenannten Altweibersommer stoßen tausende kleiner Spinnen ihre glitzernden Fäden aus, um sich ein Winterquartier zu suchen. Die Fäden verfangen sich zu tausenden in den Grashalmen und flimmern in der Sonne. Übrigens können auch kleine Schmetterlingsraupen am Fadenfloß reisen.

» EVOLUTION DER INSEKTEN IN ZEITRAFFER

Die Erdgeschichte wird nicht nur nach Jahrmillionen gegliedert, sondern anhand von typischen Organismen und Ablagerungen in sogenannte Systeme, die wiederum in Untersysteme und Stufen unterteilt werden. Die Einteilung anhand von Organismen hat den Vorteil, dass es oft genügt, einen fossilen Organismus zu bestimmen, um damit auf das geologische Alter zu schließen. Sollte das Alter später durch genauere Methoden neu bestimmt werden, so wird sich nur die geologische Altersangabe ändern, die eigentliche Eingruppierung in ein System oder eine Stufe bleibt aber erhalten.

Die Insektenflügel entwickelten sich nach gegenwärtiger Anschauung im Karbon. Allerdings sollen hier auch die zeitlich benachbarten Systeme genannt werden, da je nach Interpretation der Funde der Ursprung der Insekten und Flügel in andere geologische Zeiten fällt.

Silur: 443 – 420 Mio. Jahre: erste Urinsekten, Entwicklung der Gefäßpflanzen

Devon: 420 – 359 Mio. Jahre: Entwicklung der Insektenflügel und der beiden Großgruppen Palaeoptera und Neoptera, erste baumartige Pflanzen

Karbon: 359 – 299 Mio. Jahre: erste, zum Teil riesige Fluginsekten, Ausbreitung der Samenpflanzen

Perm: 299 – 252 Mio. Jahre: erste Käfer, Fliegen und Schmetterlinge

Im Karbon lag der Sauerstoffgehalt der Luft etwa 1,6-mal höher und der Kohlendioxidgehalt etwa dreimal höher als heute. Der hohe Sauerstoffgehalt begünstigte natürlich Ausdauerleistungen, wie sie z. B. beim Flug notwendig sind, besonders wenn die Flugmuskulatur über Luftgefäße (Tracheen) versorgt werden muss.

Eintagsfliegen (Ephemeroptera) sind sehr urtümliche geflügelte Insekten. Sind die Insektenflügel aus Kiemenplättchen entstanden?
A: *Rhithrogena germanica* auf dem Sporenstand eines Winterschachtelhalms. (Foto: Richard Bartz, München Makro Freak, Wikimedia)
B: Eintagsfliegenlarve mit Kiemenplättchen. (Foto: Amada44, Wikimedia)

Ein weiterer Erfolgsfaktor für Fluginsekten: Sie waren die ersten Tiere in der Luft! Vor 400 bis 320 Millionen Jahren war der Luftraum leer. Es gab keine Spinnen mit Netzen, keine Pterosaurier, keine Fledermäuse, und die Entstehung der Vögel ließ noch etliche Millionen Jahre auf sich warten. All diese Tiergruppen jagten oder jagen Insekten: Sie gab es aber zu der Zeit nicht, als die geflügelten Insekten entstanden. Daher gab es keine Konkurrenz, die hätte verhindern können, dass Insekten den Luftraum besiedeln. Erst einige Millionen Jahre nach der Evolution des Insektenfluges durch die Insekten kamen Fressfeinde hinzu, die Fluginsekten als proteinreiche Nahrungsquelle nutzten.

Neben ihrer Konkurrenzlosigkeit bei der Erschließung des Luftraumes mag die Evolution der Blütenpflanzen den Ausschlag gegeben haben, dass fliegende Insekten sich so erfolgreich durchsetzen konnten. Auf das Zusammenspiel von Insekt und Blüte wird im nächsten Abschnitt noch näher eingegangen. Allerdings lässt sich anhand von Fossilien belegen, dass das Auftreten von Blütenpflanzen mit der Diversifizierung der Insekten einhergeht. Fliegen ist eine ideale und ökonomische Fortbewegungsart, um größere Flächen nach vereinzelten Nahrungsquellen, wie z. B. Blüten, abzusuchen. Vorteilhaft ist dabei natürlich, dass Insekten vergleichweise kleine Tiere sind und ihr Nahrungsbedarf ist daher gering. Er ist mit Pollen und Nektar tatsächlich zu decken. Selbst wenn eine Honigbiene bis zu 85 Kilometer täglich zurücklegt und einigen Nektar („Flugbenzin") für die Suche selbst verbraucht, bleibt genug, um im Stock Pollen- und Honigreserven aufzubauen. Dies zeigt eindrücklich, wie reich die Nahrungsquelle ist, die von Blüten geboten wird.

Die Evolution der Insektenflügel wird seit Jahrzehnten intensiv diskutiert. Das Grundproblem ist, dass es aus dem fraglichen Erdzeitalter keine aussagekräftigen Fossilien gibt, auch wenn kürzlich entsprechende Funde mit Hilfe von Röntgen-Mikrotomographen rekonstruiert wurden. Zudem ist die Radiation der geflügelten Insekten phylogenetisch noch nicht völlig verstanden. Wie bei Radiationen typisch, entstehen neue Tiergruppen im geologischen Zeitmaß „sofort", und es findet sich kein Hinweis darauf, wie das geschehen ist. Übergangsformen, die die schrittweise Entstehung einzelner Merkmale zeigen würden, fehlen. Auch das ist typisch für eine solche Radiation.

Derzeit werden zwei Hypothesen zur Evolution der Flügel diskutiert. Die Kiemenhypothese, nach der Flügel aus Kiemen wasserlebender Vorfahren entstanden sind, und die sogenannte Paranotalhypothese, nach der Flügel aus Ausstülpungen des Bruststückes landlebender flügelloser Vorfahren entstanden sind.

Es ist also entscheidend zu wissen, ob der letzte gemeinsame Vorfahre aller geflügelten Insekten Larven hatte, die sich im Wasser

» RÄTSELHAFTE CHIMÄRENFLÜGLER (COXOPLECOPTERA)

Eine urtümliche und sehr sonderbare, den Eintagsfliegen nahestehende Insektengruppe aus dem Erdmittelalter wurde im Jahre 2011 erstmals beschrieben: die Chimärenflügler (Coxoplecoptera). Die Larven dieser sonderbaren Insekten aus der Oberjura und Unterkreide helfen, das Geheimnis um die Entstehungsgeschichte der Insektenflügel zu lüften. Zwei nicht miteinander vereinbare Theorien standen bislang zur Diskussion. Die Paranotal-Theorie besagt, dass die Flügel der Insekten aus seitlichen Ausstülpungen der der Brustrückenplatten (Paranota, Einzahl: Paranotum) entstanden. In der Exit-Theorie wird dagegen davon ausgegangen, dass die Insektenflügel aus äußeren Anhängen der Laufbeine (Exite) entstanden. Letztere Theorie galt bis zur Entdeckung der Coxoplecoptera als die fundiertere, weil bei der embryonalen Entstehung der Flügel Beingene aktiv sind. Die Larven der Coxoplectoptera zeigen jedoch, dass die Kiemenplättchen innerhalb der Rückenschilde entspringen. Aus den Kiemenplättchen der Brustrückenschilde gehen dann die Flügel hervor, was die Paranotal-Theorie bestätigt. Die Entdecker der Coxoplecoptera, ARNOLD H. STANICZEK, GÜNTER BECHLY UND ROMAN J. GODUNKO vermuten, dass Flügel der Fluginsekten zunächst als starre Auswüchse der Rückenschilde entstanden sind und im Laufe der Evolution durch die Wirkung von Beingenen beweglich wurden.

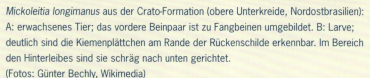

Mickoleitia longimanus aus der Crato-Formation (obere Unterkreide, Nordostbrasilien):
A: erwachsenes Tier; das vordere Beinpaar ist zu Fangbeinen umgebildet. B: Larve; deutlich sind die Kiemenplättchen am Rande der Rückenschilde erkennbar. Im Bereich den Hinterleibes sind sie schräg nach unten gerichtet.
(Fotos: Günter Bechly, Wikimedia)

Die Urlibellen des Steinkohlenwaldes (Karbon, 359 – 299 Millionen Jahre) erreichten Spannweiten von über 70 Zentimetern! Hier der Abguss einer fossilen Riesenlibelle zweifelhafter Herkunft.
(Foto: Hcrepin, Wikimedia)

entwickelten. Die Larven heutiger Libellen, Eintagsfliegen und Steinfliegen entwickeln sich alle im Wasser, und die drei genannten Gruppen werden als ursprüngliche Fluginsekten angesehen. Sie dürften den ersten geflügelten Insekten in ihrer gesamten Lebensweise also recht nahestehen. Es ist aber ungewiss, ob die Entwicklung im Wasser nicht doch später jeweils in den drei Gruppen entstanden ist und nicht vom letzten gemeinsamen Vorfahren stammt. Das Wasserleben der Larven kann auch sekundär entstanden sein, so wie bei den heutigen Wasserkäferarten. Daher ist es durchaus denkbar, dass die Larvalentwicklung im Wasser jeweils unabhängig innerhalb der

Honigbiene (*Apis mellifica*) bei der Arbeit.
(Foto: Eberhard Frey)

Libellen, Eintagsfliegen und Steinfliegen entstanden ist.

Wenn wasserlebende Larven vorlägen, könnten sich die Flügel aus Kiemenanhängen der Extremitäten des Bruststücks (Exite) entwickelt haben (Exithypothese). Ähnliche, durch Muskeln bewegliche Kiemenanhänge finden sich heute noch am Hinterleib der Larven von Eintagsfliegen. Die Entstehung der Flügel aus Kiemenanhängen wird von einigen Beobachtungen an frisch geschlüpften Steinfliegen gestützt.

Waren die Larven der Vorläufer der ersten geflügelten Insekten aber landlebend, so benötigten sie gar keine Kiemen. Es stellt sich somit die Frage, welcher Körperteil sich zum Flügel entwickelt hat. Möglicherweise sind es in diesem Fall Ausstülpungen des Rückens (und somit keine Körperanhänge) der beiden letzten Bruststücke (Paranota). Nach dieser Paranotalhypothese genannten Annahme wären diese Ausstülpungen immer größer und schließlich mit Muskeln beweglich geworden. Irgendwann hätten sie zu schlagen begonnen und aktiv Vor- und Auftrieb erzeugt. Mögliche Zwischenstufen in der Evolution zum Flügel bei einem solchen Landinsekt waren vielleicht Sonnenkollektoren, die die Tiere schnell auf „Betriebstemperatur" brachten oder die Ausstülpungen dienten als Hilfe beim energiesparenden Gleiten von Bäumen herab. Auch dafür gibt es Hinweise an heute lebenden Ameisen und Silberfischchen. Für diese klassische Paranotalhypothese fanden sich lange Zeit keine paläontologischen Belege. Mit der Entdeckung der Chimärenflügler (Coxoplecoptera) hat sich das allerdings geändert (siehe Kasten Seite 193).

Für die Exithypothese gibt es jedoch auch neue Belege. So werden bekannte Funde wie der devonische Springschwanz *Leverhulmia mariae* neu interpretiert: Es handelt sich womöglich um eines der frühesten geflügelten Insekten überhaupt, wodurch die Frage der Entstehung der Flügel ins Silur verschoben werden würde. Die Entstehung des Insektenfluges bleibt für die nächsten Jahrzehnte also eine spannende Diskussion.

Bestäuber aus der Luft

Eng verwoben ist die Evolution der flugfähigen Insekten mit den Pflanzen und insbesondere den Blütenpflanzen. Hier sind Insekten die wichtigsten Bestäuber und Bestäubung ist für viele Blütenpflanzen die grundlegende Voraussetzung für ihre erfolgreiche Fortpflanzung. Bei der Suche nach Pollen oder Nektar werden Blüten nur „nebenbei" bestäubt. In die Schlagzeilen geraten ist diese Ökosystemdienstleistung (ecosystem service) vor wenigen Jahren, als Bienenkolonien – besonders in den USA – massenhaft zu sterben begannen. Das schien zunächst nur ein Problem für Imker und Honigproduzenten zu sein. Die Folgen des Massensterbens können jedoch dramatische Auswirkungen auf unsere Nahrungsversorgung haben: Nach der FAO in Rom (UNEP 2010) benötigen 71 der 100 wichtigsten Arten von Nutzpflanzen eine Bestäubung durch Bienen und diese 71 Pflanzenarten liefern 90 % der menschlichen Nahrung. In Europa werden 84 % der 264 angebauten Pflanzen durch Tiere, meistens Bienen und andere Insekten, bestäubt, und über 4.000 Pflanzenarten und -sorten existieren dank Bestäubung durch Bienen. Einzig die Nutzpflanzen, die zu den Gräsern gehören, also Mais, Weizen, Reis oder andere Getreidearten benötigen keine Bestäuber, da sich ihre Pollen mit dem Wind verbreiten.

Diese 71 Pflanzenarten sind mehr als zwei Drittel aller Nutzpflanzen und sie sind auf Bestäubung angewiesen. Dementsprechend hätte der Komplettausfall der Bienen durch den sogenannten Völkerkollaps oder Bienensterben (engl. Colony Collapse Disorder, CCD) katastrophale Auswirkungen für den Menschen. Unser täglich Brot wäre genau das: nur Brot! Nur Getreideprodukte, aber keine Äpfel, Mangos, Orangen, Kirschen, Melonen, Tomaten und selbst der Kaffee, der so dringend beim Schreiben benötigt wird, würde sehr viel weniger Früchte tragen als mit Insektenbestäubung.

Eine Ackerhummel (*Bombus pascuorum*; A) besucht eine Distelblüte. Bienen und Hummeln sind nicht die einzigen Bestäuber, auch Fliegen (Diptera; B) machen sich so nützlich. Die Feigenwespen (Agaonidae; C: Weibchen, D: Männchen) haben sich symbiotisch mit ihren Wirten entwickelt und leben bereits im Inneren der Früchte derjenigen Feigenart, die sie dann auch zwangsläufig bestäuben. Das Weibchen verfügt über einen enorm langen Legestachel. Das flügellose Männchen ist kaum als Wespe zu erkennen, sondern ähnelt eher einer merkwürdig verbogenen Ameise. (Fotos: Fabian Haas)

Riesenbockkäfer (*Titanus giganteus*) mit ausgebreiteten Flügeln.
(Foto: Didier Descouens, Wikimedia)

A: Kaum zu glauben! Viele Ohrwürmer, wie diese ostasiatische Art (*Allodahlia scabriuscula*), können fliegen. Die Flügel werden entlang eines komplizierten Falzmusters gefaltet. Zonen des biegsamen Proteins Resilin steuern die Flügelfaltung ohne Zutun von Hinterleib oder Zange. Das Faltenpaket passt unter die winzigen Deckflügelchen. Der ausgebreitete Flügel und das Tier sind im gleichen Maßstab abgebildet. (Fotos: Fabian Haas; Muséum national d´Histoire naturelle Paris, Fotomontage: Eberhard Frey)

B: Faltflügel des Rosenkäfers *Pachnoda marginata*: zusammengefalteter (links) und entfalteter (rechts) Flügel. (Fotos: Fabian Haas)

Dementsprechend hoch wird der Wert dieser kostenlosen Ökosystemdienstleistung geschätzt: 23 bis 57 Milliarden Euro wurden dafür errechnet, das meiste wird von der Honigbiene geleistet. Allerdings gibt es weltweit über 20.000 Bienenarten und die meisten „arbeiten" unerkannt, darüber hinaus beteiligen sich noch Fliegen, Käfer und andere Insektengruppen (meist fliegend) an der Bestäubung. Während die CCD sich auf Bienen beschränkt, leiden die anderen Bestäuber unter einer immer intensiveren und naturfernen Landwirtschaft, bei der selbst kleine Refugien für Insekten vernichtet werden. Das kann zum Beispiel ein Stapel Totholz sein, der ganz „unökonomisch" am Haus oder im Wald liegt.

Variation und Konstanz einer guten Idee

Innerhalb der Insekten ist die Flugfähigkeit mit Sicherheit nur einmal entstanden. Die Variationen des Fluges und der Flügel finden innerhalb der Gesetze der Strömungslehre statt (siehe Kapitel 2), die uns im gesamten Band immer wieder beschäftigen, dennoch ist die Vielfalt gewaltig. Mit 170 mm Körperlänge gilt der südamerikanische Riesenbockkäfer (Cerambycidae: *Titanus giganteus*) als größtes Insekt.

Die großen Flügel mit einer Spannweite zwischen 250 bis 300 mm weisen auf seine für Bockkäfer nicht ungewöhnliche Flugfähigkeit hin. Die meisten Käferarten haben aber kürzere Flügel: Persönlich vermessen bei einem afrikanischer Dungkäfer (Scarabaeidae: *Scarabus* sp.), erreichen die Flügel eine Länge von 55 mm Länge und etwa 120 mm Flügelspannweite. Der kleinste von mir vermessene Flügel war 3 mm lang und stammt vom Mehlkäfer (Tenebrionidae: *Tribolium* sp.). Das ist deutlich größer als die geflügelten Zwergwespen mit weniger als einem Millimeter Körperlänge. Wie zielgerichtet und kontrolliert der Flug bei diesen sehr kleinen Insekten ist bleibt unklar, zu leicht werden sie durch Luftströmungen fortgetragen (siehe auch Kapitel 2).

Die Gesetze der Strömungslehre zwingen Flügeln ihre Form und Struktur auf. Kleine Flügel haben eine andere Form und Struktur als große. Selbst wenn die Flügel in einer Abbildung auf die gleiche Länge vergrößert werden, lässt sich erkennen, dass ein Flügel von einer großen Art kommt, der andere jedoch von einer kleinen Art. Flügel kleiner Arten haben nie oder nur wenige Flügeladern, während große immer über ein gut ausgebildetes Tragewerk aus Flügeladern verfügen. Kleine und winzige Flügel, wie sie Thripse (auch Fransenflügler genannt)

B

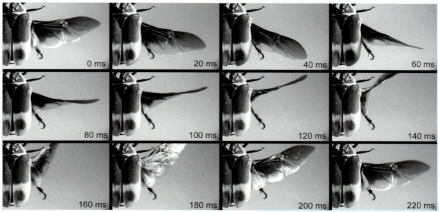

oder Zwergwespen besitzen, haben immer eine schmale, stabförmige Flügelspreite, an deren Rand lange Haare sitzen. Da Luft bei kleinen Reynoldszahlen eher zäh wie Honig ist (zurückgerechnet auf unsere menschlichen Maßstäbe), „schwimmen" oder rudern die Winzlinge wie mit Paddeln (siehe Kapitel 1 und 2). Dabei korreliert die Fläche des Flügels mit dem Gewicht des Insektes in engen Grenzen. Ist ein Insekt flugfähig, so besitzt es eine bestimmte minimale Größe der Flügelfläche: Wird die Fläche zu klein, ist aufgrund der hohen Belastung des Flügels kein Flug mehr möglich. Physikalisch beschrieben wird der Zusammenhang zwischen Gewicht des Tieres und der Fläche seiner Flügel mit dem Begriff der „Flächenbelastung", berechnet aus Gewicht des Insektes geteilt durch die Fläche des Flügels. Dieser Zusammenhang gilt übrigens für alle Flugkörper mit auftriebserzeugenden Flügeln, also vom Modelflugzeug bis zum Jumbojet. Einige Beispieldaten: Käfer 2-40 kg/m^2, Modellflugzeuge 2 kg/m^2, Kleinflugzeug um 100 kg/m^2, Passagierflugzeug bis 800 kg/m^2.

Es klingt selbstverständlich, dass Insekten mit Flügeln auch fliegen können, allerdings besitzen viele Insekten Flügel, sind aber dennoch flugunfähig. Die Flugunfähigkeit lässt sich mit Messungen zur Flächenbelastung nachweisen. Dazu werden die gewonnen Werte mit denen verglichen, die man bei nachweislich fliegenden Tieren erhoben hat. Das sind z. B. im Flug gefangene Tiere oder Tiere, die mit Lichtfallen angelockt wurden. Wird die Flächenbelastung zu hoch (d. h. der Flügel ist zu klein für das vorhandene Gewicht), so kann man von einer Flugunfähigkeit ausgehen. Das Phänomen der zu kleinen Flügel lässt sich besonders oft bei Ohrwürmern beobachten, weshalb es lange Kontroversen in der Fachliteratur gab, ob z. B. der Gemeine Ohrwurm *Forficula auricularia* flugfähig sei oder nicht.

Und es gibt noch einen weiteren physikalischen Zusammenhang: Je größer ein Insekt ist, desto geringer seine Flügelschlagfrequenz. Eine große Libelle hat eine geringere Flügelschlagfrequenz als eine Stubenfliege, allein schon wegen der geringeren Köpergröße und der damit verbundenen geringeren Masse.

Im Gegensatz zum Vogelflügel ist der Insektenflügel nicht aus einer kompletten Extremität abgeleitet, sondern als Neukonstruktion aus einem Beinanhang oder einer Abplattung der Rückenplatte entstanden. Vögel, Fledermäuse und Flugsaurier modifi-

Oben: Ganz im Gegensatz zu den Insekten verfügen Vögel – hier die Haustaube (*Columba livia*) – über Muskeln im Flügel, mit denen der Flügel für spezielle Flugmanöver verstellt werden kann.
(Foto: Fabian Haas)

Unten: Während des Fluges verformen sich die Flügel der Insekten, hier bei einem Rosenkäfer (*Pachnoda marginata*) ganz erheblich. Jedoch ist dies keine aktiv gesteuerte Verformung, sondern resultiert aus dem Zusammenspiel von Muskelaktion, Materialeigenschaften, und Luftkräften. Klar erkennbar ist auch, dass der Flügel weder beim Aufschlag noch beim Abschlag trotz der mechanischen Belastung einklappt, sondern voll ausgebreitet bleibt.
(Foto: Fabian Haas)

Flügelstellung:
A: Palaeoptera: Großlibelle (Südliche Mosaikjungfer, *Aeschna affinis*).
B: Neoptera: Steinfliege (Großer Uferbold, *Perla grandis*).
Während die Palaeoptera ihre sperrigen Flügel meistens weit ausgebreitet tragen, spart bei den Neoptera die Faltung der Flügel über dem Hinterleib Platz. Nur Insekten mit faltbaren Flügeln können sich in Ritzen und unter Steinen verstecken.
(Fotos: Fabian Haas)

zierten die Vorderextremität zu einem Flügel. Dabei büßten sie die Funktionsfähigkeit der Vorderextremität zum Laufen und Greifen ein, gewannen aber die des Fliegens. Der Aufbau ihrer Vorderextremität entspricht dennoch weitgehend dem eines Armes: Innen stützen Knochen, Muskeln bewegen und Nerven steuern. Die Flügelspreite wird dann entweder durch eine Haut gebildet, wie bei Flugsauriern oder Fledermäusen, oder wie bei Vögeln durch Schwungfedern an Händen und Unterarmen. Da Muskeln direkt im Flügel liegen, d. h. entlang der Vorderextremität, kann der Flügel gezielt im Flug zu jeder Zeit aktiv geformt werden (siehe auch Kapitel 3.3, 3.4 und 3.5).

Ganz anders bei Insekten: Bei ihnen liegt die ganze Kraft- und Steuermuskulatur im Bruststück. Jenseits des Flügelgelenks bis zur Flügelspitze befindet sich kein einziger Muskel. Die sogenannten Flügeladern sind sichtbare Verdickungen in der Flügelmembran. Die in den Flügeladern liegenden Nerven führen Signale der Rezeptoren zum Gehirn. Tracheen in den Flügeladern versorgen Rezeptoren und anderes lebende Gewebe mit Sauerstoff, Bluträume leiten Nährstoffe an das Gewebe. Wie Tracheen enden die Kanäle für die Blutversorgung blind, und es gibt keine blutführenden Gefäße in den Flügeln. Insekten haben einen offenen Blutkreislauf mit wenigen Gefäßen und das Blut transportiert keinen Sauerstoff. Das übernehmen die Tracheen. Da somit keine Zirkulation im Flügel möglich ist, kann die Blutversorgung nur minimal sein. Sie reicht dennoch aus, um das lebende Gewebe im Flügel zu versorgen. Die Flügeladern können nur passiv durch das Zusammenspiel der Muskeln im Bruststück und den Luftkräften verformt werden, und das tun sie auch in

ganz erheblichem Umfang, wie Hochgeschwindigkeitsaufnahmen veranschaulichen.

Interessanterweise setzt die eigentliche krafterzeugende Muskulatur bei den meisten Insekten nicht direkt am Flügel, sondern an der Rücken- und Bauchplatte an und lässt so das ganze Bruststück vibrieren. Diese Vibrationen werden über die Mechanik im Flügelgelenk umgesetzt und führen zum Auf- und Ab-Schlagen des Flügels. Der Flügelschlag wird dann durch die Steuermuskeln so modifiziert, dass das Insekt geradeaus oder eine Kurve fliegt. Trotz des Antriebs über eine ausschließlich im Bruststück liegende Muskulatur entwickelte sich ein breites Spektrum von Flugleistungen. Einfachen Gelegenheitsfliegern, wie vielen Käfern oder Ohrwürmern, stehen regelmäßige Flieger gegenüber, die z. B. ihre tägliche Nahrungssuche per Flug bestreiten. Am bekanntesten sind in dieser Kategorie wohl Honigbienen, die durchschnittlich 85 Kilometer pro Tag auf der Suche nach Pollen und Nektar zurücklegen, um sich und den Stock mit Nahrung zu versorgen. Dann gibt es noch ausgesprochene Spezialisten wie z. B. Libellen, die fast alles im Flug erledigen – selbst die Paarung und das Eierlegen finden oft ohne Bodenkontakt statt. Auch ihre Beute, andere Insekten, wird oft in der Luft gefangen. Andere ausgezeichnete, sehr schnelle Flieger sind Bremsen und Schwebfliegen und andere Zweiflügler, die sich auch dadurch auszeichnen, in der Luft stehen zu können.

Wanderheuschrecken sind wenig akrobatische Flieger, erreichen aber Durchschnittsgeschwindigkeiten von 30 km/h, womit sie schneller als viele Radfahrer sind. Für manche Bremsenarten wurden kurzzeitige Höchstgeschwindigkeiten von 80 – 100 km/h gemessen. Das sind ganz erhebliche körperliche Leistungen für ein Insekt von kaum zwei Zentimetern Länge. Auch hier gilt,

Neben den Ohrwürmern haben Käfer die wohl raffinierteste Flügelfaltmechanik unter den Insekten. In einem komplizierten, muskelfreien Gelenk kann die Flügelspitze gegen den Innenflügel entfaltet werden, hier am Beispiel eines Scharlachroten Feuerkäfers (*Pyrochroa coccinea*; A) und eines Rosenkäfers (*Pachnoda marginata*; B). Nach dem Flug müssen die Flügel wieder eingefaltet werden. Dies geschieht über ein Zusammenspiel von Hinterleib und Flügeldecken und dauert erheblich länger als die Entfaltung.
(Fotos: Fabian Haas)

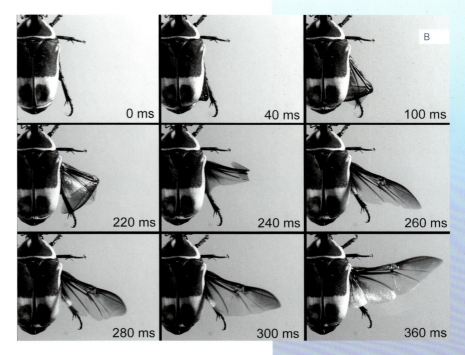

dass sich der Luftwiderstand im Quadrat zur Geschwindigkeit erhöht: Doppelte Geschwindigkeit erzeugt vierfachen Luftwiderstand, vierfache Geschwindigkeit erzeugt 16-fachen Widerstand (siehe Kapitel 2). Die Flügelschlagfrequenzen sind je nach Größe der Tiere und Flugleistung sehr unterschiedlich, bei den Käfern konnten 42 bis 120 Schläge pro Sekunde (Hz) ermittelt werden. Kleine Mücken schlagen ihre Flügel mit 200 bis 400 Hz, und der Rekord eines experimentell manipulierten Zweiflüglers (Diptera, Ceratopogonidae: Forcipomyia spec.) liegt bei 2.000 Hz.

Nahrungssuche ist nur eine Verhaltensweise, die fliegend erledigt werden kann. Besonders beeindruckend sind die Paarungsflüge der Termiten und Ameisen, bei denen zigtausende von Individuen in der Nacht den Stock verlassen. Die Flügel aber stören das Königspaar beim Aufbau des Nestes so sehr, dass sie mit ziemlicher Anstrengung abgeworfen werden. Sind sie erst einmal im unterirdischen königlichen Gemach, kommen König und Königin nie wieder ans Tageslicht zurück.

Was tun mit den Flügeln, wenn man gerade nicht fliegt und sie nicht abwerfen will? Ein ganz entscheidender Schritt in Richtung Flügelfaltung fand mit der Evolution der Neoptera („Neuflügler") statt. Die Neoptera sind im Gegensatz zu den meisten „Altflüglern" (Palaeoptera, das sind Libellen und Eintagsfliegen) in der Lage, ihre Flügel flach über den Hinterleib zu falten und damit enorm Platz zu sparen. Dies ist durch eine besondere Mechanik möglich, in der ein bestimmter Teil des Flügelgelenks beweglich und durch einen Muskel kontrollierbar ist. Die Mitglieder der Neoptera, z. B. Steinfliegen, können also kontrollieren, ob sie ihre Flügel falten oder entfalten. Daher können die Mitglieder der Neoptera leicht in Ritzen Schutz suchen oder diese Lebensräume als ökologische Nische erschließen, während Libellen mit ihren raumgreifenden Flügeln der Witterung völlig ausgeliefert sind.

Noch kompakter lassen sich Flügel nur durch weitere Längs- und Querfalten verpacken. Käfer und Ohrwürmer haben eine ganz besonders dichte Faltung entwickelt, bei der der Hinterflügel auf ein Fünftel bzw. ein Zehntel seiner Ausgangsgröße gefaltet werden kann. Die Mechanik dazu ist etwas kompliziert, dennoch geht alles ohne Muskeln im Flügel selbst. Dort befinden sich Gelenke in den Flügeladern oder Resilin (ein hochelastisches Protein) als Speicher für mechanische Energie, die aber von der Flügelbasis her gesteuert werden oder nur mit Hilfe des Hinterleibes und der Flügeldecken bewegt werden können.

So großartig diese Innovation auch ist: Flügel sind bei zahlreichen Insektengruppen wieder verloren gegangen. Beispiele dafür sind die Ohrwürmer, Tierläuse (bei Pflanzenläusen ist die Sache komplizierter), Flöhe und manche Käfer. Bei Ameisen und Termiten haben die Arbeiter nie Flügel, die Geschlechtstiere nur für kurze Zeit. Einige Insekten sind flügellos, weil sie sich lieber tragen lassen: Tierläuse und Flöhe werden huckepack von ihren tierischen Wirten verbreitet. Eine vorübergehende Transportgemeinschaft (Phoresie) verbindet viele Milben und Insekten miteinander, wobei die größeren Insekten die Transporteure sind. Milben sind, wie alle Spinnentiere, nicht flugfähig, jedoch haben sie als blinde Passagiere den Luftraum erschlossen.

Literatur

BRODSKY, A. K. (1997): The evolution of insect flight. – 244 S.; Oxford (Oxford University Press).

DATHE, H. (2003): Lehrbuch der Speziellen Zoologie, Band I: Wirbellose Tiere, Teil 5: Insecta. – 2. Auflage, XIII+961 S.; Heidelberg & Berlin (Spektrum Akademischer Verlag).

DETTNER, K. & PETERS, W. (2010): Lehrbuch der Entomologie. – 464 S.; unveränderter Nachdruck der 2. Auflage; Heidelberg & Berlin (Spektrum Akademischer Verlag).

GRIMALDI, D. & ENGELS, M. S. (2005): Evolution of the insects. – 755 S.; Cambridge (Cambridge University Press).

HAAS, F. (1998): Geometrie, Mechanik und Evolution der Flügelfaltung bei den Coleoptera. – 111 S.; Dissertation; Jena (Friedrich-Schiller-Universität).

NACHTIGALL, W. (1968): Gläserne Schwingen. Aus einer Werkstatt biophysikalischer Forschung. – 158 S.; München (Heinz Moos Verlag).

NACHTIGALL, W. (2003): Insektenflug Konstruktionsmorphologie, Biomechanik, Flugverhalten. – 483 S.; Berlin (Springer-Verlag).

OERTEL, H. (2012): Bioströmungsmechanik: Grundlagen, Methoden und Phänomene. – 230 S.; 2. Auflage.; Wiesbaden (Vieweg + Teubner).

United Nations Environment Programme (UNEP) (2010): Emerging issues: global honey bee colony disorder and other threats to insect pollinators. – 16 S.; Nairobi (UNEP).

Internet

Das Internet hält umfangreiche Informationen zum Thema bereit, so lassen sich auf Wikipedia http://de.wikipedia.org viele interessante Artikel zu diesem Thema auffinden (z. B. Insektenflug unter http://de.wikipedia.org/wiki/Insektenflug). Als Stichworte sollten die Namen der Insektenordnungen, „Insektenflug", „Insektenflügel", „Flügel (Vogel)", „Flügelmuskel (Insekten)", „Ökosystemdienstleistung" genutzt werden. Da die Artikel in verschiedenen Sprachen von unterschiedlichen Teams geschrieben wurden, ist es sehr sinnvoll, anderssprachige Artikel (Verknüpfung links unter „In andere Sprachen") aufzurufen.

Das „Book of Insect Records" stellt die Spitzenleistungen der Insekten zusammen (http://entnemdept.ufl.edu/walker/ufbir/chapters/index_order.shtml).

Sekundäre Flügellosigkeit ist bei Insekten weit verbreitet. Es finden sich viele Arten innerhalb der geflügelten Insekten, die völlig flügellos sind. Es gibt auch ganze Ordnungen, wie z. B. Flöhe (A, Foto: Janice Haney Carr, Centers for Disease Control and Prevention USA, Wikimedia), die generell flügellos sind. Andere, wie z. B. Ameisen (B, Foto: Richard Bartz, Wikimedia) und Termiten (C, Foto: Fabian Haas), haben nur während der Paarungszeit Flügel (D: Ameisenkönigin; Foto: Alex Wild, Wikimedia; E: geflügelte Termiten in einem Spinnennetz; Foto: Praveenp, Wikimedia).

4 BIONIK
und die Fortbewegung im Bodenlosen nach dem Abbild der Natur

von Eberhard Frey

4.1 Werkzeugkiste Natur – Bionik und ihre Grenzen

Bionik, die natürliche Technologie

Die Bionik gilt weltweit als Markenzeichen wissenschaftlicher Findigkeit und innovativer, zukunftsorientierter Technologien nach dem Vorbild der Natur. In Deutschland wurde am 1. Juni 2001 BIOKON, das größte deutsche Bionikportal, gegründet und genießt höchstes internationales Ansehen (www.biokon.de). Bionisch orientierte Forschungsprogramme werden vom Bundesministerium für Bildung und Forschung, der Deutschen Bundesstiftung Umwelt (www.dbu.de) und dem Land Baden-Württemberg gefördert, das auf dem Sektor bionischer Forschung in Deutschland führend ist. Institute und Kompetenzzentren wurden gegründet mit dem Ziel, die Bionik im Ausbildungs- und Forschungsbereich zu etablieren. Beispiele sind die Hochschule Bremen, die TU Ilmenau, sowie die TUs Dresden/Freiberg, Karlsruhe, Rostock, Tübingen und München. Die Bionik hat über das Fach NwT (Naturwissenschaft und Technik) Eingang in die Schulen gefunden. Zahlreiche Industriebetriebe haben bionische Lösungen in ihre Produktion integriert und beteiligen sich zunehmend auch finanziell an deren Entwicklung. Namhafte Forschungs- und Entwicklungsinstitutionen, wie z. B. das Deutsche Zentrum für Luft- und Raumfahrt (DLR) und das Institut für Textilverarbeitung und Verfahrenstechnik (ITV) Denkendorf sind fest in der Betreuung und Umsetzung von Bionikprojekten verankert.

Der Begriff Bionik, wie er heute verstanden wird, ist ein Kofferwort aus Biologie und Technik. In Deutschland ist der Begriff „Bionik" populär. In anderen Ländern werden oft die Synonyme Biomimikry, Biomimetik oder Biomimese benutzt. Im Wesentlichen

» DER URSPRUNG DES BEGRIFFS „BIONIK"

Der historisch belegte Ursprung des Begriffes „Bionik" führt zurück in das Jahr 1960. In diesem Jahr fand in der Wright-Patterson Air Force Base in Dayton (Ohio, USA) eine kaum beachtete Fachtagung statt, die sich unter anderem mit dem Thema „automatische Steuerungssysteme" insbesondere in Kampfjets befasste. Auf dieser Tagung präsentierte ein US-amerikanischer Luftwaffenmajor namens JACK E. STEELE (1924 – 2009) erstmals den Begriff „Bionik" (englisch „bionics"), allerdings als Kofferwort von „biology" und „electronics". Steele benutzte den Begriff im Zusammenhang mit komplizierten, sich selbst regelnden elektronischen Steuerungselementen, sogenannten kybernetischen Systemen, nach dem Vorbild biologischer Organe. Diese kybernetischen Organsysteme heißen im Englischen „cyborgs", eingedeutscht „Kyborg".

Kyborgs, jene Mischwesen aus Menschen oder anderen Lebewesen und Maschinen sind aus zahlreichen fiktiven Zukunftsfilmen bekannt. Einer der berühmtesten Kyborgs ist wohl „RoboCop", die Titelgestalt aus einem Spielfilm von Paul Verhoeven. Der Begriff „Bionik" hat heute mit Kyborgs nichts mehr zu tun.
(Foto: Steve Lacey 2010, Bristol)

Biokon, das größte deutsche Bionikportal, wurde 2001 gegründet.
www.biokon.de

wird die Bionik als eine Forschungsrichtung verstanden, bei der es um die Entschlüsselung von Naturphänomenen oder biologischen Konstruktionen geht, die technisch umsetzbar sind. Die Bionik setzt sowohl für den Erkenntnisprozess selbst als auch für die technische Umsetzung von Naturphänomenen und -konstruktionen die enge Zusammenarbeit von Biowissenschaftlern und Ingenieuren voraus. Physiker, Architekten, Philosophen und Designer erweitern die Arbeitsgruppen je nach Arbeitsziel und Anspruch.

täglichen Leben. Stets bedeutet sie etwas Gutes, das man bedenkenlos konsumieren darf. Bionik wird wohl deshalb von der Allgemeinheit als eine gute Wissenschaft wahrgenommen. Das gilt auch für ihre Produkte.

Methoden der Bionik

Der Reiz der natürlichen Evolution für den technisch denkenden Menschen ist die Zeit, die in Evolutionsprozessen stecken kann und die zwingend überlebensrelevante Funktionalität der Evolutionsprodukte. Die Idee, kompliziert gebauten Lebewesen über Jahrmillionen optimierte Systeme zu entlocken und zum Wohle der Menschheit nutzen zu können, führte zum Schulterschluss von Biowissenschaftlern und Ingenieuren. Diese Idee führte letztendlich zu jener Form von Bionik, mit deren Hilfe natürliche Phänomene technisch analysiert und umgesetzt werden.

Grundsätzlich werden zwei Vorgehensweisen in der Bionik unterschieden: die analoge und die abstrahierende Bionik. Der Lösungsprozess der Analogiebionik beginnt mit dem Erkennen eines Problems, welches uns Menschen das Leben schwer macht. Ingenieure suchen nun zusammen mit Biowissenschaftlern nach Lebewesen, welche eben dieses Problem auf ihre Weise und mit ihren Mitteln im Griff haben. Hier ist zunächst der Biowissenschaftler gefragt. Er präsentiert dem Ingenieur aus dem unermesslichen Fundus der Natur Lebewesen, die das fragliche Problem gelöst haben. Diese Auswahl an Lebewesen wird dann vom Ingenieur auf die problemrelevanten Struktur-Funktionskopplungen hin untersucht. Meist ist diese Untersuchung mit einer technischen Machbarkeitsstudie verknüpft. Eine Problemlösung nach biolo-

> **» IST EVOLUTION EIN ANPASSUNGSPROZESS?**
>
> Mit dem Durchbruch der Darwin'schen Evolutionstheorie zum Ende des 19. Jahrhunderts wird die natürliche Evolution auch als Optimierungsprozess in Bezug auf die Umwelt verstanden. Lebewesen scheinen auf Umweltveränderungen zu reagieren – und zwar durch körperliche und genetische Veränderungen, die sich oft erst im Laufe von Generationen bemerkbar machen. Der Veränderungsprozess verbessert offensichtlich die biologische Leistung eines Lebewesens (Optimierung), ist aber meistens nicht direkt zu beobachten. Die meisten Naturwissenschaftler beschreiben derartige Optimierungsprozesse mit dem Begriff „Anpassung". Dieser Begriff ist aber sprachlich falsch, da ein Anpassungsprozess eine Vorstellung vom Anpassungsziel voraussetzt, auf das hin optimiert wird. Nichtmenschlichen Lebewesen dürfen wir Derartiges nicht ohne Weiteres unterstellen. Wir Menschen aber haben eine sehr konkrete Vorstellung von unserer Umwelt. Die meisten von uns können sich zielgerichtet daran anpassen, selbst wenn diese Umwelt lebensfeindlich wäre.

Die Biowissenschaftler sind vielfach die eigentlichen Ideenlieferanten in der bionischen Forschung. Sie befassen sich mit Organismen und sind somit für den Bioteil der Bionik zuständig. Diese Vorsilbe "Bio" (von griechisch Bios, βίος: das Leben) begegnet uns oft im

gischem Vorbild ist nur dann nachhaltig und sinnvoll, wenn sie auch technisch herstellbar ist und das Preis-Leistungsverhältnis des Produktes stimmt.

Der Prozess der Abstraktionsbionik beginnt mit anatomischen und konstruktionsmorphologischen Untersuchungen an einem Lebewesen und mit Experimenten, meist im Rahmen von Forschungsprojekten. Es wird versucht, biomechanische Prinzipien für einzelne Funktionsgefüge eines Lebewesens zu erkennen und zu beschreiben. Die technische Umsetzbarkeit spielt dabei zunächst keine Rolle. Dann beginnt die Suche nach technischen Einsatzgebieten für ausgewählte Funktionsgefüge. Für eine technische Umsetzung ist nun die strukturelle und physikalische Abstraktion der biologischen Konstruktion oder des Phänomens erforderlich. Die Suche nach Nutzbarkeit für den Menschen kann enorm viel Zeit in Anspruch nehmen, wie z. B. die Entwicklung von Lotuseffektfarben. Oft kommt mit der Beobachtung ein Gedankenblitz, der die Welt revolutioniert, wie z. B. im Falle des Klettverschlusses.

A: Libellen, wie dieser Mexikanische Bernsteinflügel (*Libellula saturata*), können in der Luft stehen – wie Hubschrauber. Standen sie Pate bei der Entwicklung der Kreisflügler?

B: Dieser Große Taggecko (*Phelsuma grandis*) aus Madagaskar kann wie viele Geckos sogar an senkrechten Glaswänden laufen. Geräte, die nach dem Prinzip der Geckozehen funktionieren, gibt es noch nicht.

(Fotos: Eberhard Frey)

Beispiele für analogbiologische Produkte

A / A'
Segelfliegende Vögel und Flugzeuge haben Flügel mit einem Tragflächenprofil. Die Tragflächen sind völlig unterschiedlich und funktionieren nur in Bezug auf die Art der Auftriebserzeugung gleich.

B / B'
Fallschirme und manche Flugsamen, wie der Samen eines Löwenzahns, bremsen den freien Fall mit Hilfe reibungserzeugender Flächen. Fallschirme haben jedoch fast geschlossene Bremsflächen. Härchen würden die Last eines Menschen nicht tragen können.

C / C'
Winglets (Deutsch: Flügelchen), die nach oben gebogenen Spitzen der Flügel moderner Flugzeuge, wurden den gespreizten Handschwingen einiger Greifvögel abgeschaut. Beide Strukturen reduzieren den Wirbelwiderstand, der durch den Druckausgleich zwischen Flügelober- und -unterseite in Form eines Wirbels entlang der Flügelaußenkante erzeugt wird. Die technischen Winglets sind starr, die der Vögel flexibel.

D / D'
Die Haftung von Autoreifenlaufflächen wurde dadurch verbessert, dass man das Hautprofil von Katzenpfoten auf die Lauffläche von Reifen übertrug. Die kleinen Poren und Hornzäpfchen umschließen auch die feinste Oberfläche der Straße und erhöhen so die gesamte Auflagefläche.

E / E'
Der Steinhuder Hecht war ein funktionsfähiges Unterwasserfahrzeug, welches nicht nur die grobe Form eines Hechts hatte, sondern auch die Grundelemente der Steuerung und Stabilisierung des Fisches. Die Atmung der Insassen des mechanischen Hechts war jedoch auch mittelfristig nicht sichergestellt.

F / F'
Bei Spinnenrobotern werden Bewegungsmodus und Bewegungssequenz der Beine einer Spinne nachgeahmt. Die hydraulische Bewegungsmechanik im Inneren eines echten Spinnenbeins wird derzeit über außenliegende Pneumatik- oder Hydraulikzylinder oder über Steuerseile und -hebel simuliert.

Beispiele für analogbionische Prozesse. Gezeigt sind jeweils ein Vorbild- und ein Umsetzungsbeispiel.

A Möwe (Foto: Bamse, Wikimedia)
A' Flugzeug (Foto: Adrian Pingstone)

B Wiesenbocksbart (Foto: Eberhard Frey)
B' Fallschirm (Quelle: Wikimedia)

C Andenkondor (Foto: Eberhard Frey)
C' Winglet (Foto: Eberhard Frey)

D Hecht (Foto: Georg Mittenegger)
D' Steinhuder Hecht (Quelle: Wikimedia, Praetorius)

E Katzenpfote (Foto: Harald Falk)
E' Reifen (Foto: Eberhard Frey)

F Rothaarvogelspinne (Foto: Eberhard Frey)
F' Hexbugs Spider (Foto: Hexbugs)

Beispiele für abstraktionsbiologische Produkte

A / A'
Der Lotoseffekt ist benannt nach der Lotosblume (Nelumbonaceae), einem Silberbaumgewächs, dessen Blätter weder nass noch schmutzig werden. Dieses Phänomen war zwar lange bekannt, wurde aber erst durch moderne Analysemethoden beschreibbar und mit Hilfe moderner Fertigungsmethoden schließlich auch herstellbar.

B / B'
Weniger offensichtlich, aber nicht minder bedeutungsvoll für die moderne Architektur sind Tragwerke, die auf Baumkonstruktionen beruhen. Dieses Baumtragwerk ist in der Halle des Stuttgarter Flughafens zu bewundern.

C / C'
Der Tübinger Paläontologe WOLF-ERNST REIF (1945 – 2009) fand heraus, dass die Placoidschüppchen schnellschwimmender Haie eine flache Außenseite mit feinen Längsrippen besitzen. Diese sogenannten Riblets (Deutsch: Rippchen) vermindern Strömungswiderstand drastisch und verhindern obendrein, dass Haie von Algen und Muscheln bewachsen werden (Antifouling). Heute sind Riblets aus Schiff- und Luftfahrt sowie in der Transportröhrentechnik nicht mehr wegzudenken.

D / D'
Die kugeligen Samenstände der Großen Klette (*Arctium lappa*) können sich mit ihren elastischen Hakenstacheln so gut in Tierfellen oder Wollpullovern festsetzen, dass sie nur mit größter Mühe wieder zu entfernen sind und dabei nicht abbrechen. Diese sprichwörtliche Hafteigenschaft der Samen der Großen Klette stand bei der Entwicklung des Klettverschlusses Pate. Im Jahr 1951 meldete der schweizer Ingenieur GEORGES DE MESTRAL den Klettverschluss zum Patent an. Unter dem Namen Velcro (Kombination aus *Vel*ours = Flausch und *Cro*chet = Haken) wurde das Produkt vermarket.

E / E'
Textile Nebelfänger sind vom Nebeltrinkerkäfer (*Onymacris unguicularis*), einem dem Mehlkäfer verwandten Schwarzkäfer (Tenebrionidae) abgeschaut. Die Nebeltrinker fällen mit den Noppen und Leisten ihrer Flügeldecken Nebeltröpfchen aus und leiten diese zu einem Rinnensystem, das beiderseits des Mundes endet. Den Käfer nachzubauen macht keinen Sinn, aber der physikalische Effekt wird zum Bau mechanischer Nebelfänger herangezogen.

F / F'
Die weißen Haare des Eisbären (*Ursus maritimus*) sind innen hohl. Die darin enthaltene Luft schützt den Bären vor Wärmeverlust, indem das Silberfell die Eigenwärme des nordpolaren Beutegreifers auf die schwarze Haut zurückreflektiert. Eisbären sind so gut wärmeisoliert, dass auf der Infrarotaufnahme eines Eisbären nur Nase, Augen und Ohren zu sehen sind. Das Wärmeschutzsystem „Eisbär" nachzubauen, wäre unbezahlbar. Stattdessen werden Verbundgewebe entwickelt, welche sich das Isolationssystem des Eisbärenfells und die dunkle Hautoberfläche zunutze machen. Die Produkte sehen aber völlig anders aus als ein Eisbärenfell.

Beispiele für abstraktionsbiologische Prozesse. Gezeigt sind jeweils ein Vorbild- und ein Umsetzungsbeispiel:

A Lotos (Foto: Shin Kai, Japan)
A' Lotosfarbe (Produktfoto: sto AG)

B Wacholderbaum (Foto: Eberhard Frey)
B' Flughafen Stuttgart (Foto: Wikimedia)

C Hai (Foto: Eberhard Frey)
C' Antifoulinglack (Foto: Produktfoto Voss Chemie)

D Klette (Foto: Paul Henjum)
D' Klettverschluss (Foto: Eberhard Frey)

E Nebeltrinker (Foto: Thomas Schoch)
E' Nebelfänger (Foto: ITV Denkendorf)

F Eisbär (Foto: Ansgar Walk)
F' Schlafsack (Foto: Rolf Steinmann)

Das Rad: eine nicht-bionische, aber epochale Erfindung. Die Abbildung zeigt die Kopie eines der ältesten Räder der Menschheitsgeschichte im Stadtmuseum von Ljubljana. Es wurde vor etwa 5.300 Jahren hergestellt. (Foto: Ljublijana Museum)

Grenzen der Bionik

Bei aller Begeisterung für den möglichst genauen Nachbau biologischer Systeme und Mechanismen sind pragmatische, ja rein technische Ansätze oft zielführender als das biologische Vorbild. Manche große Erfindung kommt in der Natur schlicht und einfach nicht vor. Das wohl berühmteste Beispiel hierfür ist das Rad. Niemand weiß, wer es erfand oder wann genau es erfunden wurde. Die ältesten Darstellungen von Wagen mit Rädern stammen aus Europa und sind etwa 5.300 Jahre alt. Das Rad jedenfalls existiert in der Natur nicht, weil kein natürliches Gewebe so etwas wie ein Radlager bilden kann, ohne nach wenigen Umdrehungen zu zerreißen. So ist das Rad ein Beweis für eine problemorientierte Abstraktionsgabe, die nur uns Menschen eigen ist. Ohne das Rad wären wir heute nicht da, wo wir sind, und das betrifft nicht nur die Transportlogistik, sondern alle Lebensbereiche, in denen Räderwerke oder rotierende Systeme zum Einsatz kommen.

Die schwingende Extremität ist das biologische Pendant zum Rad. Eine Extremität ist mechanisch gesprochen ein „einspeichiges Rad", bei dem die Speiche vor- und zurückbewegt wird. Eine gewebezerstörende volle Rotation gibt es nicht. Jede Extremitätenbewegung ist in einen Antriebs- und einen Rückstellteil untergliedert. Daher müssen mindestens zwei Extremitäten abwechselnd zusammenarbeiten. Auf einem Bein kann man bestenfalls hüpfen. Wegen der schwingenden Massen ist daher die Maximalgeschwindigkeit von Lebewesen limitiert.

Trotz zahlreicher, oft sehr holperiger Umsetzungsprobleme, hat uns die Beobachtung natürlicher Konstruktionen – gleichgültig ob Tier oder Pflanze – viele technische Neuerungen eingebracht, welche unser tägliches Leben leichter machen, wie z. B. der oben

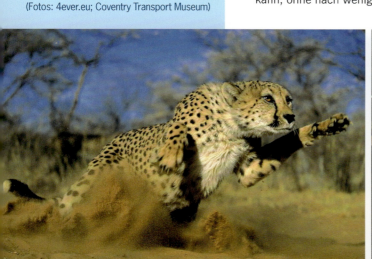

Beine gegen Räder. Ein Gepard (*Acinonyx jubatus*), biomechansich betrachtet eine Oszillationsrennmaschine mit vier Beinen, bringt es maximal auf 112 km/h. Der schnellste Rennwagen der Welt mit vier Rädern, Thrust Supersonic Car, ist mit 1.228 km/h mehr als 100-mal so schnell wie ein Gepard. Allerdings würde diese wunderbar nutzlose Rennmaschine in einem Gepardenbiotop keinen Meter weit kommen. (Fotos: 4ever.eu; Coventry Transport Museum)

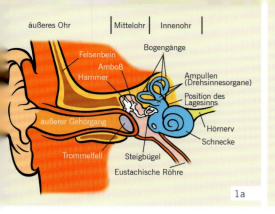
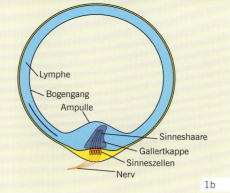
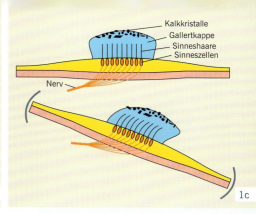

Zwei Gleichgewichtshalter, die mit Trägheit arbeiten: Die Bogengänge im Innenohr (1a,b,c) der Wirbeltiere und das Gyroskop (2; Produktfoto: gyroscope.com). (Grafik: Eberhard Frey)

genannte Klettverschluss. Aber auch manch eine epochale Erfindung entstand durch die Beobachtung von Organismen, wie zum Beispiel das Flugzeug.

Bionik und die Fortbewegung im Bodenlosen

Sich im Bodenlosen fortzubewegen heißt, seine Lage im dreidimensionalen Raum kontrollieren zu können. Dank des Bogengangsystems in unserem Innenohr können wir unsere Position im dreidimensionalen Raum kontrollieren. Die Bogengänge sind in drei Raumebenen angeordnet und mit einer Flüssigkeit gefüllt, die träge auf Drehbewegungen und Lageveränderungen reagiert. Drehen wir den Kopf oder ändern unsere Lage, bleibt diese Flüssigkeit zunächst stehen und regt dabei Sinneszellen in einer kleinen Aussackung im unteren Abschnitt jedes Bogenganges an. Diese Sinneszellen tragen Härchen, die geschützt von einem Gallerthäubchen in die Bogengangflüssigkeit hineinragen. Die Auslenkung der Sinneshärchen führt sofort über die Gleichgewichtsnerven zu Ausgleichsbewegungen des Skelettmuskelapparates. Zu jeder Sekunde und bei jeder Bewegung kontrolliert dieses Dreh- und Lagesinnesorgan unsere Position im Raum. Das Bogengangsystem sorgt dafür, dass wir Balance halten können, selbst wenn wir die Augen schließen und auf einem Bein stehen. Piloten von Flugzeugen und Kapitäne von Unterseebooten haben gelernt, sich auf ihre Bogengänge zu verlassen, doch mit fortschreitender Technologie wird es immer schwieriger, eine Maschine von Hand zu steuern, insbesondere, wenn ständig ihre Lage kontrolliert werden muss.

Heute bietet die Technik ein künstliches Bogengangsystem an: den Kreisel oder auch das Gyroskop, kurz Gyro genannt. Ein Gyro besteht aus drei drehbar gelagerten Ringen, die wie die Bogengänge senkrecht aufeinander stehen. Der innerste Ring ist ein Kreisel aus einem schweren Material, der sich schnell um seine eigene Achse dreht. Wird der Kreisel aus seiner Rotationsachse gedreht, versucht ihn seine Masse wieder in die ursprüngliche Lage zu drücken. Je nach Lagerung der äußeren Ringe, kann ein solcher Gyro zur Stabilisierung der Lage eines Objekts im Raum genutzt werden. Es gibt auch winzig kleine elektronische Gyroskope, die nach dem gleichen Prinzip arbeiten, und in fast jedem Mobiltelefon, jeder Digitalkamera, besonders aber in Modellhubschraubern zu finden sind. Bei Mobiltelefon und Digitalkamera sorgt das Gyro dafür, dass das Bild immer senkrecht steht, auch wenn das Gehäuse des Geräts gedreht wird.

Beim Modellhubschrauber steuert es den Antrieb so, dass ungewollte Kippbewegungen automatisch ausgeglichen werden. Der Modellpilot kann sich also auf das Steuern des Hubschraubers konzentrieren, zumal die eigenen Bogengänge zur Lagekontrolle ausfallen. Gyroskope simulieren also den physikalischen Effekt des biologischen Lagekontrollsystems von Wirbeltieren mit einer technisch einfach realisierbaren Konstruktion.

„Gyrochips" (3) sind heute in Modellhubschraubern eingebaut und erleichtern das Fliegen gewaltig. (Foto: Wikimedia)

Getragen vom Lotoseffekt: Purpurreiher (*Ardea purpurea*) auf einem Teppich aus Wasserhyazinthen (*Eichhornia* spec.). (Foto: Eberhard Frey)

Erkenntnisprozess: Der Weg von der Beobachtung zum Erfolg am Beispiel der Erfindung des Flugzeuges. Dieser Weg ist geprägt durch das analytische Reduzieren des Vorbildes auf ein Funktionsgefüge. Der Erfolg Lilienthals, Pénauds und der Gebrüder Wright ist der Abkehr vom Vorbild Vogel zu verdanken. (Fotos: Eberhard Frey, zeitgenössische Abbildungen und Grafiken)

Bionik und Erkenntniswege

LILIENTHAL hat mit Hilfe von systematischen Experimenten das Prinzip des Tragflügels entdeckt und nicht alleine durch die Beobachtung des Vogelfluges. Diesen Erkenntnisprozess hat Lilienthal sehr treffend formuliert: „Beim Herumraten und planlosen Probieren kommt für die Fliegekunst überhaupt nichts heraus. Der Übergang müsse vielmehr planvoll und schrittweise erfolgen." Betrachten wir unter diesem Aspekt die Bionik im Rahmen unserer menschlichen Erkenntnisgrenzen, die durch unsere Sinne bestimmt sind, so müssen wir eigentlich zu dem Schluss kommen, dass wir gar nicht anders können, als biologische Strukturen nach unseren eigenen Maßstäben zu bewerten. Natürliche Konstruktionen können also nicht von sich aus das Maß für menschliche Technik sein. Die Maßstäbe setzt der Mensch selbst. Aus diesem Grunde sind wohl alle bionischen Lösungen einem Abstraktionsprozess unterworfen, der an unserem eigenen Wahrnehmungssystem orientiert ist. Analoge Bionik kann es demnach also nicht geben, auch wenn ihre Ergebnisse uns so gefällig anmuten.

Bioniker greifen also nicht wahllos in die Werkzeugkiste der Natur und finden darin neue und wunderbare Dinge einfach nur durch Beobachten. Genau genommen existiert die Werkzeugkiste nur in unserem technisch überprägten Blickfeld, weil am Anfang der Suche immer eine Frage steht, die oft aus menschlicher Neugier entspringt: Wie passt eigentlich ein Blütenblatt in eine Knospe? Warum schwimmen Haie und manche Fische schneller als sie dürfen, und wie schaffen es Vögel, in der Luft zu bleiben? Wie schafft es eine Spinne, nicht über ihre acht Beine zu stolpern, und warum ist ihr Faden so stabil? Diese Neugier hat uns an die Natur herangeführt. Mit offenem Mund stehen wir da und staunen, was Organismen alles können und verstehen doch nur, was wir letztlich auch bauen können. Bionik ist die Kunst, mit begrenztem Wissen praktikable Lösungen zu finden und dabei einzelne Aspekte der Funktionsweise von Lebewesen besser zu verstehen.

Bei aller Begeisterung für die Bionik sollten wir nicht vergessen, dass Lebewesen mehr sind als eine Ansammlung funktioneller Einheiten. Mit der Funktionalisierung von Tieren und Pflanzen sollten wir umsichtig und respektvoll umgehen. Immer analytischer gehen wir an natürliche Subjekte heran, zerlegen sie, funktionalisieren sie, entfremden uns immer mehr von den Lebewesen selbst. Wir sollten wieder lernen, die Tiere und Pflanzen in unserer Umgebung zweckfrei zu beobachten und ihre Existenz zu genießen. Naturbeobachtung weckt Neugier, aber auch Respekt und eine bestimmte Form von Demut vor dem Lebendigen. Dieser Teil der Biologie droht uns sonst langsam, aber sicher verloren zu gehen.

RÜCKKEHR ZUM VORBILD

ABGLEICHEN MIT VORBILD

VERÖFFENTLICHEN

BEOBACHTEN

ANWENDEN AUF DAS VORBILD

FORTSCHRITT   3. Abstraktion

ERFOLG!

IDEE

1. Abstraktion

OPTIMIERUNG   UMSETZEN/ BAUEN

2. Abstraktion

EXPERIMENT

MESSEN/ ERFASSEN

ERKENNEN DES PRINZIPS

Rechte Seite: Zahreiche Pflanzen haben Samen mit Hakengrannen, die wie die sprichwörtliche Klette an Fell und Kleidern hängenbleiben, wie z. B. diese Patagonische Nelkenwurz (*Geum* spec.). Plagiate erfolgreicher Systeme gibt es also auch in der Natur. Sie heißen dort Konvergenzen. (Foto: Eberhard Frey)

Literatur

Allan, R. (Hrsg.) (2011): Das kugelsichere Federkleid: Wie die Natur uns Technologie lehrt. – 192 S.; Heidelberg & Berlin (Spektrum Akademischer Verlag).

Belzer, S. (2010): Die genialsten Erfindungen der Natur – Bionik für Kinder. – 351 S.; Frankfurt am Main (S. Fischer Verlag).

Blüchel, K.G. & Nachtigall, W. (2003): Das große Buch der Bionik: Neue Technologien nach dem Vorbild der Natur. – 400 S.; München (DVA Verlag).

Brehmer, L. (2007): Die Natur – ein Schrittmacher für die Luftfahrzeugentwicklung. – 324 S.; Halle (Projekte-Verlag).

Cerman, Z., Bartlott, W. & Nieder. J. (2005): Erfindungen der Natur: Bionik. Was wir von Pflanzen und Tieren lernen können. – 288 S; 2. Auflage; Reinbek & Berlin (rororo).

Kesel, A. B. (2005): Bionik. – 127 S.; Frankfurt am Main (S. Fischer Verlag).

Mattheck, C. (2010): Denkwerkzeuge nach der Natur. – 1. Auflage; 236 S.; Karlsruhe (Karlsruher Institut für Technologie Verlag).

Nachtigall, W. (2002): Bionik: Grundlagen und Beispiele für Ingenieure und Naturwissenschaftler. – 2. Auflage; 492 S.; Berlin (Springer-Verlag).

Nachtigall, W. (2010): Bionik als Wissenschaft. – 2. Auflage; 220 S.; Berlin (Springer-Verlag).

Speck, T. (2012): Bionik. Faszinierende Lösungen der Natur für die Technik der Zukunft. – 148 S.; Freiburg (Lavori Verlag).

Zeuch, M. (2006): Was ist was, Band 122: Bionik. – 48 S.; Nürnberg (Tessloff).

DVD

Bionik – Experimente für die Schule. Duden Schulbuch Verlag; 2010.

Vendel, A. & Nicholls, S. (2006): Bionik – das Genie der Natur.

Internet

www.biokon.net

www.bionische-innovationen.de

www.hs-bremen.de/internet/de/einrichtungen/fakultaeten/f5/abt2/bionik

www.bionik.tu-berlin.de

4.2 Der Traum vom Fliegen

Abrollung eines sumerischen Rollsiegels. Es zeigt König Etana auf einem Adler durch die Lüfte reiten. Das etwa 2.300 v. Chr. geschaffene Siegel ist das älteste bekannte Abbild eines fliegenden Menschen.
(Foto: The Morgan Library & Museum; Grafik: Eberhard Frey)

Die Anfänge des Menschenflugs

Das wohl älteste Dokument eines fliegenden Menschen ist ein etwa 2.300 Jahre altes Tonrelief. Es zeigt den Sumererkönig ETANA, der von Adlern in die Lüfte gehoben wird. Die minoischen Sagengestalten Daidalos und Ikarus dagegen bauten ihre Schwingen für die Flucht aus dem Labyrinth des Minotaurus selbst. Mit Wachs klebten die beiden Luftfahrer der Antike Vogelfedern zu Flügeln zusammen. Nach der Sage ging Ikarus, der Sohn des Daidalos, nach der gelungenen Flucht aus Kreta zu keck mit seinen Flügeln um. Ikarus stieg der Sonne entgegen, das Wachs schmolz und der Mann stürzte ab. Die meisten erfolgreichen Flieger der Sagenwelt waren entweder Geistliche, wie zum Beispiel der fliegende Pater KASPAR MOHR aus Bad Schussenried, der Anfang des 17. Jahrhunderts das Kirchendach des Ortes überflogen haben soll, oder hochrangige Persönlichkeiten wie König SALOMO (zehntes Jahrhundert vor Christus), der auf einem fliegenden Teppich reiste, welcher eine ganze Armee hätte tragen können. Die Flugpioniere des wirklichen Lebens jedoch brachen sich ihre Knochen in aller Öffentlichkeit oder stürzten gar zu Tode. Viele dieser Flugbegeisterten gaben Familie und Wohlstand auf, nur um ihrem Traum nachzujagen, durch die Lüfte zu schweben. Mancher wagemutige Pilot ging am Spott seiner Zeitgenossen zugrunde, die in dem ganzen Getue um das Fliegen keinen Sinn sahen.

Ballistische Flugkörper

Der neidvolle Blick auf den Flug der Vögel und die eigene Unfähigkeit, sich mit Muskelkraft vom Boden zu erheben, hat unseren Erfindergeist wohl mehr beschäftigt, als manch andere Art der Fortbewegung, die wir bei Tieren beobachteten. Der Flug der Vögel wurde zum Symbol der Freiheit und jeglicher Versuch, ihn mit unzulänglicher Technik nachzuahmen, wurde von der Schwerkraft unerbittlich bestraft. Dennoch begannen die Menschen erstaunlich früh in der Geschichte, Fluggeräte zu entwickeln, die definitiv keine natürlichen Vorbilder hatten, sondern Ergebnisse menschlicher Experimentierfreude gewesen sein müssen. Es handelt sich um ballistische Flugkörper und Flugkörper, die leichter sind als Luft, die Aerostate. Das Wort Ballistik, die Lehre von Geworfenem, leitet sich aus dem griechischen Verb βάλλειν bállein ab, was so viel bedeutet wie werfen. Ballistische Flugkörper sind grundsätzlich schwerer als Luft. Sie erhalten einen einzigen Antriebsimpuls und beschreiben danach eine Flugbahn, die im Bogen wieder zur Erde zurückführt. Ballistische Flugkörper fliegen umso höher und weiter, je stärker und länger der Antriebsimpuls wirkt.

» SPEERE, SCHLEUDERSPEERE UND PFEILBOGEN: BALLISTISCHE FLUGGERÄTE

Das Werfen von Steinen und anderen unbearbeiteten Gegenständen beherrschen schon unsere nächsten lebenden Verwandten, die Schimpansen (*Pan troglodytes*) und Bonobos (*Pan paniscus*). Schmutzgeier (*Neophron percnopterus*) und Mangusten (Herpestidae) knacken Eier mit Hilfe von geschleuderten Steinen und zahlreiche Nagetiere, wie die zu den Erdhörnchen gehörenden Präriehunde (*Cynomys*) oder Kängururatten (*Dipodomys*), bewerfen Angreifer mit Sand. Die Wahrscheinlichkeit, dass unsere Vorfahren unbearbeitete ballistische Flugkörper für alle möglichen Zwecke nutzten, dürfte also sehr hoch sein.

Ein Speer wird durch Arm und Körper des Werfers einmalig beschleunigt und fliegt dann, durch die Reibung der Luft immer langsamer werdend, auf einer bogenförmigen Bahn dem Boden entgegen – sofern er nicht unterwegs in einem Tier stecken bleibt. Die Flugweite eines Speers wird durch den Einsatz wurfarmverlängernder Speerschleudern drastisch vergrößert, weil die Beschleunigungsstrecke größer ist als beim Abwurf aus der Hand. Die ältesten, etwa 18.000 Jahre alten Speerschleudern wurden im Spanischen Parpalló entdeckt. Die australischen Ureinwohner benutzen ähnliche Speerschleudern noch heute. Pfeilbogen sind nichts anders als ballistische Katapulte bestehen aus einem elastischen Holzstab und einer Sehne. Die ältesten sicher identifizierbaren Pfeilspitzen sind zwischen 18.000 und 22.000 Jahre alt und wurden nahe dem Ort Parpalló in Spanien gefunden. Der älteste Bogenfund aber stammt aus einer Kiesgrube bei Mannheim-Vogelstang und hat ein Alter von etwa 14.700 Jahren.

Abbildung oben:
Der schwedische Speerwerfer Eric Lemming bei einem Wurf auf der Sommerolympiade 1908 in London.
(Quelle: Fourth Olympiad 1908 London Official Report; British Olympic Association 1909)

Die ältesten bekannten von Menschen bearbeiteten vollständig erhaltenen Fluggeräte sind 270.000 bis 300.000 Jahre alte Holzspeere aus Schöningen, Landkreis Helmstedt, und dem englischen Essex. Diese uralten Speere, die mit Steinwerkzeugen aus einem Fichtenstämmchen geschabt wurden, besitzen die Flugeigenschaften eines Damen-Olympiaspeers. Speere könnten aber schon vor 500.000 Jahren in Südafrika geflogen sein, sollte es sich bei den 1912 vom Team um JAYNE WILKINS gefundenen Steinwerkzeugen tatsächlich um Speerspitzen handeln.

Der älteste vollständige von Menschenhand geschaffene Flugkörper. Ausgräber Dr. H. Thieme (links) erklärt die Fundlage des Speers VI an der Fundstelle. Der Schöninger Speer ist zwischen 270.000 und 300.000 Jahre alt.
(Foto: P. Pfarr, Niedersächsisches Landesamt für Denkmalpflege, Wikimedia)

Etwa 1.400 vor Christus schossen die findigen Chinesen die ersten rückstoßgetriebenen Feststoffraketen ab. Das Wort „Rakete" entstammt dem italienischen Wort „rocchetta", was „Spindel" bedeutet. Als Treibstoff diente Schwarzpulver, das erste bekannte nichtmuskuläre Antriebssystem. Tintenfische und Quallen, die für die Fortbewegung ebenfalls das Rückstoßprinzip nutzen, dienten den chinesischen Raketenbauern sicherlich nicht als Vorbilder. Die chinesischen Raketen waren die technische Grundlage für die Entwicklung Personen tragender Mehrstufenraketen der Neuzeit und damit auch der modernen Raumfahrt.

Rechts: Ein chinesischer Soldat schießt eine Schwarzpulverrakete ab. Es ist belegt, dass die Chinesen bereits im 14. Jahrhundert v. Chr. mehrstufige Raketen entwickelt hatten. (Foto: NASA, Wikimedia)

Leichter als Luft: Die Aerostate

Die beiden Pariser Naturforscher und Papierfabrikanten JAQUES ETIENNE (1745 – 1799) und Joseph MICHEL MONTGOLFIER (1740 – 1810) entwickelten den ersten Aerostaten, der eine Person tragen konnte. Sie hatten beobachtet, wie Papierstückchen sich im Rauch des Kaminfeuers in die Luft erhoben. Auch eine Papiertüte, mit der die findigen Brüder Rauch einfingen, schwebte davon. Im Dezember 1782 erhob sich die erste unbemannte Montgolfiere – eine riesige, kugelförmige Papiertüte, in der Nähe des Heimatortes der beiden Brüder, Annonay, in die Lüfte. Die Gebrüder MONTGOLFIER glaubten fest daran, dass es das „Rauchgas" war, das ihren Aerostaten hob. Deshalb wurden die Feuer zum Befüllen der Montgolfieren mit feuchtem Stroh und Wolle ordentlich zum Qualmen gebracht. Am 21. November 1783 stieg die erste bemannte Montgolfiere mit dem Physiker JEAN-FRANÇOIS PILÂTRE DE ROZIER und dem Offizier FRANÇOIS D'ARLANDES an Bord bei Versailles in die Lüfte – mit der ausdrücklichen Genehmigung König LUDWIGS des XVI. Diese erste Ballonfahrt dauerte 25 Minuten.

Der Physiker JACQUES ALEXANDRE CÉSAR CHARLES (1746 – 1823) ging das Aerostatenproblem sehr viel analytischer an als die Gebrüder MONTOLFIER. CHARLES experimentierte mit Wasserstoff, einem Gas, das sehr

Der erste Mensch, der sich im Inneren einer Rakete durch die Luft bewegte, war der russische Kosmonaut Jury Alexejewitsch Gagarin (1943 – 1968). Am 12. April 1961 stieg er mit der russischen Trägerrakete Wostok I in den Himmel und umrundete in 106 Minuten einmal die Erde. Der größte je gebaute bemannte ballistische Flugkörper ist die mächtige Mondrakete Saturn V mit einer Höhe von 110,6 Metern, einem Maximaldurchmesser von 10,1 Metern und einem maximalen Startgewicht von 3.158 Tonnen. (Foto: Sergei Arssenev, Wikimedia)

viel leichter ist als Luft. Mit Wasserstoff befüllte Papier- oder Stoffbehälter erhoben sich genauso spielend in die Luft wie die Montgolfièren. Am 1. Dezember des Jahres 1783 schwebte die erste bemannte Charlière über dem Pariser Marsfeld. Zehn Tage nach dem erfolgreichen Aufstieg der ersten bemannten Montgolfière, legte die Charlière in zwei Stunden 36 Kilometer zurück und stieg dabei auf eine Höhe von sagenhaften 3.467 Metern.

A: Aufstieg einer Montgolfière am 19. Oktober 1783.
(Zeitgenössische Darstellung; Quelle: Wikimedia)

B: Jaques Etienne (1745 – 1799) und Joseph Michel Montgolfier (1740 – 1810), die Erfinder des Heißluftballons.
(Zeitgenössische Darstellung; Quelle: www.ballonfahrten.com)

C: Jacques Alexandre César Charles (1746 – 1823).
(Quelle: United States Library of Congress)

D: Aufstieg einer Charlière am 1. Dezember 1783. An Bord sind Alexandre César Charles und Marie-Noël Robert.
(Zeitgenössische Darstellung; Quelle: Wikimedia)

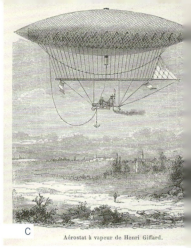

A: Die älteste Luftschiffidee aus dem Jahre 1670: Vier luftleere Eisenkugeln sollten ein Boot in die Lüfte erheben. (Zeitgenössische Darstellung, Wikimedia)

B: Henri Giffard (1825 – 1882), Erfinder des ersten Luftschiffes. (Radierung: Deveaux, Quelle: Musée de l'Air et de l'Espace, Wikimedia)

C: Das erste Luftschiff der Welt aus dem Jahre 1852: die Giffard I, ein Dampfschiff der Lüfte. (Quelle: Louis Figuier, Les aérostats, Jouvet & Cie, Paris, 1887, Wikimedia)

Während die Montgolfièren noch heute beliebte Sportgeräten sind, entwickelten Erfinder aus den technisch besser kontrollierbaren Charlièren die ersten Lenkballone, aus denen später die Luftschiffe hervorgingen. Bei einem Luftschiff wird der lenkbare Auftriebskörper von Motoren angetrieben. Die Idee, nach diesem Konstruktionsprinzip ein Luftschiff zu bauen, hatte der italienische Jesuitenpater FRANCESCO LANA TERZI (1631 – 1687) im Jahre 1670 zu Papier gebracht, also mehr als 100 Jahre vor dem Aufstieg des ersten Heißluftballons. Mit vier luftleer gepumpten Eisenkugeln wollte er ein Boot anheben. Das Konzept war allein wegen des enormen Gewichts der Eisenkugeln schon im Ansatz zum Scheitern verurteilt. Das Schiff wurde nie gebaut.

Das erste fahrtaugliche Luftschiff war die Giffard I. Am 24. September 1852 startete sie zu ihrer Jungfernfahrt. Sein Konstrukteur, der FRANZOSE HENRI GIFFARD (1825 – 1882) hatte den Lenkballon mit einer 3 PS (2,3 kW) starken Dampfmaschine ausgestattet, die nur 45 kg auf die Waage brachte. Mit einer Geschwindigkeit von 9 km/h schnaufte die Giffard I die 27 km von Paris nach Trappes und erreichte immerhin eine Höhe von 1.800 Metern.

» FAHREN ODER FLIEGEN?

Fluggeräte, die leichter als Luft sind, fliegen nicht, sie fahren. Der Zeppelin NT (NT steht für „Neue Technologie") aus der Friedrichshafener Zeppelinwerft ist die jüngste Entwicklung der Luftschifffahrt. Mit 75 Metern Länge ist der NT heute der weltweit größte Zeppelin. Weil er etwas schwerer als Luft ist, fliegt dieser Zeppelin durch die Luft und fährt nicht. (Quelle: Wikimedia)

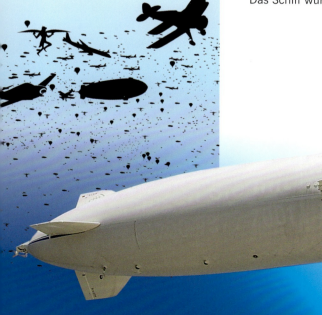

» „AEROSTATE" IN DER TIERWELT

Natürliche Äquivalente für Aerostate leben heute mit einer einzigen Ausnahme unter Wasser, jene ungezählten Meeresorganismen nämlich, die sich mit Hilfe von hydrostatischen Auftriebskörpern durch das Wasser bewegen. Nur zwei Landtiergruppen können mit bauschigen Spinnfäden aufsteigende Warmluft einfangen, um wie ein Aerostat vom Wind getrieben durch die Lüfte zu reisen: Spinnentiere (Webspinnen und Milben) und winzige Raupen von Schmetterlingen. Webspinnen haben ihre Fliegekunst zur Meisterschaft getrieben. An ihren Fadenflößen hängend steigen die Tiere auf Höhen von etwa 5.000 Metern auf und landeten auf Schiffen, die 1.600 Kilometer vom nächsten Festland entfernt waren. Eine Vorbildfunktion dieser winzigen Luftfahrer für die Pioniere der aerostatischen Luftfahrt ist auszuschließen.

Graf Ferdinand Adolf Heinrich August von Zeppelin (1838 – 1917) baute das größte Luftfahrzeug, das je von Menschenhand geschaffen wurde: das LZ 129 „Hindenburg". Der 36-eckige Rumpf des Himmelsgiganten hatte eine Länge von 246,7 Metern. Der Zeppelin war 44,7 Meter hoch, wenn er auf den Landerädern stand. Sein größter Durchmesser betrug 41,2 Meter, das Maximalgewicht 242 Tonnen.
(Quelle: U.S. Department of the Navy. Bureau of Aeronautics. Naval Aircraft Factory, Philadelphia, Pennsylvania)

Mit solchen großen, von Pferden gezogenen Drachen wurden einst Menschen in die Lüfte gehoben – eine lebensgefährliche Angelegenheit. Dieser hier ist unbemannt.
(Konrad Kyeser, Bellifortis, Clm 30150, Tafel 21, Blatt 91, um 1405; Quelle: www.foter.com)

Aeroplane: mechanische Vögel

Aeroplane sind schwerer als Luft und halten sich mit Hilfe eines aerodynamischen Auftriebs, der auf eine Platte oder eine Tragfläche wirkt, in der Schwebe. Die meisten flugfähigen Tiere gleiten oder fliegen auf ebenen oder gekrümmten horizontalen Flächen dahin. Bereits 600 Jahre nach Christus hatten die Chinesen riesige Drachen entwickelt, die einen Menschen tragen konnten (Buch von Sui, 636 n. Chr.). Gezogen wurden sie von Pferden.

Drachen sind vom Prinzip her nichts anderes als schräg von vorne angeströmte Platten. Gehalten von einer Schnur bildet sich auf der Unterseite der Platte ein Überdruck, auf ihrer Oberseite hingegen ein Unterdruck. Bis ins neunzehnte Jahrhundert hinein wurden bemannte Drachen für die Luftaufklärung eingesetzt. Das Flugprinzip eines Drachens hat in der Natur übrigens keine Entsprechung: angeleinte Flieger gibt es nicht.

LEONARDO DA VINCI (1492 – 1519; eigentlich LEONARDO DI SER PIERO) war der erste, der den Vogelflug nicht nur beobachtete, sondern auch den Flugapparat der Vögel untersuchte, mit dem Ziel, den Flug der Vögel nachzuahmen. DA VINCI baute Flugmaschinen und experimentierte damit. Er simulierte sogar den Faltmechanismus eines Vogelflügels. Das Auftriebsprinzip eines Tragflächenprofils erkannte DA VINCI allerdings nicht. Einige Nachbauten von DA VINCIS Flugmaschinen sind dennoch flugfähig. Auch der von dem schwedische Gelehrten EMANUEL VON SWEDENBORG (1688 – 1772) im Jahre 1716 entwickelte Schwingengleitflieger und der von dem Thüringer Gärtner und Privatgelehrten MELCHIOR BAUER (1733 – ?) 1765 in einer

Manlifter von Samuel Franklin Cody (1867 – 1913) (patentiert 1892).
(Historische Fotografie, Wikimedia)

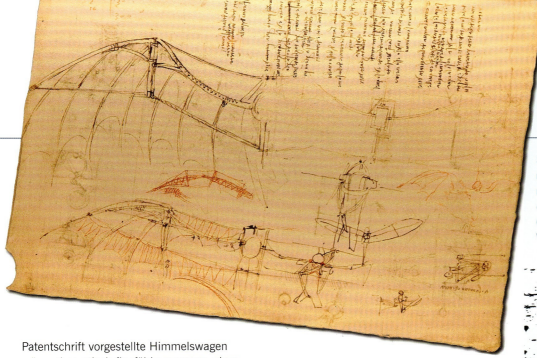

Studien über einen faltbaren Flügel nach dem Vorbild der Vögel von Leonardo da Vinci (aus dem Kodex über den Vogelflug.
(Foto: Luc Viatour; www.Lucnix.be, Wikimedia)

Patentschrift vorgestellte Himmelswagen wären theoretisch flugfähig gewesen, ohne dass ihre Erfinder auch nur die geringste Idee von Aerodynamik gehabt hätten. Die Flugapparate der beiden Flugpioniere sehen übrigens keinem bekannten Flugtier auch nur im Entferntesten ähnlich.

Das stoffbespannte Flügelpaar, welches sich der Ulmer Schneider und Mechaniker ALBRECHT LUDWIG BERBLINGER (1770 – 1829) zusammenbaute, ähnelte einem Paar Fledermausflügel, wobei jeder Flügel über einem Spannturm mit Seilen stabilisiert war. Wie die damalige Ulmer Tagespresse berichtete, führte BERBLINGER mit seinem Flügelpaar immer wieder Gleitflüge durch, ohne zu wissen, was ihn denn da trug. Im Jahre 1811 stürzte BERBLINGER bei der ersten Flugschau der Geschichte in die Donau. Dass die Flugmaschine BERBLINGERS erstaunlich Gleitflugleistungen hatte, wurde an einem Nachbau im Jahre 1986 bewiesen. Trotz modernster Technik ist es bis heute nur einmal knapp gelungen, die Donau von der Adlerbastei aus zu überqueren. Den Schneider von Ulm aber verspottete man mit dem Spruch „D´r Schneider von Ulm hot´s Fliaga probiert, dann hot en d´r Deifl en´d´ Donau ´neig´führt."

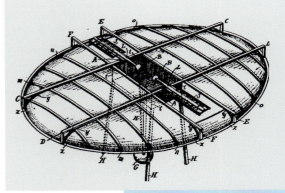

Das Flugprojekt von Emanuel von Swedenborg.
(Quelle: Württembergische Landesbibliothek: Swedenborg-Sammlung, Original: Stiftbibliothek Linköping, Wikimedia)

Der Himmelswagen von Melchior Bauer.
(Quelle: Flugzeughandschrift von Melchior Bauer, 1982)

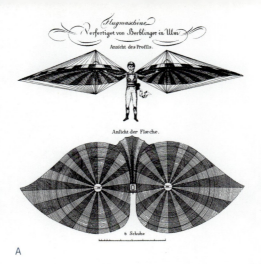

A

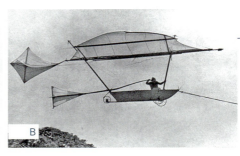

B

A: Die Flügel des Schneiders von Ulm.
(Foto: Johannes Hans, aus Berblingers Schrift)

B: Der Nachbau des von Sir George Cayley (1773 – 1857) im Jahre 1852 gebauten Flugapparats flog im Jahre 1973 erfolgreich. Der Apparat glich einem Drachen mit darunter hängenden Schiffchen.
(Quelle: Yorkshire Philosphical Society, historische Fotografie)

Links: Sir George Cayley (1773 – 1857): der erste erfolgreiche Segelflug mit einem Flugzeug?
(Historisches Portrait)

Rechts: Karl Wilhelm Otto Lilienthal (1848 – 1896).
(Foto: A. Regis, Original: Otto Lilienthal Museum)

Der Brite Sir GEORGE CAYLEY (1773 –1857) baute im Jahre 1852 das erste Segelflugzeug der Welt mit einem Rumpf für den Piloten. Unter einem plattenförmigen Flügel hing eine Art Boot. Das Gerät konnte mit einem Seitenruder gelenkt werden. Seit 1804 hatte CAYLEY mit Gleitern experimentiert. In manche setzte er Tiere, die er erfolgreich durch die Luft gleiten ließ. CAYLEY kam schließlich zu dem Schluss, dass umgeschnallte Flügel einen Menschen nicht tragen könnten, schon gar nicht, wenn sie auch noch geschlagen werden sollten. Der Flieger aus dem Jahr 1852 war ein Starrflügel und einem Vogel völlig unähnlich. Das Flugzeug soll tatsächlich geflogen sein, 130 m weit, mit einem verdutzten Kutscher an Bord. Einen Beweis gab es dafür erst einmal nicht. CAYLEYS Maschine wurde 1973 nachgebaut. Sie hob im Autoschlepp ab und ließ sich sogar mit dem einfachen Seitensteuer einigermaßen lenken. War also GEORGE CAYLEY der erste erfolgreiche Segelflieger? Vieles spricht dafür! Seine Experimente haben jedenfalls weiteren Flugpionieren richtungsweisende Hinweise geliefert.

KARL WILHELM OTTO LILIENTHAL

Der Berliner Maschinenbauer KARL WILHELM OTTO LILIENTHAL (1848 – 1896) war der erste Mensch, der seinen Traum „… frei wie der Vogel über lachende Gefilde, schattige Wälder und spiegelnde Seen dahinzugleiten …" systematisch in die Tat umsetzte. LILIENTHALS großes Vorbild war der Weißstorch (*Ciconia ciconia*). LILIENTHAL verfügte über ein außergewöhnliches technisches Verständnis, einen analytischen Verstand, sehr viel Geduld und eine ausgezeichnet ausgestattete Werkstatt. Darüber hinaus war er körperlich fit.

Abstraktionsschritt 1: Weg mit dem Flügelschlag

Das Auffälligste am Flug der Vögel ist der Flügelschlag. Was liegt also näher als die Annahme, dass das Schlagen der Flügel einen Vogel in der Luft hält. LILIENTHAL baute Flügelschlagapparate, um diese Annahme zu überprüfen. Ähnlich wie der gebürtige Schweizer JACOB DEGEN (1760 – 1848), dessen Flugapparat bereits BERBLINGER inspirierte, versuchte LILIENTHAL, dabei auch die Wirkung der Federn mit Hilfe eines Klappenmechanismus zu simulieren. Mit dem Apparat konnte LILIENTHAL etwa die Hälfte seines Körpergewichtes tragen, und das nur für kurze Zeit und mit gewaltigem Kraftaufwand. Otto Lilienthal gab die Schlagflügleridee auf und konzentrierte sich auf die starre Tragfläche: „Die Nachahmung des Segelflugs muss auch dem Menschen möglich sein, da er nur ein geschicktes Steuern erfordert, wozu die Kraft des Menschen völlig ausreicht." Der erste Abstraktionsschritt war vollzogen.

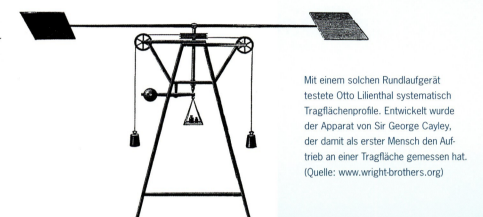

Mit einem solchen Rundlaufgerät testete Otto Lilienthal systematisch Tragflächenprofile. Entwickelt wurde der Apparat von Sir George Cayley, der damit als erster Mensch den Auftrieb an einer Tragfläche gemessen hat. (Quelle: www.wright-brothers.org)

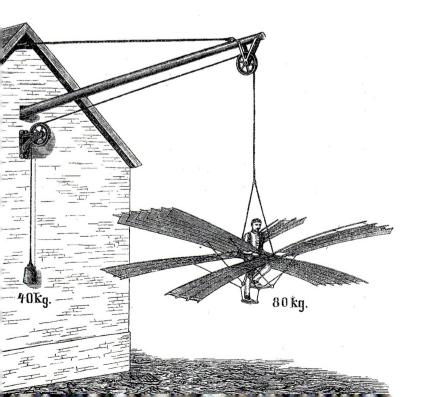

Lilienthals Flügelschlagapparat, der Anfang von der Abkehr vom Schlagflügler. (Quelle: Der Vogelflug als Grundlage der Fliegekunst, 1889, S. 43)

Lilienthals Abkehr vom Vogelflügel war von Erfolg gekrönt. Sein erstes Flügelpaar hatte Längsrippen aus Weidenholz, die Folgemodelle sahen einem Fledermausflügel verblüffend ähnlich. (Zeitgenössische Fotografie, Wikimedia)

Die tragende Fläche

Der Gedanke, dass eine gekrümmte Fläche Auftrieb erzeugt, kam LILIENTHAL nicht etwa beim Studium des Vogelflügels, sondern beim Betrachten von Laken im Wind. Festgeklammert an der Wäscheleine bildeten sie bei starkem Wind eine nach oben gekrümmte Fläche. Ab einem bestimmten Anströmwinkel begannen die Laken an der Leine zu schweben. LILIENTHAL baute also gekrümmte Flächen aus Holz und befestigte sie auf einer drehbaren Waage. Systematisch veränderte er Krümmungsgrad und Anstellwinkel der Platten und maß dabei die Auftriebswerte, bis er eine Form mit einem Auftriebsoptimum ermittelt hatte: das Tragflächenprofil mit einer gerundeten Anströmkante und einer scharfen Abrisskante. Die Oberfläche eines Tragflügels ist stärker gekrümmt als seine Unterfläche. Die Luft muss entlang der Flügeloberfläche also schneller strömen als entlang der Unterfläche. Dabei entsteht über der Flügeloberseite ein Unterdruck, der den Flügel trägt.

Um ein Tragflächenprofil hinreichend stabil bauen zu können, musste sich Lilienthal erneut vom Vorbild Vogel lösen: Die Federn wurden durch eine geschlossene Stofffläche ersetzt, die er über ein Weidenholzgerüst spannte. Der Apparat sah schließlich einem Fledermausflügel ähnlicher als einem Vogelflügel, aber LILIENTHAL führte mit diesen Tragflügelkonstruktionen um 1880 bei Drewitz die ersten erfolgreichen Gleitflüge durch.

LILIENTHALS Flügel trugen ihn anfangs etwa 25 Meter weit. Seine ersten Flugversuche hätten also im Rumpf eines Airbus A 380 problemlos stattfinden können. Trotz der Fledermausform seiner Flügel ziert eine Gruppe kreisender Störche das Frontispiz von Lilienthals im Jahre 1880 erschienenen Werk „Der Vogelflug als Grundlage der Fliegekunst". Mit diesem Buch wurde der Grundstein der modernen Aerodynamik gelegt.

Um seinen Traum vom Fliegen zu verwirklichen, führte OTTO LILIENTHAL vermutlich unbewußt einen Paradigmenwechsel durch. Er erkannte durch systematisches Experimentieren, welche Komponenten eines

Die meisten Flugapparate Lilienthals erinnern sehr an Fledermausflügel (A; historische Fotografie; Quelle: www.pictokon.net); zum Vergleich ein Flughund der Gattung *Rousettus* (B; Foto: Oren Peles via the PikiWiki – Israel free image collection project, Wikimedia).

Vogelflügels für den Bau eines Menschen tragenden Flugapparates zielführend sind. Diese Reduktion auf das Baubare führte letztendlich zum Erfolg. Die Fledermaus, deren Flügelkonstruktion derjenigen der meisten Lilienthal'schen Flugapparate frappierend ähneln, wird mit keinem Wort erwähnt.

» VOGELFLUG & FLIEGEKUNST

Für Lilienthal bleibt es der Vogelflug, der die Grundlage für seine Fliegekunst bildet. Er erkannte unglaubliche Details der Vogelflugmechanik, wie z. B. die Tragflächenverwindung bei Auf- und Ab-Schlag oder die Gesamtkinematik des Vogelflügels. Lilienthal hat aus der Beobachtung fliegender Vögel vermutlich dennoch weniger gelernt als man glauben mag. Es waren die Experimente, die den Durchbruch brachten. Lilienthal hatte ein physikalisches Modell für den Vogelflug experimentell entwickelt und mit dessen Hilfe das Prinzip des Vogelfluges verstanden. Seine Lieblingstiere, die Störche, mussten dafür auf ein Holzgerüst mit Leinentuch reduziert werden. Ein Beleg hierfür ist die

folgende Aussage, die Lilienthal beim Verein zur Förderung der Luftschifffahrt machte: „Es gibt nichts Verkehrteres, als auf Grund theoretischer Arbeiten sogleich eine Flugmaschine fix und fertig bauen zu wollen. Beim Herumraten und planlosen Probieren kommt für die Fliegekunst überhaupt nichts heraus. Der Übergang muss vielmehr planvoll und schrittweise erfolgen." Ein wahres Wort!

Frontispiz und Titelblatt des Buches von Otto Lilienthal: „Der Vogelflug als Grundlage der Fliegekunst – Ein Beitrag zur Systematik der Flugtechnik". Das Bild hat er selbst gezeichnet. (Quelle: Otto Lilienthal Museum)

Die Planophore von Alphonse Pénaud; das Modell hatte eine Spannweite von 45 Zentimetern, wog 16 Gramm und flog über 60 Meter weit.
(Zeichnung: Alphonse Pénaud, Wikimedia)

Starten aus eigener Kraft: der Motorflug

Die LILIENTHAL-Gleiter konnten zwar ausgezeichnet dahingleiten und ließen sich auch gut steuern. Sie konnten aber weder aus eigener Kraft abheben noch aufsteigen. Manche, wie LILIENTHALS Bruder GUSTAV, versuchten das Antriebsproblem mit dem Schlagflügler- oder Ornithopterkonzept in den Griff zu bekommen. Die Mechanik für die Bewegung hinreichend großer Schwingen versagte immer wieder, und die Antriebe waren zu schwer. Auch die zum Flügelschlagantrieb notwendige Verwindung der Flügelspitzen gegen die Flügelbasen war mit den damaligen Materialien kaum realisierbar. Es war schließlich ein Gummimotorspielzeugfliegerchen, das dem Motorflug zum Durchbruch verhalf, die Planophore von ALPHONSE PÉNAUD (1850 – 1880).

Die beiden Brüder ORVILLE (1871 – 1948) und WILBUR (1867 – 1912) WRIGHT hatten alles, was sie für den Bau eines Motorfliegers brauchten: die LILIENTHAL´schen Doppeldecker, deren Aerodynamik und den PÉNAUD´schen Propeller. Die Doppeldeckerkonstruktion bot genügend Tragfläche, um ORVILLE und einen kleinen Motor zu tragen, der über Transmissionsketten zwei hölzerne Luftschrauben antrieb. Der Flyer hatte eine

» ALPHONSE PÉNAUD: EIN GENIALER MODELLBAUER

Alphonse Pénaud
(Zeitgenössisches Portrait, Wikimedia)

Im Jahre 1871 stellte ALPHONSE PÉNAUD (1850 – 1880) ein kleines Flugmodell vor, die Planophore. An einem simplen Vierkantrumpfstab waren ein Flügelpaar und ein Höhenleitwerk befestigt. Der Pfiff aber befand sich am Heck des Miniflugzeugs: ein Propeller. Als Antrieb benutzte PÉNAUD einen Gummiring, der auf der Unterseite des Rumpfstabes eingehängt war. Der Propeller selbst bestand aus einem Stäbchen, an dessen Enden jeweils ein schräg gestelltes rundes Plättchen befestigt war. Die Propellerachse saß in der Mitte des Stäbchens und trug den Haken für das Gummiband. Und die Planophore flog mit rasendem Propeller über 60 Meter weit, bis das Gummiband erschlafft war. PÉNAUD hatte begriffen, dass Antrieb und Auftrieb voneinander getrennt werden müssen. Damit war das Flügelschlagantriebsproblem aus der Welt – eine weitere Abkehr vom Vogelflug, dank des Erfindergeistes des Menschen.

Spannweite von 12,3 Metern, wog 274 kg und wurde von einem 12 PS (8,9 kW) Vierzylindermotorchen angetrieben. Am 12. Dezember 1903 hob der Flyer I am Strand von Kitty Hawk von seiner Startschiene ab. Die Maschine flog mit ORVILLE an Bord 37 Meter weit bei einer Geschwindigkeit von 10,9 Kilometern pro Stunde dicht über den Boden dahin. Auch dieser Flug, der nur 12 Sekunden dauerte, hätte wie derjenige von OTTO LILIENTHAL im Rumpf eines Airbus A 380 stattfinden können.

Es gibt zahlreiche Hinweise, dass das Motorflugzeug bereits vor den Gebrüdern WRIGHT erfunden wurde, doch wurden die Flüge nicht korrekt dokumentiert. Oft wurden die Maschinen von begeisterten Laien gebaut, die ihre eigenen Vorstellungen von der Aerodynamik hatten. Bereits im Jahre 1884 flog Erzählungen nach der Eindecker des Russen ALEXANDER MOZHAYSKY (1825 – 1890) nahe der Stadt Krasnoye Selo in geringer Höhe 20 bis 30 Meter weit über den Boden. 1890 schaffte der Franzose CLÉMENT ADER (1841–1925) mit seiner fliegenden Dampfmaschine „Eole" etwa 50 Meter, allerdings ohne glaubwürdige Zeugen. ADERS „Avion III" war definitiv flugunfähig, obwohl ADER Flüge bis 300 Metern Länge beteuerte. ADERS Vorbild für seine Maschinen waren Fledermäuse und nicht die Vögel – ein Unikum seiner Zeit. Der Flugapparat von Sir HIRAM STEVENS MAXIM (1840 – 1916) war gigantisch. 32 Meter spannten die Flügel des 3,2 Tonnen schweren Apparates, der von zwei leichten Dampfmaschinen mit einer Leistung von 180 PS (134 kW) angetrieben wurde.

Die Wright-Brüder erfanden die Dreiachssteuerung: Kippen, Gieren und Rollen waren unter Kontrolle.
(Quelle: Wikimedia)

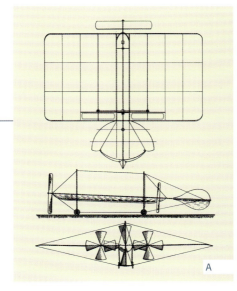

A: Die Patentzeichnung des Flugzeugs von Alexander Mozhaysky.
(Quelle: Aviation in Russia, Moskau: Machinostroyeniye, 1983)

B: Nachbau des flugunfähigen Avion III von Clement Ader im Museé des arts et métiers von Paris.
(Foto: Chosovi 2004, Wikimedia)

Das 3,2 Tonnen schwere fliegende Monstrum des britischen Erfinders Hiram Stevens Maxim kurz vor dem Start zum ersten und letzten Flug.
(Zeitgenössische Fotografie; Quelle: flyingmachines.org)

Der Flyer I bei seinem Erstflug mit Orville Wright als Pilot.
(Quelle: United States Library of Congress)

A: Der Nachbau von Percy Sinlcair Pilchers (1866 – 1899) Dreidecker flog erfolgreich.
(Quelle: The Shuttleworth Collection 2008, Album 118; Foto: Ricardo Richard)

B: Gustav Weißkopfs (1874 – 1927) Flug wurde lange angezweifelt, aber der Nachbau seiner Maschine Nr. 21 flog, allerdings mit einem stärkeren Motor. Das hier abgebildete Modell stammt vom Verein der Flughistorischen Forschungsgemeinschaft Gustav Weißkopf, die den Nachweis geführt hat, dass Nr. 21 tatsächlich geflogen ist.
(Foto: Volker Griener)

Am Nachmittag des 31. Juli 1894 wurden nach mehreren erfolgreichen Rollversuchen auf einer Rampe die Kessel unter Volldampf gesetzt. Bei 68 km/h produzierte das Ungetüm so viel Auftrieb, dass es sich aus einer seiner Führungsschienen riss und 61 Meter weit flach über den Boden dahinjagte. Bei der Landung ging die Maschine zu Bruch und Maxim gab verbittert auf. PERCY SINCLAIR PILCHER (1866 – 1899), ein Arbeitskollege von MAXIM, baute 1899 den Prototypen eines Motorfliegers. Vor dem Jungfernflug stürzte der Mann tödlich mit einem Gleiter ab. Der Nachbau seines 4 PS (3kW) starken Dreideckers aber flog erfolgreich.

Eine besonders tragische Figur beim Wettlauf um den ersten Motorflug war der gebürtige Bayer GUSTAV WEISSKOPF (1874 – 1927). Der Mechaniker wanderte in die USA aus, wo er sich GUSTAVE WHITEHEAD nannte und sich mit Segelflugzeugen befasste. In Pittsburgh freundete er sich mit dem Tüftler LOUIS DARVARICH an, der WEISSKOPF beim Bau eines stoffbespannten Eindeckers half. Dieses Flugzeug soll tatsächlich geflogen sein mit DARVARICH als einzigem Augenzeugen. DARVARICH bezeugte unter Eid am 19. Juli 1934 ein historisches Ereignis, das jedoch nie fotografiert wurde:

„Es war entweder im April oder im Mai 1899, als ich zugegen war und mit Mr. WHITEHEAD flog, dem es gelang, seine von einem Dampfmotor angetriebene Maschine vom Boden abzuheben. Der Flug in etwa 8 m Höhe erstreckte sich etwa über eine Meile. Er fand in Pittsburgh statt und zwar mit Mr. Whiteheads Eindecker. Dabei gelang es uns nicht, ein dreistöckiges Gebäude zu umfliegen, und als die Maschine abstürzte, trug ich von dem Dampf schwere Verbrennungen davon, denn ich hatte den Kessel beheizt. Deswegen musste ich einige Wochen im Krankenhaus verbringen. Ich erinnere mich genau an den Flug. Mr. Whitehead war unverletzt, denn er hatte im Vorderteil der Maschine gesessen und sie von dort gelenkt."

Stimmt diese Aussage, so wäre Weißkopf der erste Motorflieger der Welt gewesen. Zwei Nachbauten belegten, dass seine Maschine flugfähig war, doch der Motor, der nach den Angaben WEISSKOPFS nachgebaut wurde, funktionierte nicht. Die Flüge gelangen nur mit stärkeren Motoren. Erst kürzlich brachte der Verein der Flughistorischen Forschungsgemeinschaft GUSTAV WEISSKOPF, Leutershausen, Beweise bei, dass WEISSKOPF tatsächlich vor den WRIGHTS geflogen ist.

Motorisierte Flugzeuge geben uns heute fast die fliegerische Freiheit eines Vogels. Doch mit der Freiheit, sich durch die Luft bewegen zu können, sind nahezu alle Vogelmerkmale der Flugmaschinen verschwunden. Vögel sind heute kaum mehr ein Maßstab für die meisten Flugzeugkonstrukteure. Es gibt aber noch immer Menschen, die dem Traum vom Fliegen aus eigener Kraft nachhängen. Mit Feuereifer und neuen Materialien arbeiten sie daran, es den Vögeln gleichzutun.

Ornithopter: den Vögeln auf die Flügel geschaut

Die Technik des Schlagfluges hat aufgeholt, doch menschtragende Geräte stoßen an Grenzen. Technische Schlagflügler, auch Ornithopter (Vogelflügler) genannt, gibt es heute zahlreich als Modelle zu kaufen. Die meisten Ornithoptermodelle haben starre Flügel, die aus einem Holm in der Flügelnase bestehen. An diesem Holm ist eine Membran befestigt, in die bei den aufwendigen Apparaten Stützstäbe eingearbeitet sind. Die Membran selbst hat von sich aus kein Tragflächenprofil. Das stellt sich beim Schlagen der Flügel automatisch ein. Weil aber die Membran an den oberen und unteren Umschlagpunkten keinen Auftrieb liefert, sackt der Ornithopter jeweils kurzfristig ab. Deshalb rütteln Modellornithopter während des Fluges heftig. Den glatten Flug schaffen nur Ornithopter mit Tragflächenprofil, wie sie von dem Tübinger Verhaltensphysiologen ERICH WALTER VON HOLST (1908 – 1962) und dem Nürnberger Modellbauer HORST RÄBIGER hergestellt wurden. Ein besonders eleganter Ornithopter wurde im Jahre 2011 von der Esslinger Maschinenbaufirma FESTO präsentiert. Dieser künstliche Vogel ist bislang die beste Simulation des Flügelschlagantriebs und optisch von einem echten Vogel kaum zu unterscheiden. Selbst die Schwanzsteuerung funktioniert, nicht aber die Steuerung durch die Flügel. Der Antrieb mit Flügelschlag ist also möglich,

Zwei ungleiche Störche: A: Weißstorch (*Ciconia ciconia*) (Foto: Manfred Heyde, Wikimedia), B: Fieseler Fi 126 „Storch", gebaut von 1936 bis 1949. (Foto: H. Raab, Wikimedia)

Erich von Holst arbeitete am anatomischen Institut in Tübingen. Unter der Mitarbeit des Tübingers Karl Herzog fertigte er ultraleichte Ornithoptermodelle, welche die Schlagmechanik des Vogelflügels anatomisch nahezu perfekt simuliert haben, hier sein Modell „Steinadler".
(Quelle: www.ornithopter.de)

Die Technik des Schlagfluges hat aufgeholt, doch menschtragende Geräte stoßen immer noch an ihre Grenzen: UTIAS Ortnithopter 1 (A) von James D. DeLaurier und Jeremy M. Harris (Kanada 1994; Foto: Isaac Mao, Wikkimedia) und der Snowbird (B) (HPO Project Snowbird von Todd Reichert). Beide Projekte sind an der Universität Toronto angesiedelt.
(Quelle: www.aerovelo.com)

wenn auch nicht mit der Feinaussteuerungsleistung eines Vogels. Eines der frühesten flugfähigen Ornithoptermodelle mit Tragflächenprofil stammt übrigens von dem Franzosen ALPHONSE PÉNAULD, dem Erfinder der Planophore. Bereits 1871 baute er ein voll funktionsfähiges Schlagflüglermodell mit Gummimotor.

Es gibt auch zwei menschtragende Ornithopter, beide vom University of Toronto Institute for Aerospace Studies (UTIAS). Weltrekordhalter im bemannten Ornitopterflug ist der UTIAS Ornithopter I. Am 8. Juli 2006 legte er in 14 Sekunden eine Strecke von 300 Metern zurück und erreichte dabei eine Geschwindigkeit von 82 km/h. Angetrieben wurde die Maschine von einem 24 PS (18 kW) starken König SC-430-Motor, der das Gewicht von 322 kg mühsam in die Luft wuchtete. Am Ende des Fluges schmierte die Maschine ab und landete auf der Nase.

Der zweite erfolgreiche Ornithopter kommt in der Tat dem menschlichen Anspruch, zu fliegen wie ein Vogel, am nächsten: der UTIAS Snowbird. Er ist der erste Ornithopter, der sich mit der Muskelkraft eines Menschen vom Boden erhob, 107 Jahre nach dem ersten erfolgreichen Motorflug. Am 2. August 2010 schaffte das elegante Leichtgewicht mit seinen langen, schlanken Flügeln in 19,3 Sekunden 145 Meter und erreichte dabei eine Geschwindigkeit von 25,6 km/h. Zum Start musste das Flugzeug allerdings angeschleppt werden. Jeder Flügelschlag benötigte eine Leistung, die dem Heben von etwa 320 bis 350 Kilogramm entsprach! Trotz ausgeklügelter Transmissionstechnik war der Pilot nach maximal zwanzig Flügelschlägen am Ende seiner Kräfte.

Sowohl der Ornithopter I als auch der Snowbird konnten außer Start und Landung kein einziges Flugmanöver ausführen. Bei fast allen Flügen versagten mechanische Antriebselemente. Wir sind also nach wie vor meilenweit davon entfernt, aus eigener Kraft wie ein Vogel fliegen zu können. Ist es aber grundsätzlich möglich, einen künstlichen Vogel zu bauen, der genauso fliegen kann wie ein echter? Heute muss die Antwort „nein" lauten, denn an den Federn und deren Steuermechanik scheitern wir – noch. Wir werden aber auf alle Fälle scheitern,

» ROLF SCHÖNINGER: DAS FLUCHTFLÜGELKONZEPT

Wie viele seiner Vorläufer hat ROLF SCHÖNINGER aus Straubenhardt im Schwarzwald Funktionen, Bewegungsabläufe und die Aerodynamik des Vogelflügels studiert. Seine Erkenntnisse hat er dazu benutzt, einen Vogelflügelnachbau zu entwickeln, und zwar mit der Arbeitsteilung zwischen Arm- und Handflügel. Er baute ein Schwingenpaar, das es ihm ermöglichte, mit dem menschlichen Arm im Handflügelbereich Auf- und Abschlagsbewegungen auszuführen und dabei den Handflügelteil gegen den Armflügelteil zu verdrehen, ähnlich wie es die Vögel tun. Im Windkanal trug sich der Schöningerflügel bereits bei niedrigen Windgeschwindigkeiten selbst. SCHÖNINGERS Plan ist es, mit seinem Flügelpaar so viel Vortrieb zu erzeugen, dass er mit Muskelkraft einen Wagen in Bewegung setzen kann. Manche Vögel, wie z. B. Hühner, benutzen ihre Flügel, um ihre Fluchtgeschwindigkeit zu erhöhen. So kam SCHÖNINGER auf die Idee, einen Fluchtflügel zu bauen.

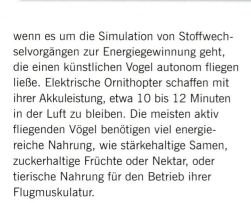

Rolf Schöninger und sein Fluchtflügel.
(Foto: Volker Griener)

wenn es um die Simulation von Stoffwechselvorgängen zur Energiegewinnung geht, die einen künstlichen Vogel autonom fliegen ließe. Elektrische Ornithopter schaffen mit ihrer Akkuleistung, etwa 10 bis 12 Minuten in der Luft zu bleiben. Die meisten aktiv fliegenden Vögel benötigen viel energiereiche Nahrung, wie stärkehaltige Samen, zuckerhaltige Früchte oder Nektar, oder tierische Nahrung für den Betrieb ihrer Flugmuskulatur.

Vögel sind ausgezeichnete Flieger, unerreicht in ihrer strukturellen Vielfalt. Sie sind für bestimmte Flugleistungen optimiert, aber den optimalen Vogel kann es nicht geben, denn das wäre das Ende der Evolution. Technische Fluggeräte können dagegen für bestimmte Einsatzbereiche optimal gebaut werde, doch ist genau genommen der technische Fortschritt ebenfalls einem Evolutionsprozess unterworfen, den jedoch der findige Mensch steuert. Die technisch beste Näherung an die flugtechnischen Leistungen eines aktiv fliegenden Vogels ist der Helikopter. Für ihn gibt es kein natürliches Vorbild. Nur tierische Flieger, die ihre Flügel mit sehr hoher Frequenz schlagen können, wie Kolibris und viele Insekten, können Auftrieb ähnlich einem Helikopter erzeugen.

Rasende Rotoren am Himmel: die Hubschrauber

Die Geschichte der Dreh- oder Kreisflügler begann etwa 400 Jahre v. Chr. in China. Aus einem Bambusstab und Vogelfedern bauten die Chinesen ein bemerkenswertes Spielzeug zusammen. Die Federn wurden radial um ein Ende des Bambusstabes mit einem kleinen Anstellwinkel angeordnet. Mit beiden Händen wurde der Stab angedreht und losgelassen. Mit Schwung flog das Gerät dann ein paar Meter senkrecht in die Höhe. Der erste Schritt zum Vertikalflug war getan. Als Inspiration für die Fluggeräte dienten vermutlich Ahornsamen, die durch rasche Rotation um die Samenkapsel ihren Fall bremsen. Ein ähnliches Federspiel entwickelten der französische Naturforscher Christian de Launoy und sein Mechaniker Bienvenue im Jahre 1784. Deren Federschrauber besaß an beiden Enden des Stabes ein Federkreuz aus Truthahnfedern und wurde von einer Art Drillbogenseilmotor angetrieben. 1872 baute Alphonse Pénaud, der schon die Planophore erfunden hatte, ein ähnliches Hubschrauberchen, das von einem Gummimotor angetrieben wurde.

Zwischen 1486 und 1490 experimentierte Leonardo da Vinci mit spiraligen Luftschrauben. Er verzichtete also auf Federn und baute aus Holz und Papier. Durch die Rotation wurde der freie Fall der Spirale drastisch gebremst, aber aufsteigen konnten die kleinen Modelle im Gegensatz zu den chinesischen Federfliegern nicht. Da Vinci nannte seine archimedische Luftschraube übrigens „helicopteron" oder Schraubenflügler.

Einem Hubschrauber wesentlich ähnlicher war das Modell des russischen Wissenschaftlers Mikhail Vasilevich Lomonossov (1711–1765). Im Juni 1784, also noch vor den Launoy´-schen Federflüglern, präsentierte Lomonossov der Russischen Akademie der Wissenschaften die ersten mechanischen Hubschrauber der Welt. Ein Federmechanismus trieb zwei gegenläufige Metallrotoren an. Die Antriebswelle des oberen Rotors drehte sich in der Welle des unteren. Es handelte sich also um einen Koaxialhubschrauber. Knapp zehn Gramm konnte das kaffeemühlenartige Maschinchen tragen und hob daher nur mit Hilfe eines Gegengewichts ab. Bei einem Vormodell standen die Rotoren nebeneinander, und der Apparat war in einen Testrahmen mit Gegengewichten eingebaut.

Der Helicopteron von Leonardo da Vinci: gebremster Fall mit archimedischer Schraube.
(Foto: Volker Griener)

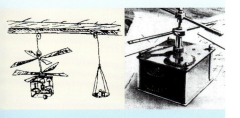

Mikhail Vasilevich Lomonossovs (1711 – 1765) Uhrwerkhubschrauber stieg nur mit Hilfsgewichten.
(Zeitgenössische Darstellung; Quelle: www.aviation.ru)

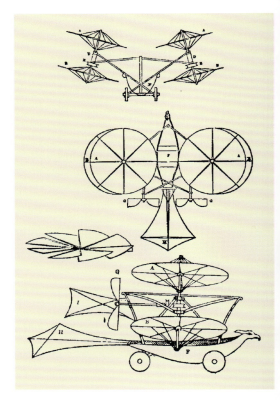

Rechts: Sir George Cayley (1773 – 1857) entwickelte einen Auslegerhubschrauber, der allerdings nie geflogen ist.
(Quelle: www.aviastar.org/helicopters_eng/cayley.php)

Der Brite Sir George Cayley (1773 – 1857), der sich – wie auch Da Vinci – bereits um den Gleitflug verdient gemacht hatte, beschäftigte sich auch mit Kreisflüglern. Seine Modelle hatten auf beiden Seiten des bootsförmigen Rumpfes jeweils zwei gegenläufige Rotoren. 1843 präsentierte er einen Entwurf mit einem Paar gegenläufiger Koaxialrotoren. Die Maschine ist nie geflogen, wohl aber ein kleine Vorstudie davon, die mit Federwerk oder Seilzug angetrieben wurde. Bereits 1809 hatte er seinen Miniaturhubschrauber dem staunenden Publikum vorgestellt.

Der erste Eigenstart eines uhrwerkgetriebenen Modellhubschraubers fand 1817 auf dem Prater in Wien statt. Es war eine Konstruktion des Schweizer Uhrmachers und Flugbegeisterten Jakob Degen (1760 – 1848). Das metallene Modell bestand aus einem Koaxialdoppelrotor mit stoffbespannten Blättern. Die Maschine erinnert von der Konstruktion her stark an die chinesischen Federflügler. In der Spitze des Gerätes war ein Fallschirm eingebaut. War das Uhrwerk abgelaufen, schwebte das Gerät an diesem Fallschirm zu Boden. Die Flughöhe wurde mit 160 Metern angegeben, was jedoch sehr zweifelhaft ist. Ein Modell der Maschine ist im Hubschraubermuseum Bückeburg zu bewundern.

Mit der Erfindung der Dampfmaschine begann ein neues Zeitalter der Hubschraubertechnik. Aber auch Elektromotoren und später auch Benzinmotoren verleihen menschtragendenden Hubschraubern die nötige Kraft. Sogar Schießbaumwolle-Motoren wurden getestet. Es gibt wohl kein von Menschen geschaffenes Fluggerät, dessen Erfolg so sehr an die sinnvolle Kombination einzelner Erfindungen geknüpft war, wie der Hubschrauber. Entsprechend abenteuerlich war der Weg zum ersten bemannten Helikopterflug.

Es war irgendwann zwischen dem 14. August und dem 29. September des Jahres 1907. Die Bewohner des französischen Ortes Douai vernahmen das Dröhnen eines 45 PS (33 kW) starken Antoinette-Verbrennungsmotors. Dieser saß im Zentrum einer kreuzförmigen Auslegerkonstruktion, an deren Enden sich jeweils ein blechbelegter Viererdoppelblattrotor drehte: der Gyroplan Nummer 1. Die Maschine war von den Brüdern Louis Charles (1880 – 1955) und Jaques (Geburts- und Sterbejahr nicht dokumentiert) Brequet sowie dem befreundeten Wissenschaftler Charles Richet entwickelt worden. Das Gerät brachte einschließlich des Piloten 678 kg auf die Waage. Bis zu einer Höhe von 1,5 Metern erhob sich das Monstrum vom Boden. Die Flüge dauerten etwa eine Minute. Weil das wackelige Gerüst dabei von vier Leuten mit Stangen dirigiert wurde, wird bis heute der Flug nicht als Freiflug gewertet. Dennoch: Der erste menschtragende Hubschrauber, der aus eigener Kraft den Boden verlassen hat, war ein Quadrokopter. Diese Hubschrauberkonstruktion sollte erst wieder in der Neuzeit aktuell werden: als Spielzeug.

Der erste, unbestritten frei fliegende menschtragende Hubschrauber hob noch im selben Jahr in der Normandie ab: am 13. November. Der Pilot hieß Paul Cornu (1881–1944) und war Fahrradbauer. 24 PS (18kW) stark war der Antoinette-Benzinmotor, der zwei gegenläufige Zweiblattrotoren mit einem

Über 100 Meter soll Jakob Degens (1760 – 1848) Aufziehhubschrauber in den Himmel gestiegen sein. Geflogen ist das Gerät mit Sicherheit. (Foto: Bin im Garten, Wikimedia, Hubschraubermuseum Bückeburg)

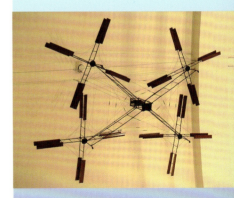

Modell des riesigen Quadrokopters von Louis Charles (1880 – 1955) und JaquesBrequets im Musée des Arts et Métiers, Paris.
(Foto: PHGCOM, Wikimedia)

Der erste Freiflieger: Der Hubschrauber von Paul Cornu (1881 – 1944) schaffte beim Erstflug 30 cm! (Zeitgenössische Fotografie, Wikimedia)

Durchmesser von sechs Metern in Bewegung setzte. Sie waren an Speichenrädern montiert. Dreißig Zentimeter hoch flog die Maschine an jenem 13. November 1907. Der Flug dauerte gerade mal 20 Sekunden. CORNUS Hubschrauber machte danach noch einige bis zu zwei Meter hohe, sehr wackelige Luftsprünge, bevor CORNU das Konzept aufgab. Das Fluggerät war einfach nicht kontrollierbar.

So richtig durchsetzen konnten sich die ersten Hubschrauberkonstruktionen also nicht. Die riesigen Rotoren tendierten dazu, die Maschine zu drehen, oder die damals vorhandenen Motoren mussten zwei davon antreiben, die gegeneinander rotierten. Die Fluggeräte waren instabil und kaum zu steuern. Am 15. Januar 1909 ließ WILBUR WRIGHT in Dayton, Ohio, in einer Pressenotiz verlauten (aus dem Englischen): „Wie alle Neulinge begannen wir mit dem Hubschrauber, sahen aber bald ein, dass Hubschrauber einfach keine Zukunft haben und ließen das Projekt fallen. […] Hubschrauber sind viel leichter zu konstruieren als Flugzeuge, ist die Konstruktion jedoch gelungen, ist sie nutzlos."

Die Situation änderte sich erst im Jahre 1920. Der Argentinier RAÚL PATERAS PESCARA DE CASTELLUCCIO (1890 – 1966) entwickelte einen Koaxialhubschrauber mit verstellbaren Rotorblättern und einem neigbaren Rotorkopf. Obwohl der Helikopter Nummer 1 im Januar des Jahres 1924 sein eigenes Gewicht nicht tragen konnte, brachte die Rotorverstellung den Durchbruch in der

Der erste Hubschrauber mit verstellbaren Rotorblättern, konstruiert von Raúl Pateras Pescara de Castelluccio (1890 – 1966). (Zeitgenössische Fotografie, Quelle: Bundesarchiv, Bild 102-12592 / CC-BY-SA?)

» KREISFLÜGLER

Nach DA VINCI benutzte der Franzose GUSTAVE DE PONTON D'AMÉCOURT das Wort "hélicoptère" für ein kleines, mit Dampf betriebenes Kreisflüglermodell, das erstmals aus dem Leichtmetall Aluminium gefertigt war. Der Test der Maschine im Jahre 1861 verlief erfolglos. Während DA VINCIS Helicopteron in Vergessenheit geriet, sollte D'AMÉCOURTS Name für Kreisflügler bis heute Bestand haben. Mehr Erfolg mit einem dampfgetriebenen Hubschraubermodell hatte der Italiener ENRICO FORLANINI (1848 – 1930). Im Jahre 1878 erreichte der erste seiner unbemannten Dampfhubschrauber eine Höhe von zwölf Metern, wo er zwanzig Sekunden lang schwebte. Das ebenfalls erfolgreiche Dampfhubschraubermodell von EMMANUEL DIEUAIDE wurde von zwei gegenläufigen Koaxialrotoren in die Lüfte gehoben, allerdings gefesselt an einen Dampfschlauch, denn der Dampfgenerator blieb am Boden. Auch THOMAS ALVA EDISON (1847 – 1931) versuchte sein Hubschrauberglück, und zwar mit einem Verbrennungsmotor, der mit Schießbaumwolle betrieben wurde. Das Gerät flog seinen Erfindern im Jahre 1885 um die Ohren. Der Slowake JÁN BAHÝL (1856 – 1916) benutzte einen Benzinverbrennungsmotor für sein Hubschraubermodell. Im Jahre 1901 erreichte es eine Höhe von einem halben Meter. 1905 schaffte es das Nachfolgemodell auf vier Meter Höhe und eine Strecke von eineinhalb Kilometern.

» TRAGSCHRAUBER

Tragschrauber oder Autogyros (aus dem Griechischen αυτό [auto] = selbst + γύρος [gyros] = drehen) ist ein Kreisflügler, der mit einem antriebslosen, von einer Luftströmung angetriebenen Rotor Auftrieb erzeugt. Der Luftstrom entsteht durch einen gewöhnlichen Propeller, der dem Luftfahrzeug die nötige Geschwindigkeit verleiht. Der Rotor entspricht also funktionell einer starren Tragfläche. Erfunden wurde der Tragschrauber von dem Spanischen Ingenieur JUAN DE LA CIERVA (1895 – 1936). Er hatte das Ziel, ein sicheres, langsam fliegendes Flugzeug zu entwickeln. Am 9. Januar 1923 startete der erste Tragschrauber auf dem Cuatro Vientos Flugplatz von Madrid zu seinem Jungfernflug. Tragschrauber sind heute ein seltener Anblick. Die Maschinen fliegen sehr stabil, haben eine extrem kurze Rollstecke und werden wegen ihrer Langsamkeit gerne für Dokumentationen aus der Luft oder auch als Sportgerät benutzt.

Rotoren statt Tragflügel: Der spanische Ingenieur JUAN DE CIERVA (1895 – 1936) baute den ersten Tragschrauber. (Foto: NASA/NACA, LARC)

A: Etienne Oemichen (1884 – 1955) schaffte am 14. April 1924 mit seinem Quadrokopter einen Streckenrekord von 360 Metern. (Zeitgenössische Fotografie, Quelle: www.heli4.com)

B: Der erste praktikable Hubschrauber: die Focke-Wulf FW 61. (Zeitgenössische Fotografie, Wikimedia)

Hubschraubertechnologie. Noch im Herbst desselben Jahres schaffte es PESCARAS Helikopter Nummer 3. Angetrieben von einem 250 PS Sternmotor stand der Hubschrauber immerhin zehn Minuten stabil in der Luft. Am 16. Januar 1924 stellte Pescara in Issy-les-Moulineaux bei Paris einen neuen Hubschrauberrekord auf. Mit seinem Modell 2F, dem Marquis Pateras, blieb er zwar nur acht Minuten und 13 Sekunden in der Luft, flog aber immerhin eine Strecke von 1,08 Kilometern in einer Höhe von einem guten Meter geradeaus und das ohne Propeller.

Der französische Ingenieur ETIENNE OEMICHEN (1884 – 1955) schaffte am 14. April 1924 mit seinem Quadrokopter den ersten anerkannten Hubschrauber-Weitflugrekord, mit einer Strecke von 360 Metern. In seine Maschine hatte OEMICHEN neben den großen Hubrotoren auch kleine vertikale Steuerrotoren eingebaut, die Vorläufer des Heckrotors. Erst 1933 gelang dem BRÉGUET-DORAND Koaxialhubschrauber ein Kreis von 500 Metern Durchmesser. Nur drei Jahre später, am 26. Juni 1936 absolvierte der erste praktikable Hubschrauber, die Focke-Wulf FW 61, in Berlin seinen Erstflug. Die Welt musste aber noch weitere acht Jahre auf den ersten in Serie gebauten Hubschrauber warten: der Sikorski R-4, benannt nach seinem Erfinder, dem Russen IGOR IVANOVICH SIKORSKI (1889 – 1972).

Moderne Hubschrauber können in der Luft fast alles. Vor allem aber können sie senkrecht vom Boden starten und landen. Sie können in der Luft stehen, seitwärts und rückwärts fliegen – und sie erzeugen, genau wie die tierischen aktiven Flieger, Auftrieb und Vortrieb in einer Struktur. Mit einem Gerät, das mit Ausnahme der rotierenden Pflanzensamen keinerlei natürliche Wurzeln hat, können wir es den Vögeln gleich tun: dem Helikopter mit seinen rasenden Rotoren.

In Arbeit: der erste von Muskelkraft angetriebene Helikopter der Welt, das sogenannte „Krähennest 2". (Foto: Mike Hirschberg, www.aerovelo.com)

Wohltäter mit Vogelflügeln:

A: Die ägyptische Sonnengöttin Isis, Wandmalerei eines unbekannten ägyptischen Künstlers.
(Quelle: The Yorck Project: 10.000 Meisterwerke der Malerei. DVD-ROM, 2002, Wikimedia)

B: Skulptur des Erzengels Michael mit goldenen Vogelflügeln; Deutschordenskirche Friesach, Frankfurter Altar.
(Foto: Neithan90, Wikimedia)

Von guten und bösen Fliegern: ein Ausflug in die Abgründe der Seele

Warum war es eigentlich immer der Flug der Vögel, der uns so fasziniert hat? Warum haben uns andere sehr geschickte Flieger, wie die Fledermäuse, nie zum Fliegen wollen verleitet? Auch die Insekten haben den Menschen nie wirklich beflügelt. Vermutlich waren sie zu klein, und ihr hochfrequenter Flügelschlag blieb dem menschlichen Auge lange verschlossen. Die hölzernen Flügelgestelle der meisten Flugpioniere ähnelten jedoch eindeutig der Flügelkonstruktion einer Fledermaus – ohne dass die Fledermäuse als Vorbilder für den Menschenflug jemals zu solchen Ehren gelangt wären wie die Vögel. Die fliegen-den Wesen aus der Mythologie enthüllen Erstaunliches und können vielleicht dabei helfen, unsere Sehnsüchte und Wünsche bezüglich der Fliegerei aufzudecken, aber auch unsere Ängste.

Passive Flieger, wie der eingangs erwähnte sagenhafte Sumererkönig ETANA, wurden von Vögeln transportiert. Die minoischen Sagengestalten Daidalos und Ikarus bauten sich Vogelflügel. Zahlreiche Götter haben Vogelflügel, wie zum Beispiel die ägyptische Sonnengöttin Isis, der Götterbote Hermes oder der indische Affengott Hanuman. Die meisten von ihnen sind grundsätzlich gute Götter und dem Menschen wohlgesonnen. Auch die Engel der christlichen Mythologie tragen Vogelflügel und sind gute Wesen, die uns und die Himmel beschützen. Vögel gelten gemeinhin als Wesen des Tageslichts. Viele sind sehr bunt, singen wunderschön und versüßen uns den Tag. Andere segeln anmutig bis in die Wolken oder sie kreu-

zen Meere ohne einen Flügelschlag. Wir Menschen, die wir aus tagaktiven Baumbewohnern hervorgingen, haben keine Angst vor dem Licht und deshalb fühlen wir uns instinktiv zu den gefiederten Fliegern hingezogen, auch wenn es genau genommen Reptilien sind.

Dämonen und Drachen fliegen stets mit Fledermausflügeln, auch Satan, wenn er überhaupt geflügelt dargestellt wird. Das fliegende Böse wurde offenbar oft mit Fledermäusen verknüpft.

Fledermäuse sind Finsterlinge, die nachts auf Nahrungssuche gehen, wenn wir schlafen. Unheimlich und mit lautlosen Flügelschlägen tauchen sie zwitschernd aus dem Dunkel der Nacht auf, um sogleich wieder darin zu verschwinden. Tagsüber sind sie wie vom Erdboden verschluckt. Tiere, die nachts mit traumwandlerischer Sicherheit rasend schnell durch die Luft jagen, machen vielen Menschen Angst. Wenn der Mensch also das Fliegen erlernen wollte, dann unter gar keinen Umständen von den Fledermäusen! Könnte dies der Grund sein, warum diese meisterhaften Flieger von den frühen Flugzeugkonstrukteuren beharrlich ignoriert wurden? Es war ja schon fast frevelhaft, den Flug der Vögel nachahmen zu wollen. Konnte man die erfolglosen Vogelnachahmer noch verhöhnen ob ihrer Vermessenheit, wäre ein Fledermausnachahmer vermutlich auf dem Scheiterhaufen gelandet. Bei der Auswahl seiner fliegenden Vorbildtiere hat der Mensch offensichtlich seinen eigenen Maßstab angelegt – vermutlich unbewusst.

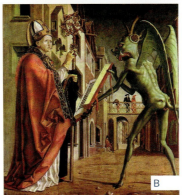

Übeltäter mit Fledermausflügeln:

A: Der Klagenfurter Lindwurm, rekonstrueirt von dem Bildhauer Ulrich Vogelsang 1582 oder 1583 auf der Grundlage des Schädels eines wollhaarigen Nashorns (Coelodonta); nach dem Tode Ulrichs (1590) wurde die Skulptur von seinem Bruder Andreas fertiggestellt.
(Foto: Bowser 77, Wikimedia)

B: Der Heilige Augustinus und der Teufel, Ölgemälde von Michael Pacher (1471 – 1475), Alte Pinakothek, München.
(Quelle: The Yorck Project: 10.000 Meisterwerke der Malerei. DVD-ROM, 2002, Wikimedia)

Literatur

Apostolo, G. (1997): Enzyklopädie der Hubschrauber. – 143 S.; Augsburg (Weltbild Verlag GmbH).

Becker, H.-J. & Höfling, R. (2000): 100 Jahre Luftschiffe. – 157 S.; Stuttgart (Motorbuch Verlag).

Bergius, C. C. (1990): Die Straße der Piloten in Wort und Bild. Die abenteuerliche Geschichte der Luft- und Raumfahrt. – 752 S.; München (Droemer-Knaur).

Bölkow, L. (Hrsg.) (1999): Ein Jahrhundert Flugzeuge: Geschichte und Technik des Fliegens. – 611 S.; Düsseldorf (VDI-Verlag).

Brinkmann, G. & Zacher, H. (1999): Die Evolution der Segelflugzeuge. Die deutsche Luftfahrt, Band 19. – 290 S.; Bonn (Bernard & Graefe Verlag).

Cianchi, M. (1984): Die Maschinen Leonardo da Vincis. – 95 S.; Florenz (Becocci Editore).

von Gersdorf, K. & Knoblig, K. (1999): Hubschrauber und Tragschrauber. Die deutsche Luftfahrt, Band 3. – 3. Auflage; 354 S.; Bonn (Bernard & Graefe Verlag).

Haaland, D., Knäusel, H. G., Schmitt, G. & Seifert, J. (1997): Leichter als Luft – Ballone und Luftschiffe. Die deutsche Luftfahrt Band 28. – 375 S.; Bonn (Bernard & Graefe Verlag).

Lilienthal, O. (1889): Der Vogelflug als Grundlage der Fliegekunst. – Nachdruck der Originalausgabe von 2003; 216 S.; Friedland (Verlag Steffen).

Luedecke, H. (1936): Vom Zaubervogel zum Zeppelin. Die fünftausendjährige Geschichte der Luftfahrt und des Fluggedankens. – 302 S.; Berlin (Kurt Wolff).

Piskorsch, A. (1975): Bewegte Schwingen. – 91 S.; Sontheim an der Brenz (Selbstverlag).

Schmitt, G. & Schwipps, W. (1999): Pioniere der frühen Luftfahrt. – 207 S.; Bindlach (Gondrom Verlag).

Schwipps, W. (1988): Der Mensch fliegt. Lilienthals Flugversuche in historischen Aufnahmen. – 238 S.; Koblenz (Bernard & Graefe Verlag).

Schwipps, W. & Holzer, H. (2001): Flugpionier Gustav Weißkopf, Legende und Wirklichkeit. – 120 S.; Oberhaching (Aviatic Verlag).

Venzke, A. (2002): Pioniere des Himmels: die Brüder Wright. – 318 S.; München (Artemis & Winkler).

Wissmann, G. (1982): Geschichte der Luftfahrt von Ikarus bis zur Gegenwart. – 4. Auflage; 563 S.; Berlin (Verlag Technik).

Internet

www.ornithopter.de

www.ornithopter.org

www.luftfahrtgeschichte.com

www.planet-wissen.de/natur_technik/luftfahrt/index.jsp

Autoren

apl. Prof. Dr. Eberhard Frey
1953 in Ulm/Donau geboren; Biologie-Diplom-Studium in Tübingen; 1988 Promotion über das Tragsystem der Krokodile; 2002 Habilitation an der Universität Karlsruhe (TH) über die Biomechanik in der Paläontologie; 2009 Ernennung zum außerplanmäßigen Professor für Zoologie am Karlsruher Institut für Technologie (KIT); seit 1990 Konservator am Staatlichen Museum für Naturkunde Karlsruhe; 2003 Ernennung zum Hauptkonservator und Abteilungsleiter; zahlreiche Forschungsprojekte im In- und Ausland mit dem Schwerpunkt Evolution und Biomechanik der Wirbeltiere des Ermittelalters; Lieblingstiere: Pterosaurier.

Dr. Eva Gebauer
1975 in Würzburg geboren; Studium der Geologie und Paläontologie in Würzburg und Tübingen; 2007 Promotion über die Phylogenie und Evolution der Gorgonopsida, einer Gruppe von reptilienähnlichen Vorsäugern aus der Permzeit; seit 2006 Fokus auf Museologie und Projektmanagement im Ausstellungs-und Vermittlungsbereich: 2006–2008 Wissenschaftliche Volontärin in der Museumspädagogischen Abteilung vom Senckenberg Naturmuseum Frankfurt, 2009–2011 Wissenschaftliche Mitarbeiterin am UNESCO Welterbe Grube Messel gGmbH, seit 2012 Wissenschaftliche Mitarbeiterin am Staatlichen Museum für Naturkunde Karlsruhe: Projektkoordination Große Landesausstellung 2013.

Diplom-Geoökologe Samuel Giersch
Studium der Geoökologie und Paläontologie in Karlsruhe und Freiburg. Seit 2006 wissenschaftlicher Projekt-Mitarbeiter mit wirbeltierpaläontologischem Schwerpunkt im Referat für Paläontologie und Evolutionsforschung am Staatlichen Museum für Naturkunde in Karlsruhe. Die wissenschaftlichen Interessengebiete umfassen neben den Säugetieren der Tertiärzeit auch die Systematik und Evolution der Knochenfische in der Kreidezeit. Dazu mehrere von der Deutschen Forschungsgemeinschaft geförderte Forschungsexpeditionen zu kreidezeitlichen Fischfundstellen nach Nordostmexiko.

Dr. Fabian Haas
Fabian Haas studierte Biologie, Geologie und Genetik in Tübingen. Seit seinem Studienaufenthalt in Exeter in England beschäftigt er sich mit der Flügelfaltung bei den Insekten. Das untersuchte er weniger beschreibend, als vielmehr experimentell, den Ablauf der Entfaltung und Zusammenfaltung der Flügel simulierend. Das Thema verfolgte er weiter in seiner Promotion an der Universität Jena. Seither profilierte er sich durch seine Arbeiten über Dermaptera (Ohrwürmer). Neben den Verwandtschaftsverhältnissen interessieren ihn auch hier die Mechanik der Flügel und Flügelfaltung. Nach Stationen in Ulm und Stuttgart, arbeitete er in den letzten sechs Jahren am icipe in Kenia, wo angewandte Aspekte der Insektenkunde im Vordergrund standen. Er nutzte die Insektenfauna in Gewässern zur Bestimmung der Wasserqualität, ein wichtiger Bereich des Biomonitorings.

Prof. Dr. Norbert Lenz
Diplom-Biologe, geb. 1961 in Gütersloh, Studium der Biologie in Bayreuth und Kiel, 1988 Diplom in Kiel, 1994 Promotion zum Doctor of Philosophy in Brisbane (Queensland, Australien). 1994 bis 1995 Geschäftsführer des Naturschutzzentrums Wollmatinger Ried bei Konstanz. 1996 bis 2001 Wissenschaftlicher Mitarbeiter des Bodensee-Naturmuseums Konstanz (und weitere Tätigkeiten als freiberuflicher Biologe). 2002 bis 2007 Stellvertretender Direktor, Leiter des Insektariums und der wissenschaftlichen Sammlungen beim Löbbecke-Museum und Aquazoo Düsseldorf. 2007 bis 2008 Direktor des Naturhistorischen Museums Mainz und Leiter der Landessammlung für Naturkunde Rheinland-Pfalz. Seit 2008 Direktor des Staatlichen Museums für Naturkunde Karlsruhe.

Diplom-Geoökologin Stefanie Monninger
Studium der Geoökologie an der Universität in Karlsruhe. 2009 Diplomarbeit über fossile Insekten der Tongruben im Umkreis von Frauenweiler bzw. Rauenberg. 2009 – 2012 wissenschaftliche Mitarbeiterin in einem Kooperationsprojekt, welches sich mit der Erforschung der inneren Strukturen und Materialeigenschaften fossiler Pterosaurierflughaut beschäftigt. Seit Anfang 2013 Angestellte am Senckenbergmuseum Frankfurt für die Präparation und Inventarisierung des Wirbeltiermaterials aus der Korbacher Spalte.

Prof. em. Dr. rer. nat. Werner Nachtigall
Jahrgang 1934, studierte an der Ludwig-Maximilian-Universität und an der TU München unter anderem Biologie und Technische Physik. Nach Assistentenjahren am Zoologischen Institut und am Strahlenbiologischen Institut der Universität München sowie bei der Gesellschaft für Kernforschung, Neuherberg, und einer Tätigkeit als Research Associate Professor an der University of California, Berkeley, wurde er zum Ordinarius für Zoologie und Direktor des Zoologischen Instituts der Universität des Saarlands, Saarbrücken, berufen. Hier leitete er Arbeitsgruppen, die sich mit Grundlagenforschung auf dem Gebiet der Bewegungsphysiologie (Biomechanik, Energetik und Neurophysiologie des Fliegens und Schwimmens etc.) befassten. Daneben begründete er die Arbeitsrichtung „Technische Biologie und Bionik", baute einen gleichnamigen Studiengang auf und gründete eine gleichnamige Gesellschaft. Am Aufbau des Bionik-Kompetenznetzes BioKoN war er maßgeblich beteiligt. Er hat über 200 Arbeiten verfasst, etwa so viele wissenschaftliche Arbeiten betreut und einige Dutzend Bücher geschrieben. Er ist gewähltes Mitglied mehrerer Akademien und Ehrenmitglied einer Wissenschaftlichen Vereinigung sowie Träger einer Reihe von Auszeichnungen.

Studiendirektorin Tina Roth
Studium der Biologie und Geographie an der Universität Karlsruhe von 1991 – 1997 für das Lehramt an Gymnasien; Referendariat von 1997 – 1999. Seit 1999 im Schuldienst. Zwischen 1997 und 2001 Mitarbeit an einem Projekt über die Vegetation von Palsamooren der Universität Reykjavik, Island. Seit 2006 Fachberaterin für Biologie, zuerst am RP Stuttgart, seit 2007 am RP Karlsruhe; Konzeption und Durchführung zahlreicher Lehrerfortbildungen zu den Themenbereichen Evolutionsbiologie, Ökologie, Botanik und Biodiversität.

Dr. Helmut Tischlinger
1946 in Ingolstadt geboren, Lehramtsstudium; im Schuldienst von 1971 bis 2006. Seit 1970 und bis heute ehrenamtliche Tätigkeit am Jura-Museum Eichstätt (Vorstandsarbeit im Förderverein, Vorträge, Exkursionen, Führungen, Fortbildungsveranstaltungen zur Museumspädagogik, Präparationsarbeiten an schwierigen Fossilfunden). Viele Veröffentlichungen über die Erd- und Landschaftsgeschichte der Altmühlalb sowie zahlreiche wissenschaftliche und populärwissenschaftliche Publikationen über Fossilien. Wissenschaftlicher Arbeitsschwerpunkt seit nahezu zwei Jahrzehnten sind Weichteiluntersuchungen an fossilen Fischen, Echsen, Dinosauriern, Flugsauriern und Urvögeln aus dem Mesozoikum von Süddeutschland und China mittels von ihm entwickelter und optimierter Untersuchungstechniken. 2007 Verleihung der Ehrendoktorwürde (Dr. h.c. rer. nat.) durch die Ludwig-Maximilians-Universität München.

Dr. Ilka Weidig
1975 in Landau in der Pfalz geboren; Studium der Biologie in Karlsruhe und Frankfurt/Main; 2004 Promotion über die fossilen Vögel der Green River Formation (USA); 2004 – 2006 Zweitstudium Anthropologie an der University of Tennessee, Knoxville. Seit 2006 Tätigkeiten im Wissenschaftsmanagement (Forschungsinstitut Senckenberg, Forschungszentrum für Biodiversität und Klima, Zentrum für Synthetische Mikrobiologie) sowie in der Lehre (Universität Frankfurt, Universität Siegen). Darüber hinaus vielfältige Tätigkeiten im wissenschaftspädagogischen Bereich.

Widmung

Dieser Band ist Prof. Dr. WOLF-ERNST REIF (1945 – 2009) gewidmet. WOLF-ERNST REIF wirkte an der Universität Tübingen. Er brachte nicht nur die Paläontologie und die Biologie zusammen, sondern ebnete in Deutschland auch den Weg für die Konstruktionsmorphologie als Methode zur Rekonstruktion von Evolutionsabläufen. Seine Entdeckung der hydrodynamischen Wirkung feiner Grate auf den Schuppen schnellschwimmender Haie verhalf der bionischen Forschung international zum Durchbruch.

Dank

Unser herzlicher Dank geht zuallererst an Herrn Ministerpräsident WINFRIED KRETSCHMANN, Frau Ministerin THERESIA BAUER MdL und an das Ministerium für Wissenschaft, Forschung und Kunst Baden-Württemberg für die Finanzierung der ersten Großen Landesausstellung im Staatlichen Museum für Naturkunde Karlsruhe. Weiterhin danken wir dem gesamten Ausstellungsteam des Naturkundemuseums Karlsruhe, dem Karlsruher Büro für Gestaltung zwo/elf, namentlich Herrn MARKUS GRAF und seinem Team sowie deren kooptierten Partnern, der angehenden Grafik-Designerin MICHAELA BOSCHERT, dem Fotografen des Hauses, VOLKER GRIENER und den Volontärinnen und Volontären, besonders aus den Abteilungen Kommunikation und Geowissenschaften, Praktikantinnen und Praktikanten sowie zahlreichen freiwilligen Helferinnen und Helfern, die alle mit beispiellosem Engagement zum Gelingen der Ausstellung beigetragen haben, die dieses Buch begleiten soll. Ein besonderes Dankeschön geht an Frau Dr. EVA GEBAUER für ihre unschätzbaren Dienste bei der Ausstellungskoordination, besonders in der Aufbauphase, und Herrn Dipl.-Biol. BENJAMIN ROGGATZ für seine unermüdliche Arbeit, insbesondere bei der Organisation des Begleitprogramms zur Ausstellung.

MONIKA BRAUN, Dr. UTE GEBHARDT, Dr. EDUARD HARMS und StD TINA ROTH danken wir herzlich für die kritische Durchsicht der Manuskripte. Ebenso danken wir den Mitautoren dieses Bandes, Dr. EVA GEBAUER (Karlsruhe), Dipl.-Geoökol. SAMUEL GIERSCH (Karlsruhe), Dr. FABIAN HAAS (Leipzig), Dipl.-Geoökol. STEFANIE MONNINGER (Karlsruhe), Prof. Dr. WERNER NACHTIGALL (Saarbrücken), StD TINA ROTH (Pforzheim), Dr. HELMUT TISCHLINGER (Stammham) und Dr. ILKA WEIDIG, für ihre Beiträge.

Für die kostenfreie Überlassung von Bildmaterial danken wir Werner Blischke (Weseling), Prof. Dr. Avigdor Cahaner (Hebrew University, Jerusalem), der Dualen Hochschule Karlsruhe, Prof. Dr. Colleen G. Farmer (University of Utah, Salt Lake City), Frank Fox (Trier), dem Geomar – Helmholtz-Zentrum für Ozeanforschung Kiel, dem Institut für Textil- und Verfahrenstechnik (ITV, Denkendorf), Dipl.-Biol. Johann Kirchhauser (Karlsruhe), Friedbert Laier (Walzbachtal), Jürgen Lehle (Nellingen), Norman Lim (National University of Singapore), Prof. Dr. Hans-Otto Siebeck (Ludwig-Maximilians-Universität München), Dr. Helmut Tischlinger und dem Südwestrundfunk Planet Schule. Der Naturfotografin Rosl Rösner danken wir für die günstigen Konditionen für ihre hervorragenden und professionellen Vogelfotografien. Wir danken auch dem Springer-Verlag für die Freigabe der Abbildungen und Grafiken in Kapitel 2. Für die Gestaltung des Bandes und die endlose Geduld bei der Diskussion um Layout- und Platzfragen bedanken wir uns bei Sabine Stärker-Bross (wirkraum®, Weingarten) sehr herzlich.

Zu guter Letzt danken wir, auch im Namen unserer Mitarbeiterinnen und Mitarbeiter, dem Förderverein „Freunde des Naturkundemuseums Karlsruhe e. V. und dem Naturwissenschaftlichen Verein Karlsruhe e. V. für die herzliche und nachhaltige Unterstützung für die Ausstellung „Bodenlos – durch die Luft und unter Wasser" und das gleichnamige Begleitbuch.

Eberhard Frey und Norbert Lenz

Das Flugzeug Nr. 21 „Condor" von Gustav Weißkopf aus Leutershausen (Mittelfranken). Am 14. August 1901 erhob es sich bei Fairfield (Connecticut, USA) von einem Feldweg – zwei Jahre vor dem legendären Flug der Gebrüder Wright am 17. Dezember 1903.

(Modell im Maßstab 1:5, Flughistorische Forschungsgemeinschaft Gustav Weißkopf (FFGW), Flugpionier-Gustav-Weißkopf-Museum, Foto: Volker Griener)

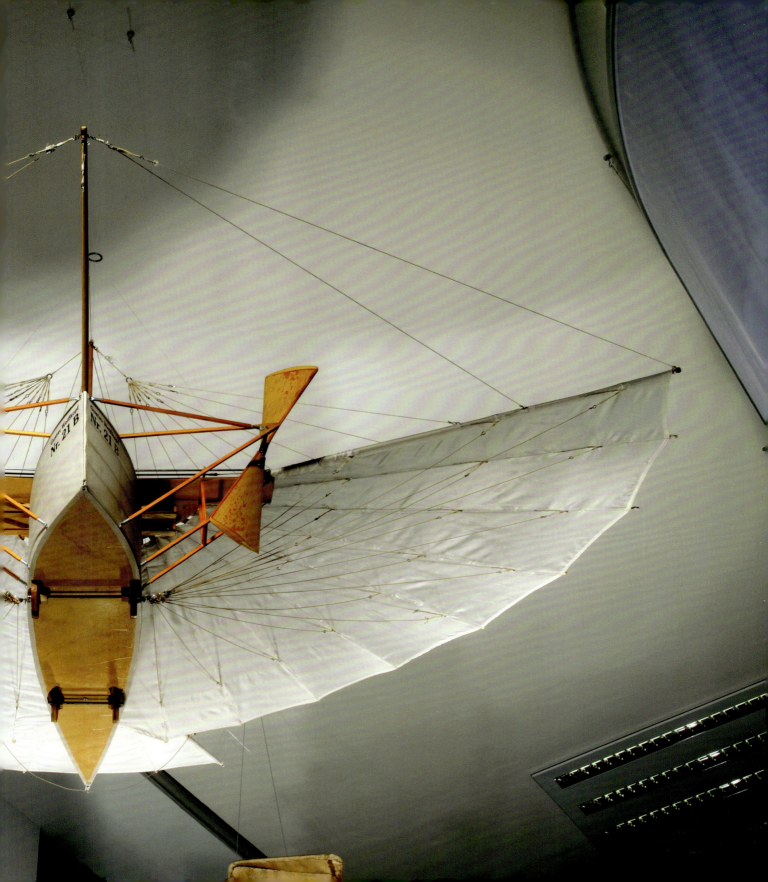

Bilder Einband-Vorderseite
(von oben nach unten):

Schwalbenschwanz (*Papilio machaon*)
(Foto: Eberhard Frey)

Silbermöwe (*Larus argentatus*)
(Foto: Bamse, Wikimedia)

Postkarte vom Fallschirmsprung des
Franzosen Jaques Garnerin im Jahre 1797
(Quelle: Wikimedia)

Braunflecken-Igelfisch (*Diodon holacanthus*)
(Foto: Johann Kirchhauser)

Bilder Einband-Rückseite
(von oben nach unten):

Archaeopteryx lithographica
(Abguss des Londoner Exemplars)
(Foto: Volker Griener)

Hubschrauber Bell 429
(Foto: Wikimedia)

Großer Tümmler (*Tursiops truncatus*)
(Foto: NASA, Wikimedia)

Segellibelle (*Libellula saturata*)
(Foto: Eberhard Frey)